本成果受国家自然科学基金面上项目
"基于多元企业认同的企业身份构建及其张力调和机理研究"
（项目批准号：71772144）资助

西北大学"双一流"建设项目资助
（Sponsored by First-class Universities and Academic Programs of
Northwest University）

多元企业认同研究

Research on Multiple Company Identification

李纯青◎著

人民出版社

前　言

　　本书的缘起来自我们跟踪研究十几年的一家小微企业——清华大学李飞教授将这类企业称之为"小而美"的企业,我们在跟踪研究过程中发现,这家小微企业能够得到不同利益相关者的认可或认同,并且可以与利益相关者保持长期、深厚、承诺和有意义的关系。比如对员工来说,这家小微企业是一个"假如工作是一种乐趣,人生就是天堂"的地方,也是可以让"平凡的人照样可以有卓越的人生"的地方,同时,这家小微企业只有两句话的企业文化深得人心:一是"全心全意做一个对身边人有用的人";二是"更懂意大利"——这家小微企业是做意大利旅游的。对于组团社来说,这家小微企业是专业、诚信并且可以提供"可控的境外服务"的代表;对于游客来说,这家小微企业是旅游专家,引领时尚和潮流的代表;对于境外供应商车行和酒店来说,这家小微企业是可以给他们带来高素质人群、客源稳定的合作伙伴;对于竞争者其他境外地接社来说;这家小微企业是行业专家、领跑者;对于合作伙伴政府来说,这家小微企业是他们的左膀右臂,是可以迅速展开战斗的战士等。

　　观察到这样的现象时,我们就非常好奇,这是一种什么样的现象呢?理论上怎么去解释呢?这种现象能对企业有什么益处呢?如何挖掘或固化由这种现象给企业带来的益处呢?其他企业是不是也有这样的现象存在呢?

　　我们将这种现象概念化为多元企业认同,并将其定义为外部利益相关者(消费者、中间商、影响者、供应商等)对企业的认同,通过理论对接,发现这类现象是身份驱动的营销关系的一种,身份驱动的营销关系是指:内、外部利益相关者对一个市场主体(可以是个人、团体、品牌或企业)的认同(Lam,2012),而本书只研究外部利益相关者对企业的认同,我们称之为多元企业认同。有了这样的概念化和初步的理论对接后,我们就顺藤摸瓜,将这个概念与消费者——企业认同、品牌双元及张力调和、社会认同理论和身份理论、关系价值机制以及关系交换分类等理论进行对接,由此衍生出一个国家级的项目,也就是我主持的第四个国家自然科学基金面上项目"基于多元企业认同的企业身份构建及其张力调和机理研究"(项目批准号:71772144),而本书就是这个国家级项目的成果,也是我们跟踪研究相关企业案例的相关成果。相信和我们一样好奇的读者也会从本书中对上一段的疑问逐一找到答案。

在四年的项目进展中,我所指导的本、硕、博学生以及同行与同事们都不同程度地为此作出相应的贡献,如果没有他们的积极参与,这本书是无法完成的,在此对这些同学和参与的老师们表示深深的谢意,他们是:我的硕士生潘玉梅,她在我的指导下,共同完成了多元企业认同的概念、内涵、结构和测量的工作(本书第二章第一节至第五节),同时,在此过程中也得到了我合作指导的博士生王肖利和贺艳婷,以及我的博士生张洁丽三位同学对研究内容的参与和完善;另一位硕士生吕俊峰,他在项目撰写时就开始参与一些文献查阅和整理工作,寒假仍在和我一起加班加点,同时,在我的指导下,共同完成了"基于资源管理视角的多元企业身份张力调和机理研究"(本书第四章第一节)和"多元企业认同的研究构想"(本书第一章),同时也得益于马宝龙老师的指导和建议,尤其是研究构想内容的反复讨论和建设性的建议,还有曹丽和谭乐两位老师对研究构想的建议;第三位硕士生是焦旭阳,他在我的指导下,共同完成了"基于供应链视角的多元企业认同形成过程"(本书第三章第二节);第四位硕士生是李佳钰,她在我的指导下共同完成了"基于身份管理视角的多元企业身份张力调和机理研究"(本书第四章第二节);第五位是我合作指导的博士生王肖利,她在我的指导下共同完成了"基于互动视角的多元企业认同形成过程"的研究任务(本书第三章第三节),这个任务的完成也得益于李晨溪和蒿坡两位老师的指导和帮助;第六位和第七位是我合作指导的博士生雷婧和我指导的本科生黄红丽,她们在我的指导下共同完成了"基于品牌联盟视角的多元企业身份张力调和机理研究"(本书第四章第三节);第八位是我的博士生张洁丽,与王肖利一起,我们共同完成了"面向不同利益相关者的多元企业身份构建"(本书第三章第一节),这个任务的完成也得益于李晨溪老师的指导和建设性的建议;第九位是我的博士生郝日艳,她为本书的统稿、校对和编辑的任务付出了大量的时间和精力,同时,我们共同完成了本书的框架设计、细节纠正及内容完善。回首这个历程,既充满艰辛又充满挑战,同时也收获了很多的成就感与自豪感,当然,更多的是感恩! 感恩我的学生们的深入参与,感恩我的同事和同行的参与和建议,也感恩国家自然科学基金委的资助,感恩西北大学学科建设经费的资助,以及关心此书出版的人民出版社郑海燕主任的辛苦付出和热心帮助!

该书首先讲述了多元企业认同的研究构想,而后分别针对多元企业认同的概念和内涵、多元企业认同的企业身份构建及形成过程和多元企业认同的企业身份张力调和三个方面,涵盖概念界定、量表开发、量表检验、案例研究、研究讨论等丰富内容,最后就多元企业认同的应用与实践给出了相应的方案建议。该书涉及理论众多,视角多样,敬请广大读者批评指正! 也希望借此与更多的读者展开更广泛的交流与讨论,为推动多元企业认同的管理研究与实践贡献绵薄之力。

李纯青
西北大学经济管理学院

目　　录

第一章 多元企业认同的研究构想

本章基于身份驱动的营销关系视角,系统地探讨了基于多元企业认同的企业身份构建及其张力调和机理。具体地,通过定性和定量相结合的方法,首先,基于社会认同理论和身份理论,探索多元企业认同的结构;其次,从社会心理学和文化创新的视角,描绘多元企业认同形成及演化过程;最后,探究多元企业认同的身份构建以及身份张力调和机制。在理论上将消费者—企业认同扩展到多个利益相关者与企业的认同,探索多元企业认同的身份构建及调和过程,揭示其背后的深层作用机理。实践上为企业与多方外部利益相关者保持长期、和谐、多赢关系提供重要依据。

第一节 构想提出

在数字化、社交媒体和移动技术发达的今天,产品激增、沟通方式纷繁复杂、买家日益理性、企业与消费者的交互愈加便利和广泛、企业所面对的环境愈加复杂多变,企业要获得成功,不仅需要取得消费者的认同,还必须取得中间商、影响者、供应商的认同,这对企业的身份也提出了新的要求,企业需要管理好面向各利益相关者的身份,并使其多个身份对于利益相关者都是有意义且有吸引力的,这为消费者关系管理提出了前所未有的挑战(Lamberton 和 Stephen,2016;Lemon 和 Verhoef,2016)。企业如何与外部利益相关者保持深厚的、承诺的和有意义的关系进而使其融入到企业的经营活动中共创消费者体验和价值,越来越受到学术界和实践界的关注(Bhattacharya 和 Sen,2003;Brodie、Hollebeek、Jurić 和 Ilić,2011;Haumann、Quaiser、Wieseke 和 Rese,2014;Kumar 和 Pansari,2016;

Lamberton 和 Stephen，2016；Lemon 和 Verhoef，2016；Ranjan 和 Read，2016；Wolter 和 Cronin，2016）。一个利益相关者认同的企业身份在企业与利益相关者保持关系的过程中扮演着重要角色。已有研究关注的焦点集中于消费者—企业认同以及面对消费者的企业身份（Bhattacharya 和 Sen，2003），或者是员工—组织之间的认同以及企业身份。在本书中，对企业的认同从消费者扩展到多个利益相关者，原有的消费者—企业认同不足以涵盖所有利益相关者，且企业身份关注对象也扩展到多个利益相关者，因此本书提出了多元企业认同以及多元企业身份的概念。身份理论认为"自我"这一概念应该被视为是"多面的"和"有机的"整体，"多角色身份"是个体的多个方面（Lam，2012）。与个体相似的是企业作为一个有机整体，面向的不仅仅是消费者，还有其他利益相关者（中间商、影响者、供应商等），且一个完整的企业身份并非是企业分别面向消费者的身份和面向供应商、中间商、影响者的身份的简单相加，这几部分企业身份是互相依存、互相影响的关系。为了与现有的面向单一利益相关者群体的企业身份区别开来，我们提出多元企业身份（multiple company identities）的概念，多元企业身份包含企业自身利益（使命、价值观等）表述以及利益相关者（消费者、中间商、影响者、供应商等）对企业的利益诉求。多元企业身份以及认同的理论基础是社会认同理论（Social Identity Theory，SIT）（Tajfel 和 Turner，1986）和身份理论（Identity Theory，IT）（Stryker，1968）。

社会认同理论和身份理论已成为关系营销研究中重要的理论视角，学者用这两个理论视角进行关系营销的研究，并将这类研究定义为身份驱动的营销关系（identity-motivated marketing relationships），即内、外部利益相关者对一个市场主体（可以是个人、团体、品牌或企业）的认同（Lam，2012）。兰（Lam，2012）在一综述性文章中提到了多元身份（multiple identities）和多元认同（multiple identification）的概念，认为多元身份即被认同的目标主体可以有多个身份，目标主体可以是个人、团体、品牌或企业等市场主体，多元认同也是涉及内外部利益相关者对市场主体（可以是个人、团体、品牌或企业）的认同。只是这一综述性文章提到的多元身份和多元认同都比较宽泛，没有具体到某一类市场主体。在本书中，我们聚焦于外部利益相关者(消费者、中间商、影响者、供应商等)对于企业的认同,不涉及内部利益相关者,并且明确了认同的市场主体是企业,而不是个人或品牌或其他团体。外部利益相关者(消费者、中间商、影响者、供应商等)对企业的认同是专门提出的一个概念,我们将之称为多元企业认同(Multiple Company Identification,MCI),是身份驱动的营销关系的一个重要分支,其基础是消费者—企业认同(Customer-Company Identification,CCI),消费者—企业认同是帮助营销人员与其消费者建立深厚、承诺、有意义关系的首要心理基础(Bhattacharya 和 Sen,2003)。

已有研究表明,在消费者—企业认同状态下,消费者和企业都会有所收益:一方面,消费者可以利用企业和产品的象征特性,通过构建和传递身份的重要方面而受益(Bhattacharya、Korschun 和 Sen,2009;Press 和 Arnould,2011);另一方面,消费者显示出忠诚、推荐和支付高价的意愿,企业也会因此而受益(Lam,2012;Wolter 和 Cronin,2016)。那么,在多元企业认同状态下,外部利益相关者与企业分别会有什么收益呢?企业如何才能达到多元企业认同呢?这种多元企业认同状态下的企业身份又如何构建呢?如何调和企业为满足各方外部利益相关者自我定义需要(self-definitional needs)与保持企业身份所带来的张力(tension)呢?换句话说,就是如何构建一个不同外部利益相关者认同的企业身份,并调和因各方利益相关者自我定义需要不同而带来的张力,进而使企业与外部利益相关者保持长期、和谐、多赢的关系,是本书探讨的研究问题。

第二节　研究基础

关于企业如何构建一个外部利益相关者(消费者、中间商、影响者、供应商等)认同的身份并调和由此带来的张力,直接的研究还比较少见,但与此相关的以下三个方面的研究为这一研究构想打下了良好的基础:消费者—企业认同的相关研究、消费者—企业认同的形成过程及演化路径的相关研究、企业身份构建及张力调和的相关研究。下面分三个部分分别进行论述。

一、消费者—企业认同的相关研究

本部分将从消费者—企业认同的理论基础、多元身份和多元认同以及消费者—企业认同的研究现状述评及问题提出三个方面来进行阐述：

(一)消费者—企业认同的理论基础

消费者—企业认同的理论基础是社会认同理论和身份理论，并且它们已经成为营销研究领域的两个重要理论视角。有学者指出"身份理论主要是微观社会学理论，用于解释个人角色的相关行为，而社会认同理论是社会心理学理论，用于解释群体过程和群体间关系"(Hogg 等,1995)。营销研究人员已经将身份和认同的概念用于研究各种各样的现象(Lam, 2012)，例如，消费者与企业/品牌/品牌社区之间的关系、消费者身份一致行为(例如，由种族身份驱动的消费者行为)和管理问题(例如，跨职能关系)。认同是个体对某个对象的先区分后与自我关联的内化现象，既是一个结果状态，也是一个过程状态，它不仅有个体与社会之分，还有内外之别。关于认同的研究，无论是基于企业还是品牌，都是着眼于社会认同理论的视角(Lam,2012;Wolter 和 Cronin,2016)。这一视角以社会心理学为依托，阐释了团队是如何鼓励具有同理心的成员为团队谋取利益的(Hornsey,2008)。巴塔查里亚和森(Bhattacharya 和 Sen,2003)认为，消费者是企业的象征性成员，这一概念使社会身份适用于任何消费者关系。例如，投资人认同共同基金投资公司(Einwiller、Fedorikhin、Johnson 和 Kamins,2006)，苹果用户认同苹果手机(Lam、Ahearne、Mullins、Hayati 和 Schillewaert,2013)，去动物园参观的消费者会相互认同(Fombelle、Jarvis、Ward 和 Ostrom,2012)。这些认同关系对公司十分有利，会敦促消费者进行企业推广(例如，营造良好的口碑)并一直持续下去(例如，一直购买企业的产品)(Lam、Ahearne 和 Schillewaert,2012)。认同的本质是身份认同。身份认同除了体现为对自身独有特质的个体认同外，更主要的表现是个体对内群体的社会认同。泰弗尔和特纳(Tajfel 和 Turner,1986)认为社会认同(social identification)包含三种成分：认知成分(一个社会群体成员关系上的意识，即自我分类)、评价成分(赋予这个群体积极或消极的价值判断,即群体自尊)和情感成分(对这个群体的情感卷入,即情感承诺)。

(二)多元身份和多元认同

兰(2012)认为,认同的目标可以有多元身份(multiple identities),并且人们可以认同不同的目标。目前至少有两个原因支持多元认同(multiple identification),一是人们可能有自我的不同方面(Sirgy,1982;Sirgy、Johar、Samli 和 Claiborne,1991),二是一个以上的身份可能会吸引个人,并且这些身份不一定是相互排斥的。例如,身份可以嵌套(如:一个公司内的各种功能)也可以跨部门(如:正式的工作小组和非正式的派别)(Ashforth 和 Johnson,2001)。当它们存在的时候,多元身份按照等级排列,最显著的身份成为行为的预示(Stryker,1968),并且将这种显著性称为身份显著性(identity salience)。另外,一些营销现象(如:品牌重塑、战略联盟、并购、联合品牌、品牌延伸和跨国公司)是应用社会认同理论和身份理论的沃土。这些营销现象的共同特性是市场主体身份的重要性、多元性和它吸收其他市场主体身份和被其他市场主体身份吸收的能力。

(三)消费者—企业认同的研究现状述评及问题提出

有关消费者—企业认同的研究,主要以概念、前因及结果来展开,而消费者—企业认同的结果又从态度和行为两个方面来展开,代表性的研究见表1-1。

从表1-1可以看出,关于消费者—企业认同概念和操作化方面,主要有三类研究;第一类是将消费者—企业认同作为一个整体进行测量;第二类是将消费者—企业认同分为认知消费者—企业认同(即组织与个人之间的认知联系,用以反映个人的自我分类与概念重叠)和情感消费者—企业认同(组织认同和评价在情感上的积极联系,消费者利用情感因素来反映积极的自我情绪)来进行分别研究;第三类是将消费者—企业认同分为认知消费者—企业认同、情感消费者—企业认同和评价消费者—企业认同(一个组织对消费者的价值内涵)三个维度。关于消费者—企业认同的前因,主要集中在以下七个方面:(1)企业社会责任;(2)企业/品牌吸引力;(3)组织或品牌认同;(4)情感依附/归属感需要;(5)服务/互动/消费者导向;(6)企业声望/外部形象;(7)企业社会责任

表 1-1　营销和相关领域的消费者—企业认同研究文献综述

消费者—企业认同的概念化/操作化	消费者—企业认同的前因	消费者—企业认同的结果	
		态度	行为
(1)整体的消费者—企业认同测量 Bhattacharya 和 Sen，2003；Lichtenstein、Drumwright 和 Braig，2004；Ahearne、Bhattacharya 和 Gruen，2005；Hong 和 Yang，2009；Netemeyer、Heilman 和 Maxham，2012；Lichtenstein、Netemeyer 和 Maxham，2010；Marín 和 RuizdeMaya，2013；Brashear-Alejandro、Kang 和 Groza，2016；Kang、Alejandro 和 Groza，2015；Karaosmanoǧlu、BanuElmadaǧBaş 和 Zhang，2011；Öberseder、Schlegelmilch、Murphy 和 Gruber，2014；Tsai、Joe、Lin、Chiu 和 Shen，2015 (2)集中在两个消费者—企业认同维度(认知和情感) Currás-Pérez，2009；Currás-Pérez、Bigné-Alcañiz 和 Alvarado-Herrera，2009；Einwilleretal，2006；Algesheimeretal，2005；Fombelleetal，2012；Homburgetal，2009；Wolter 和 Cronin，2016 (3)集中在三个消费者—企业认同维度(认知、情感和评价) Bagozzi 和 Yi，2012；Bagozzietal，2012	(1)企业社会责任 Lichtensteinetal，2004；Currás-Pérezetal，2009；Currás-Pérez，2009；Lee、Park、Rapert 和 Newman，2012；Lii 和 Lee，2012；Homburg、Stierl 和 Bornemann，2013；Romani、Grappi 和 Bagozzi，2013；Öberseder、Schlegelmilch、Murphy 和 Gruber，2014；Romani 和 Grappi，2014；Siu、Zhang 和 Kwan，2014；Swimberghe 和 Wooldridge，2014 (2)企业/品牌吸引力 Bhattacharya 和 Sen，2003；Currás-Pérezetal，2009；Marín 和 RuizdeMaya，2013 (3)组织或品牌认同 Homburgetal，2009；Lichtensteinetal，2010；Bagozzietal，2012；Netemeyeretal，2012 (4)情感依附/归属感需要 Karaosmanoǧluetal，2011；Marín 和 RuizdeMaya，2013 (5)服务/互动/消费者导向 Tung、Liang 和 Chen，2014 (6)企业声望/外部形象 Ahearneetal，2005 (7)企业社会责任慈善声望、信任 Homburgetal，2013	(1)对企业/品牌的态度/承诺/满意度 Currás-Pérez，2009；Lii 和 Lee，2012；Pérez 和 RodríguezdelBosque，2013；Siuetal，2014；Swimberghe 和 Wooldridge，2014 (2)更苛刻的企业诉求 Bhattacharya 和 Sen，2003	(1)企业/消费者忠诚 Bhattacharya 和 Sen，2003；Lichtensteinetal，2004；Homburgetal，2009；Currás-Pérez，2009；Leeetal，2012；Homburgetal，2013；Pérez 和 RodríguezdelBosque，2013；Swimberghe 和 Wooldridge，2014；Kangetal，2015；Wolter 和 Cronin，2016 (2)购买意向 Currás-Pérez，2009；Currás-Pérez，2009；Öberseder、Schlegelmilch、Murphy，和 Gruber，2014；Tsaietal，2015 (3)正面口碑等其他意向 Hong 和 Yang，2009；Bagozzietal，2012；Romanietal，2013；Wolter 和 Cronin，2016 (4)消费者角色内/外行为 Ahearneetal，2005；Karaosmanoǧluetal，2011；Lii 和 Lee，2012 (5)捐款/志愿活动 Lichtensteinetal，2004；Romani 和 Grappi，2014 (6)负面信息恢复 Bhattacharya 和 Sen，2003；Bagozzietal，2012；Wolter 和 Cronin，2016

资料来源:笔者根据相关文献整理所得。

慈善声望、信任等来进行的。关于消费者—企业认同的结果,主要有态度(比如对企业/品牌的态度、承诺、满意度以及更苛刻的企业诉求等)和行为(比如消费者/企业忠诚、购买意向、消费者的角色内/外行为、捐款/志愿活动)两个方面。

表1-1中所列的文献为我们研究多元企业认同打下了良好的基础。但关于消费者—企业认同的研究还有以下三个关键问题:

第一,关于消费者—企业认同的内涵与结构。现有研究大多数是基于社会认同理论直接从组织认同概念嫁接过来的。这种直接嫁接概念的做法本身容易犯经验主义和主观主义错误。此外,学者们就消费者—企业认同的结构始终未能达成一致,大部分采纳巴塔查里亚和森(2003)单维结构观点,即认为消费者—企业认同只是企业身份满足消费者的自我定义需要的程度,并进行直接测量,也有学者提出两维结构,即认知和情感(Lam,2012;Wolter 和 Cronin,2016),但社会认同领域的学者认为是三维的,即认知、情感和评价(Tajfel 和 Turner,1986),并且消费者—企业认同又是来源于社会认同。由此可见,对多元企业认同的研究首先要确定消费者—企业认同的概念内涵与结构,这是本书要解决的第一个问题,也是后续研究必须解决的前提问题;

第二,消费者—企业认同维度对消费者行为的预测作用。亲社会行为文献认为,消费者—企业认同的情感维度(类似移情作用的感情关注)在那些大于或超出责任、引导个体融入行为中起到很重要的作用(Eisenberg 和 Miller,1987)。如果这对认同也是准确的,那么情感和评价认同应该更能预测消费者的角色外行为。沃尔特和克罗宁(Wolter 和 Cronin,2016)的研究也发现,情感消费者—企业认同激发一个消费者去共享一家企业,但认知消费者—企业认同激发的则是消费者对企业更多的保护而非共享。这样,尽管以往的研究表明认同是与角色内、外行为正向相关的,但仍不清楚:(1)哪个认同的维度是驱动结果的;(2)哪个维度在预测输出时更重要。一个多维度概念化将在澄清以上两个关注点方面更有用(Lam,2012)。

第三,消费者—企业认同的发生问题。目前的研究要么是从企业社会责任或声望等入手,回答了消费者—企业认同的客观条件:企业社会责任(比如 Currás-Pérez, 2009; Currás-Pérezetal, 2009; Homburgetal, 2013; Leeetal, 2012; Lichtensteinetal, 2004; Lii 和 Lee, 2012; Öbersede、

Schlegelmilch、Murphy 和 Gruber，2014；Romani 和 Grappi，2014；Romanietal，2013；Siuetal，2014；Swimberghe 和 Wooldridge，2014）、企业声望/外部形象（Ahearne 等，2005）、企业社会责任慈善声望、信任（Homburg 等，2013）；要么是从消费者入手，回答了消费者—企业认同的主观条件：企业/品牌吸引力（Bhattacharya 和 Sen，2003；Currás-Pérezetal，2009；Marín 和 RuizdeMaya，2013）、情感依附/归属感需要（Karaosmanoğluetal，2011；Marín 和 RuizdeMaya，2013）、服务/互动/消费者导向（Tungetal，2014）、组织或品牌认同（Bagozzi 等，2012；Homburg 等，2009；Lichtenstein 等，2010；Netemeyer 等，2012）等。这些主客观条件能够笼统地回答消费者产生消费者—企业认同的因素，却不能回答一个特定消费者何时会产生消费者—企业认同。巴塔查里亚和森（2003）将消费者—企业认同界定为一种"积极的、有选择性的、需要意志努力的行为，该行为受到一个或多个自我定义需要的驱动，它不能单方面由企业发起，必须经由消费者自我定义需要的实现而被确认并实施"，并提出消费者是受自我连续（self-continuity）、自我区别（self-distinctiveness）和自我提升（self-enhancement）三种自我定义需要的驱动而认同企业的。沃尔特和克罗宁（2016）将消费者的这种自我定义需要称为自我动机（self-motives）："一种聚焦在建立或保持一个自我意识、自我呈现或自我评价的特殊地位的倾向（Leary，2007）"，并认为消费者—企业认同的认知维度和情感维度分别由自我不确定（self-uncertainty）需要和自我提升需求来驱动。自我定义需要/自我动机能够解答特定消费者—企业认同发生的规律，但对于一个特定的消费者来说，怎样的自我定义需要/自我动机状态能够促进其哪类维度的企业认同？在多元企业认同的状态，情况又是如何呢？这是本书要重点解决的核心问题。

二、消费者—企业认同的形成过程和演化研究述评及问题提出

兰（2012）认为，认同可以是种心理状态或心理过程。认同作为一种心理状态是大多数组织认同和营销研究的重要主题。尽管问卷调查方面

的定量研究也探究产品是如何变成"我"的,但认同作为一个心理过程最常见于定性研究中(Press 和 Arnould,2011)。学者在研究儿童进入青少年时期是如何改变他们自我—品牌关系时发现,认同也可能随着时间而改变(Chaplin 和 Roedder John,2005)。还有一些学者进行了具有社会实体特征的认同发展倾向的相关调查研究。例如,斯普罗特(Sprott 等,2009)提出,自我概念中的品牌互动构念指消费者倾向中的个人差异,以便将重要品牌纳入其自我概念之中。总而言之,营销研究人员把认同作为一种状态提供了有用的见解,但将认同作为一种过程的见解却少之又少(Press 和 Arnould,2011)。在为数不多的认同形成过程的研究中,普雷斯和阿尔努(Press 和 Arnould,2011)从消费者行为的视角来研究组织认同的形成过程。该研究使用消费者和员工两个情境下收集来的纵向和横截面访谈数据,发现认同可以通过正式的和非正式的两个渠道(意义赋予和意义构建)、三条路径(显现、仿真和探索)来形成。

除了以上提到的成果外,与认同形成过程相关的还有两个研究对我们的研究启发很大,具体如下:

(1)文化创新方面的研究。霍尔特和卡梅伦(Holt 和 Cameron,2010)认为,企业可以通过文化创新达到与消费者的共鸣,而共鸣是消费者—企业认同的最高形式。文化创新由一系列特定的文化表述构成,可通过与消费者的接触点传递给对方。文化表述通常由意识形态、神话和文化密码三部分构成:意识形态是对特定观念的态度,这种观念通常被广泛认可,被认为是理所当然并被社会的一部分自然地当作"真理"的重要文化观念;神话是有教育意义的故事,它能透露出意识形态;文化密码由最合适、最引人入胜的文化内容来构成,而这些内容能够使神话引起消费者的共鸣。该研究为我们探究面向消费者—企业认同的形成过程启发较大。

(2)通过融入(engagement)来提升竞争优势的研究。库马尔和潘萨日(Kumar 和 Pansari,2016)认为,企业可以通过融入来提升竞争优势,他们在融入框架中讨论两个核心构念:消费者融入(Customer Engagement,CE)与员工融入(Employee Engagement,EE)的定义,同时开发和提炼了测量两个构念的题项,用 120 家企业两个时期的数据进行验证,帮助企业提高他们消费者融入和员工融入策略来改善绩效,结果发现相对员工融入来说,消费者融入对公司绩效的作用更大。将认同与融入两个概念联系起来的还有巴塔查里亚和森(2003)的研究,他们认为,强大的消费者—企业关系的基础是消费者对企业的认同,因为企业能帮他们满足一个或多个关键的自我定义需要。这种认同对消费者而言是主动的、有选择性的、有意愿的,会导致他们融入(engage in)支持或不支持某企业的行为。该研究对我们探究面向消费者—企业认同的形成过程启发也较大。

以上研究为我们探究消费者—企业认同的形成过程打下了很好的基础并带来很大的启发,但具体面向不同利益相关者的消费者—企业认同是如何形成的? 多元企业认同又是如何在消费者—企业认同的基础上进行演化的? 是我们关注的重点内容。

三、企业身份构建及张力调和的研究述评及问题提出

企业身份构建以及张力调和方面相关的研究有两个方面:一是企业身份及其构建;二是张力调和及其机制。下面对这两个方面分别进行论述。

(一)企业身份及其构建

企业身份是在组织身份的基础上发展而来的。在艾伯特和惠滕(Albert 和 Whetten,1985)开创性的研究中,他们将组织身份(organizational identity)定义为组织成员对组织中核心的、独特的、持久的方面感知的共识。组织身份回答了组织是什么以及组织该如何运作的问题,在实践中也令人信服(Cayla 和 Peñaloza,2012),有人称它为"战略的灯塔"(Ashforth 和 Mael,1996)、"可以在组织成长、分散、多样化、全球扩张时将其聚集在一起"(Collins 和 Porras,1996)、"企业的 DNA"(Ravasi 和 Schultz,2006)等。有学者已经对组织身份(代表内部利益相关者对公司的看法,即公司对自身的看法)与企业身份(代表外部利益相关者对公司的看法,即企业形象或名望等)之间进行了概念上的区分(JoHatch 和 Schultz,1997)。但这种主要以利益相关者为主的区分方式会随"内部人"和"外部人"之间互动水平的提高及公司透明度的增加而消失

（Bhattacharya 和 Sen，2003）。而我们从外部利益相关者的视角来研究多元企业认同及企业身份构建和张力调和，再加上当今数字化、社交媒体和移动营销占主导地位的背景下使企业内、外部互动水平越来越高，所以，本书中的企业身份兼顾内、外两方利益相关者对企业的看法。但研究的对象主要是从外部利益相关者的角度来展开，之所以这么做，主要是因为内部利益相关者（比如员工）更容易被企业所控制。

　　关于企业身份构建方面相关的研究集中在三个方面：一是企业身份构成要素；二是身份构建；三是身份传播的相关研究。在身份构成要素方面，斯科特和莱恩（Scott 和 Lane，2000）认为，目标、使命、实践、价值观和行动（或缺乏行动）对塑造组织身份都有贡献，因为它们可以通过高层管理者和利益相关者的眼光来区分一个组织与另一个组织；巴尔莫和格雷瑟（Balmer 和 Greyser，2002）认为企业的真实身份由企业当前的特性构成。它由一些要素所塑造，这些要素包括公司所有制、管理的领导力风格、组织结构、商业活动和市场覆盖、提供的产品或服务的范围和质量、所有的经营绩效，也包括管理人员和员工提出的价值观集合；巴塔查里亚和森（2003）认为企业身份由核心价值观（包括经营原则、使命和领导力）和人口统计特征（如行业、规模、年龄、市场地位、原始国、地点及其领导、雇员的典型概貌等）组成。在企业身份构建方面，斯科特和莱恩（2000）开发了一个组织身份的构建模型，在高层管理者—利益相关者关系的大背景下重构组织身份，有效地整合组织身份和组织认同理论。他们认为组织身份是从管理者、组织成员和其他利益相关者之间复杂、动态和双向互动中构建出来的，是由一系列的过程、活动和事件所组成的。组织身份构建本质上是动态的、互惠的和反复的，它包括：（1）管理者和利益相关者在组织事件、政策和活动意义上的反思；（2）对组织形象的构建和呈现；（3）对身份相关反馈的解释和对重新构建活动的认知。有学者通过对企业身份的定义、模型和具体要素的界定，开发了一个全面的企业身份构建模型（Melewar 和 Jenkins，2002）。我们通过对企业身份具体构成要素的分类，得出四个中介变量，即沟通与视觉识别、行为、企业文化、市场条件，从而构建出企业身份。这两个研究与我们观察到的企业实践和我们对企业身份构建过程的理解比较吻合,为我们研究多元企业身份构建打下了很好的基础。

另外,对于身份构建方法方面,闰多瓦(Rindova 等,2011)基于文化库的研究对我们将身份构建当作要素库来构建的启发很大。该研究用纵向案例和扎根理论,通过深入分析新文化资源的载入,开发一个用新文化库发展非常规战略和战略多样性的理论模型,并发现文化库丰富和组织身份再定义是促进该过程的两个核心机制,该模型很好地解释了企业用文化库这一工具在变化中形成非常规战略的现象,在展示"如何"和"为什么"形成该战略的基础上,构建了理论。

关于身份传播的相关研究。先前的研究表明,企业身份是通过多种不同的传播途径传递给消费者的(Whetten 和 Godfrey,1998)。艾伯特和惠滕(1985)指出,虽然身份通常是通过年报和新闻稿等官方文件传播的,但有时也会通过标志和符号(如企业总部的标志和外观等)进行传播。与这种由公司控制的内部身份传播(如提供的产品、企业公关、企业社会举措及企业赞助的论坛等)相对立的是并非完全由企业所控制的、数量巨大且可能在不断增长的外部身份传播途径(如媒体、消费者、监管部门及渠道成员等)(Bhattacharya 和 Sen,2003)。

以上研究为我们构建消费者认同的企业身份提供了理论基础和参考,但对于如何在现代数字化、社会媒体和移动营销时代,构建一个能够满足外部利益相关者自我定义需要的身份并进行传播/反馈和修正还缺乏研究。

(二)张力调和及调和机制

企业身份张力调和的理论基础是组织双元理论(March,1991)和品牌双元理论(Beverland、Wilner 和 Micheli,2015)。组织双元理论认为:企业为了生存或获得成功,必须能够兼顾开发(exploitative)和探索(exploratory)两种创新能力并超越对手(Tushman 和 O'Reilly,1996),而张力就来源于这两种相互冲突的力量(March,1991),组织双元是指企业管理这种张力的能力(Duncan,1976;Andriopoulos 和 Lewis,2009)。在组织双元理论的基础上,贝弗兰登(Beverland 等,2015)提出品牌双元的概念,作者认为品牌双元指同时兼顾保持现有品牌身份的"一致性"和通过创新及改变来保持"相关性"的能力(而张力来自一致性和相关性之间的冲突),并采用改进的扎根理论方法验证了调和这种张力的机制是设计思维——与设计者们相关的实践与逻辑。这些研究为我们调和企业身份张力在问题提出、研究设计以及研究过程等方面提供了理论依据和可借鉴的模式。那么,在多元企业认同状态下,调和企业为满足不同外部利益相关者自我定义需要和保持企业身份之间张力的机制方面还缺乏研究。

通过对企业实际的观察和对现有理论的理解,我们发现可以用关系价值机制来解释张力调和现象,而关系价值机制在特定的企业间关系安排中反映了成员企业经由何种途径获取关系这种价值并将其移入企业运行中(Lavie,2006)。已有研究发现,关系价值机制可以分为两类:一是通过互利性行为(Mayer、Davis 和 Schoorman,1995;Gulati 和 Sytch,2008)创造新价值(Lavie,2007),即价值创造机制,二是通过自利性行为(Lewicki 和 Bunker,1996;Gulati 和 Sytch,2008)攫取既存价值(Lavie,2007;Gulati 和 Olivia Wang,2003),即价值攫取机制。我们发现,除了以上提到的两个关系价值机制外,还存在另外两种关系价值机制(价值奉献机制和价值损害价值),具体调和企业身份张力的机制是什么需要进一步研究。

通过以上三个方面国内外研究现状和发展动态的分析可以看出,与本书有关的三个方面的研究分别存在相应的理论缺口:

(1)关于多元企业认同的研究还有以下三个关键问题:

第一,关于消费者—企业认同的内涵与结构。消费者—企业认同与其他认同之间的区别与联系是什么? 消费者—企业认同的维度是一维的认知维度还是两维的认知和情感维度,还是三维的认知、情感和评价维度,需要深入研究,同时,对于多元企业认同来说又是如何?

第二,多元企业认同维度对消费者行为的预测作用。关于这方面的问题还有两个问题需要澄清:①哪个认同的维度是驱动结果的;②哪个维度在预测输出时更重要。对于多元企业认同来说,其不同维度对消费者行为的预测作用又是如何呢?

第三，多元企业认同的发生问题。即对于一个特定消费者来说，自我定义需要与消费者—企业认同的维度之间的对应关系如何？在多元企业认同的状态下，情况又是如何呢？

在具体研究内容时，我们将该问题与第二个消费者—企业认同维度对消费者行为的预测作用一起进行研究，即自我定义需要、多元企业认同结构与行为结果的对应关系研究。

（2）关于多元企业认同的形成过程及演化路径还存在以下两个关键问题：

第一，多元企业认同是如何形成的还缺乏相应的研究。但组织认同的形成过程、文化创新方面的研究、通过融入（engagement）来提升竞争优势方面的研究为我们打下了较好的基础并带来一定的启发。

第二，多元企业认同又是如何在消费者—企业认同的基础上进行演化的还缺乏相关的研究。但组织认同的形成过程以及多元身份和多元认同的思想与观点对我们的研究会有较好的启发和借鉴。

（3）关于企业身份构建及张力调和方面还存在以下两个关键问题：

第一，身份构建的动态、反复和互惠性反映方面还缺乏相应的研究。但已有的企业身份构成要素、面向管理者与利益相关者关系的身份构建、身份传播以及基于文化库的相关研究为多元企业身份构建打下了良好的基础。

第二，调和多元身份张力方面还缺乏相应的研究。但已有组织双元、品牌双元以及关系价值机制方面的研究为我们打下了较好的基础。

第三节　研究构想

基于上述文献综述和问题分析，有必要在弄清楚消费者—企业认同的结构与测量、形成过程及演化路径以及身份构建的基础上，将多元企业认同的内涵、结构与测量，形成过程及演化路径，多元身份构建及其张力调和探究明白。因而，在文献梳理、现场观察、专家访谈和管理人员访谈的基础上，我们初步开发出如图 1-1 所示的多元企业认同及企业身份构建模式与张力调和机理的理论框架。拟就如图 1-1 所示的三个方面内容进行重点研究。

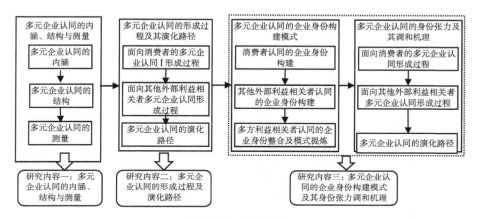

图 1-1　理论框架

一、研究内容一:多元企业认同的内涵、结构与测量

确定多元企业认同内涵、结构与测量,是进一步探讨后续研究内容的基础。对于消费者—企业认同的结构来说,巴塔查里亚和森(2003)认为,消费者—企业认同只是企业身份满足消费者的自我定义需要的程度,即认为消费者—企业认同是一维结构,也有学者提出两维结构,即消费者—企业认同有认知和情感维度(Lam,2012;Wolter 和 Cronin,2016),但社会认同领域的学者认为消费者—企业认同的结构是三维的,包括认知、情感和评价(Tajfel 和 Turner,1986)。对于多元企业认同来说,与消费者—企业认同的结构相同还是有差异,多元企业认同的结构到底是单维的(认知),还是二维的(认知、情感),还是三维的(认知、情感、评价),需要对多元企业认同的内涵、结构和测量进行深入研究(见图 1-2)。

我们将在文献研究的基础上,通过深度访谈等方法展开以下研究:首先,确定多元企业认同的具体内涵,通过与产品认同、品牌认同、组织认同、社会认同等概念的对比分析,进一步厘清多元企业认同的内涵;其次,

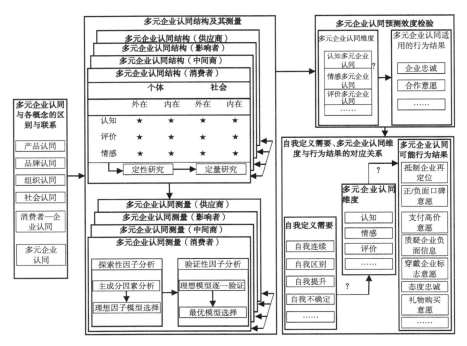

图 1-2　多元企业认同的内涵、结构及测量研究框架

基于现有对消费者—企业认同结构的理论成果,进一步探究企业与中间商、企业与影响者、企业与供应商的认同的结构维度,并通过深度访谈收集数据,然后进行探索性因子分析和验证性因子分析得出多元企业认同的测量题项;再次,对多元企业认同的预测效度进行检验;最后,对多元企业认同的各个维度与利益相关者的自我定义需要之间的对应关系进行探究,以及多元企业认同的结构维度与其行为结果之间的对应关系进行分析。具体内容包括以下四个部分:

（一）多元企业认同的内涵及其与其他概念的区别与联系

通过文献梳理以及实际观察,在清楚多元企业认同内涵的基础上,明确多元企业认同与消费者—企业认同、产品认同、品牌认同、组织认同、社会认同等概念的区别与联系(见图 1-2 左边)。

（二）多元企业认同结构及其测量

具体分为以下四个部分的内容:

1. 面向消费者的多元企业认同结构

根据前面的文献综述,我们将从"认同"与"社会认同"两种研究思路出发,即认为多元企业认同既有个体与社会之分,也有内外之别,且存在认知、评价和情感三个维度。表1-2是面向消费者的多元企业认同结构作出的12维度预设。

表1-2　多元企业认同结构预设(消费者)

维度	个体		社会	
	外在	内在	外在	内在
认知	★	★	★	★
评价	★	★	★	★
情感	★	★	★	★

该部分的研究包括定性和定量两部分:

定性研究:目的是通过定性研究方法初步探讨多元企业认同的结构,结合该研究目的制定相应的访谈提纲,对消费者进行深度访谈;

定量研究:为避免访谈人数过少带来的偶然性和不稳定性,需要在定性研究的基础上,通过参考已有量表和自编量表相结合的基础上自编多元企业认同问卷,对更多的消费者进行调查,来进一步探讨多元企业认同的结构。

见图1-2中间上半部分的多元企业认同结构(消费者)部分。

2. 面向其他外部利益相关者的多元企业认同结构

重复(1)面向消费者的多元企业认同结构,将面向中间商、影响者、供应商的多元企业认同结构也研究出来,过程中访谈的对象由消费者变为中间商、影响者或供应商,然后得出面向不同外部利益相关者的多元企业认同结构。

3. 面向消费者的多元企业认同测量

巴塔查里亚和森(2003)建议对消费者—企业认同采用贝尔加米和巴戈齐(Bergami 和 Bagozzi,2000)提出的双指标测量方法。其第一个指标采用图文结合的方式来表示重合度的八种情形,让被试者进行选择;第二个指标采用七级李克特量表的方式,让消费者对自我身份和组织身份的匹配程度进行评估。而巴戈齐(Bagozzi 等,2012)则在贝尔加米和巴戈齐(2000)认知维度二指标的基础上增加了情感维度和评价维度的四个指标。在本书中,将借鉴巴戈齐等(2012)以及贝尔加米和巴戈齐(2000)提出的对认知、情感、评价三个维度的测量题项,在除消费者的其他利益相关者情况下对测量题项作相应的修改。该部分的研究内容就是对(1)中得出的多元企业认同结构进行探索与验证,具体包括两个部分:

探索性因子分析:拟采用主成分因子分析法,得出的若干个比较理想的因子模型,这些因子模型由多元企业认同的测量因子和对应的题项组成;

验证性因子分析:对得出的若干比较理想的模型进行验证性因子分析,通过比较,选择出最优模型。

见图 1-2 中间下半部分的多元企业认同测量(消费者)部分。

4. 面向其他外部利益相关者的多元企业认同测量

重复(3)面向消费者的多元企业认同测量,将面向中间商、影响者、供应商的多元企业认同测量也研究出来,过程中调研的对象由消费者变为中间商、影响者或供应商,然后得出面向不同外部利益相关者的多元企业认同测量。

根据前面 1. 和 2. 的研究结果,通过一定的标准和途径,最终确定多元企业认同的结构与测量。

(三)多元企业认同的预测效度检验

本部分需要对多元企业认同的预测效度进行检验,具体可以选一些常用的消费者—企业认同的结果变量(比如消费者忠诚、支付意愿等)来进行验证,但由于涉及多元企业认同,需要找 2—3 个比较有代表性并且又符合实际的结果变量来进行检验,消费者忠诚这个变量是比较合适的,但支付意愿对于影响者(比如政府)来说就不符合实际(我们暂时用合作意愿来表示),具体用什么变量作为多元企业认同的结果变量需要进行相应的研究后再确定,确定下来结果变量后,对结果变量进行测量题项筛选或开发,然后再来进行最终的检验(见图1-2右边上半部分)。

(四)自我定义需要、多元企业认同维度与行为结果的对应关系研究

首先研究面向消费者的对应关系:在文献研究的基础上,找出所有相关消费者的自我定义需要以及对应的多元企业认同维度,然后对这些结构的行为结果进行调查,具体可以借鉴沃尔特和克罗宁(2016)中的方法,采用横截面调查(cross-sectional survey)方法,在遵从相关协议的基础上,要求调查对象说出一家他们喜欢的企业,接着,这一企业会被加入后面的每一个问题中。为了区分认同量表及合适的环境,研究者还要求调查对象回答一系列两种量表之间的问题并给出相应的情境。通过这种方法,我们就可以将消费者的自我定义需要/自我动机、多元企业认同维度与行为结果的对应关系研究出来。然后,再研究面向其他外部利益相关者的对应关系,需要在此基础上重复及整合(见图1-2右边下半部分)。

二、研究内容二:多元企业认同的形成过程及其演化路径

关于消费者—企业认同的形成及演化:普雷斯和阿尔努(2011)从消费者行为的视角来研究组织认同的形成过程。该研究使用消费者和员工两个情境下收集来的纵向和横截面访谈数据,发现认同可以通过正式的和非正式的两个渠道(意义赋予和意义构建)、三条路径(显现、仿真和探索)来形成。霍尔特和卡梅伦(Holt和Cameron,2010)认为企业可以通过文化创新达到与消费者的共鸣,而共鸣是消费者—企业认同的最高形式。库马尔和潘萨日(2016)认为企业可以通过消费者融入与员工融入来提升竞争优势,并指出消费者融入对公司绩效的作用更大。将认同与融入两个概念联系起来的还有巴塔查里亚和森(2003)的研究,他们认为,强大的消费者—企业关系的基础是消费者对企业的认同,因为企业能帮他们满足一个或多个关键的自我定义需要。这种认同对消费者而言是主动的、有选择性的、有意愿的,会导致他们融入(engage in)支持或不支持某

企业的行为。该研究对我们探究面向消费者—企业认同的形成过程启发也较大。该部分主要是在前面研究的基础上,通过以下两个方面的内容进行展开:一是面向消费者的多元企业认同形成过程;二是面向其他外部利益相关者的多元企业认同形成过程。

(一)面向消费者的多元企业认同形成过程

我们通过前期的预研究已经发现面向消费者的多元企业认同形成过程是通过产品文化表述作为消费者与企业的媒介,通过相应的市场机制和门槛机制从消费者与企业的接触点通过两条不同的路径达到多元企业认同的,具体见图1-3中标有消费者的部分。消费者的自我定义需要包括自我连续、自我区别、自我提升(Bhattacharya 和 Sen,2003),消费者与企业通过官方网站、社交媒体、产品推介会、企业员工、合作伙伴渠道等企业接触点与企业进行互动,企业则通过这些接触点将基于消费者需要而形成的产品的文化表述传达给消费者,使消费者感知到身份相似性、身份独特性、身份名望等,从而满足了消费者的自我定义需要,使消费者产生对企业的认同。即:消费者对企业身份的感知与自我定义需要越相符,对企业的认同程度越高。

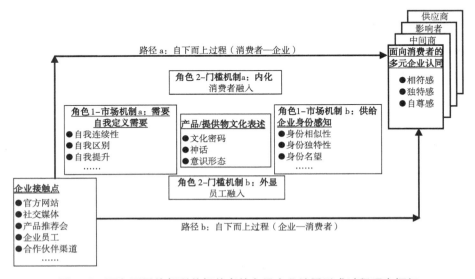

图1-3　面向不同外部利益相关者的多元企业认同形成过程研究框架

（二）面向其他外部利益相关者的多元企业认同形成过程

在消费者—企业认同形成过程已经明确的基础上，面向其他外部利益相关者的多元企业认同形成过程可以参照消费者—企业认同的形成过程。利益相关者的需求通过与企业的接触点传达给企业，企业基于利益相关者需求而形成的"供给"通过企业接触点传递给利益相关者，利益相关者对与企业"供给"的感知与其自身的需求相匹配，因而对企业形成认同。然而对于除消费者之外的利益相关者，如供应商、影响者、中间商等的需求有别于消费者，具体是什么需要通过文献研究法和深度访谈法来确定。且针对不同利益相关者的需求，企业相应的"供给"也是不同于消费者—企业认同情况的，具体也需要进一步研究来确定。即：利益相关者对企业身份的感知与自身自我定义需要越相符，对企业的认同程度越高。

三、研究内容三：多元企业认同的企业身份构建模式及其身份张力调和机理

本部分由两方面的研究内容构成：一个是多元企业认同的企业身份构建模式；另一个是多元企业认同身份张力调和机理。

（一）多元企业认同的企业身份构建模式

如何构建一个多方外部利益相关者认同的企业身份，是引发各外部利益相关者积极融入企业经营过程中实现价值共创的前提条件。这个问题是本部分的研究内容，具体见图1-4，从图1-4可以看出，该部分研究内容包括以下三个方面：

1. 消费者认同的企业身份构建

消费者认同的企业身份构建过程是一个企业根据消费者的自我定义需要而进行的动态、反复的过程，是由一系列的过程、活动和事件所组成的。如何根据消费者的自我定义需要构建出对其有吸引力的动态的、交互的、发展的企业身份是本部分的研究内容。整个企业身份构建由企业与消费者之间的互动而形成，企业通过自我定义需要来构建基于该需求的初始身份，然后在内部形成自我身份感知，通过将此初始身份传播给消费者，在消费者方形成其对企业的身份感知并与基于消费者自我定义需

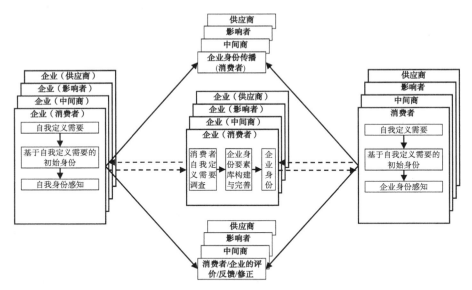

图1-4　多元认同的企业身份构建过程及张力调和研究框架

要形成的消费者身份进行比较,通过评价两者之间的相符程度给企业进行反馈,在通过企业身份形成过程中再次传播的基础上,经过消费者再次比较、评价、反馈、企业的修正来不断构建(见图1-4中实线表示的标有消费者的部分)。

2. 其他外部利益相关者认同的企业身份构建

企业基于其使命、价值观等构建的初始企业身份通过各种与企业的接触点传播给利益相关者,利益相关者将感知到的企业身份与自身的自我定义需要相比对,将两者的相符程度通过接触点反馈给企业,企业在利益相关者反馈的基础上对企业的初始身份进行修正,再次通过企业接触点传递给利益相关者。循环往复,经过传播、感知、比较、评价、反馈等几个环节来构建企业身份。

3. 面向多方外部利益相关者认同的企业身份整合及模式提炼

根据(1)和(2)中面向不同外部利益相关者认同的企业身份的构建子过程,通过归纳、提炼企业身份要素库等方式来构建一个面向多方外部利益相关者认同的企业身份并从中提炼中一般规律,得出多元企业认同的企业身份构建模式。

（二）多元企业认同身份张力调和机理

企业基于自身的使命、价值观等形成的企业身份与为满足利益相关自我定义需要而对企业身份的修正之间存在张力，即企业同时面临着保持其初始企业身份的需要和满足利益相关者自我定义需要而对企业身份做修正的需要，这两个需要对于企业经营者来说是要平衡的，即企业既不能对利益相关者需要过分迁就，又不能保持自身身份的一成不变。如何调和这种张力，使其达到较好的均衡状态，是本部分的研究内容（见图1-4中虚线表示的部分，向外的单向虚线箭头表示张力，双向虚线箭头表示张力的调和）。

1. 多元企业认同身份张力的来源及测量

张力来自企业为满足各方外部利益相关者自我定义需要与保持企业身份而带来的冲突，但是具体来说，张力源于企业自身的自我定义需要与利益相关者不同的自我定义需要之间的冲突，由于利益相关者的自我定义需要是我们的研究内容之一，目前除消费者之外，其他利益相关者的自我定义需要并不明确，因此，多元企业认同身份张力的来源需要在明确了利益相关者自我定义需要的基础上才能确定。此外，对于多元企业认同身份张力，需要有具体的指标来测量。我们拟基于贝尔加米和巴戈齐（2000）提出的双指标测量方法，在考虑不同利益相关者需求的基础上，对贝尔加米和巴戈齐提出的量表进行调整，来测量企业身份对利益相关者自我定义需要的满足程度，即利益相关者感知到的企业身份与自身自我定义需要的相符程度。

2. 多元企业认同身份张力的调和机理

多元企业认同身份张力的调和机理分为调和机制与调和过程两部分。

（1）多元企业认同身份张力的调和机制

通过对企业实际的观察和对现有理论的理解，我们发现可以用关系价值机制来解释多元企业身份张力的调和现象。关系价值机制是在特定的企业间关系安排中反映的成员企业经由何种途径获取关系这种价值并将其移入企业运行中（Lavie，2006）。在张力调和及调和机制部分我们提到,关系价值机制可以分为价值创造机制和价值攫取机制两类。价值创造机制增强了企业与合作伙伴关系产生价值的能力,因为它们追求共同目标,并扩大了有助于联盟组合总体价值的价值链活动范围。这些机制产生的关系租金不能由联盟的个别成员独立产生(Dyer 和 Singh,1998)。反过来,价值攫取机制并没有产生新的价值,而是决定了企业可以攫取的关系租金的相对份额(Gulati 和 OliviaWang,2003;Hamel,1991;Khanna 等,1998)。已有研究显示,价值创造机制与企业的互利行为相关(Dyer 和 Singh,1998),而价值攫取机制与联盟中成员的机会主义行为或自利性行为相关(Das,2006)。而根据我们对企业的观察,发现除了以上提到的自利行为和互利行为以及与之对应的价值攫取机制和价值创造机制外,还存在利他和双输行为以及与之对应的价值奉献机制和价值损害机制。并且我们发现利他行为以及与之对应的价值奉献机制是调和多元企业身份张力的关键。

(2)多元企业认同身份张力的调和过程

在找出调和机制基础上,探讨该机制对多元企业认同身份张力调和的过程。在其调和过程中会遵从什么样的规律和路径,该规律和路径的逻辑是什么?驱动是什么?从理论上如何解释呢?为什么会是这样呢?是本部分研究的重点。

身份张力调和机理部分的展开可借鉴贝弗兰登等(2015)的研究,采用改进的扎根理论研究设计,该研究设计对研究问题和浮现线索的探究受"理论抽样"与"文献—数据—新兴的理论"之间构念的比较而驱动(Fischer 和 Otnes,2006)。

多元认同的企业身份构建模式及其张力调和机理部分的研究需要采用现场观察、深度访谈和焦点小组访谈、改进的扎根理论,并结合组织理论、关系营销、消费者关系管理等领域的理论进行梳理和深入研究。

第四节 理论构建

利益相关者对市场主体的认同作为营销关系的驱动之一,能够对营销关系研究中的广泛现象作出解释,例如,消费者和企业的关系、消费者和品牌的关系、消费者和品牌社区的关系、消费者的基于身份一致性的行为以及各种管理问题(Lam,2012)。许多国内外关于"认同"的研究主要关注消费者与企业间的认同(Bhattacharya 和 Sen,2003;曹光明、江若尘、陈启杰,2012;康俊、江林、郭益,2014;李惠璠、李鹏、张金成,2009;李惠璠、张运来,2016),然而企业的成功不只是取决于企业与消费者之间的关系,因此,认同的研究也不能只局限于消费者与企业之间的认同,而应该是与企业有关联的各利益相关者与企业的多元认同。鉴于此,我们从企业如何构建一个不同外部利益相关者认同的企业身份,并调和因各方利益相关者自我定义需要不同而带来的张力,进而使企业与外部利益相关者保持长期、和谐、多赢的关系这一现实问题出发,基于社会认同理论和身份理论,采用定性研究(比如,案例研究、改进的扎根理论等)和定量研究(比如,探索性因子分析与验证性因子分析、计算机仿真等)相结合的方法深入探讨多元企业身份的构建及其张力调和过程。理论方面,有助于通过探究多元企业认同身份的内涵、构建与演化来打开该企业身份张力调和过程的"黑箱",揭示其背后的深层作用机理。实践方面,为企业与消费者保持长期、和谐、多赢关系提供重要依据。主要理论观点如下。

其一,将消费者—企业认同的概念扩展到多元企业认同,同时对多元企业认同的内涵、结构与测量进行深入研究。依据现有消费者—企业认同(Bhattacharya 和 Sen,2003)的相关理论,将消费者这一单一利益相关者与企业的认同扩展到多个利益相关者与企业的认同。现有研究只对消费者—企业认同的前因、结果进行了相关研究,其内涵和测量相对较少,更谈不上多元企业认同的研究。而多元企业认同是我们通过现实观察给出的一个新概念,企业的成功不只需要消费者的认同,其他利益相关者对企业的认同也非常重要。消费者是企业收入的主要来源,消费者对企业的认同决定着企业的存亡,因此,企业必须努力与消费者建立认同关系。中间商作为企业与市场的媒介,是企业产品与服务的传递者,掌握着企业通往市场的渠道,因此间接决定着企业的存亡,对于企业来说,与中间商的认同关系也是至关重要的。供应商作为企业原材料的提供者,在买方市场中处于弱势地位,在卖方市场中处于强势地位,但市场环境的变化使双方的地位随时可能发生转变,因此稳定的、和谐的供应商—企业关系对于企业的成功是非常关键的,与供应商的认同关系有利于企业原材料的稳定供应和成本控制。影响者如政府对于企业的影响来说是不可抗拒的,影响者塑造着企业的环境以及游戏规则,与影响者保持良好的关系能为企业带来无可比拟的竞争优势。因此企业与多个利益相关者保持长期、和谐、多赢的关系,企业才能获得成功。基于社会认同理论和身份理论,在已有的消费者—企业认同研究和身份驱动的营销研究基础上,我们采用探索性和验证性研究方法,对多元企业认同的内涵、结构进行探索,并且对其结构进行测量和检验。

其二,对多元企业认同的形成过程进行深入研究。消费者—企业认同的形成过程鲜有人研究(Lam,2012),多元企业认同的形成过程更为少见。消费者—企业认同的形成与多元企业认同的形成虽然有相似之处,但多元企业认同涉及多个利益相关者,且各利益相关者对企业的需要并不一致,因此,相比单一利益相关者来说,多元企业认同的形成过程更为复杂,且对多元企业认同形成过程的探究有助于消费者—企业认同形成过程的打开。利益相关者与企业的认同关系能够为企业带来有形和无形的收益和竞争优势,但是如何形成这样的认同关系在已有研究中并不能找到答案。消费者、中间商、供应商和影响者对企业的需要各不相同,这些需要中有时甚至是矛盾的,而企业的资源是有限的,因此多元企业认同的形成过程更为复杂。由于一般的量化研究遵从实证主义传统,概念以不同的变量形式出现,理论是因果性和演绎性的,因此只能回答"是什么"(what)的问题,而关于"为什么"(why)以及"怎么样"(how)可能更适合通过案例研究等质性研究方法加以探索才能深入揭示(Eisenhardt 和Graebner,2007;Liden 和 Antonakis,2009;谭乐、宋合义、杨晓,2016)。因此,我们在多元企业认同形成过程中采用案例研究等质性方法来构建理论模型,然后再通过现场观察、深度访谈和第三方数据等来加以验证。在面向消费者的消费者—企业认同形成过程的基础上,从社会心理学

（Press 和 Arnould，2011）和文化创新的视角（Holt 和 Cameron，2010），采用案例研究的方法对面向其他外部利益相关者的多元企业认同形成过程来进行探究，再用计算机仿真的方法模拟出面向不同利益相关者的多元企业认同演化过程。

其三，对多元企业认同的企业身份构建进行深入研究。消费者—企业认同的身份构建方面的研究相对较少，多元企业认同的构建需要在前人的研究基础上，将多方企业认同考虑进去。我们用质性研究的方法，将其构建过程打开，在数字化、社交媒体和移动营销盛行的背景下，外部利益相关者与企业的适时交互越来越多，外部利益相关者融入的热情与愿望也越来越强烈，企业身份的构建就越发具备动态、互惠、反复和实时的特性，所以多元企业认同的企业身份构建是一个复杂的过程，我们将在前两个研究预期的基础上，给出多元企业认同的身份构建过程。通过对实践的观察和研究，我们发现多元企业认同的形成过程实质上是企业多元身份的构建过程，整个企业多元身份构建由企业与利益相关者之间的互动而形成，企业通过自我定义需要来构建基于该需要的初始身份，然后在内部形成自我身份感知，通过将此初始身份传递给利益相关者，利益相关者通过评估两者之间的相符程度给企业进行反馈，企业通过不断的修正、传递、反馈等环节最终与利益相关者形成认同的关系。

其四，对多元企业认同中企业多元身份张力的来源及其调和机理进行深入研究。本书依据个体多重身份（Ashforth 和 Mael，1989；Allen、Wilder 和 Atkinson，1983；Hoelter，1983、1985；McCall 和 Simmons，1978）和组织多元身份（Lam，2012；Pratt 和 Foreman，2000）的研究，在关系价值机制和双元理论的基础上，采用改进的扎根理论设计，揭示企业多元身份张力的来源及测量，发现企业多元身份张力的调和机制，并打开企业多元身份张力的调和过程。在与多个利益相关者建立认同关系的过程中，企业面临着诸多挑战，比如各个利益相关者对于企业的需要不尽相同，有时甚至是矛盾的，企业有限的资源如何配置才能使各个利益相关者的需要被满足，从而与企业建立认同关系，而如前所述，企业与利益相关者认同的形成实质上是利益相关者认同的企业多元身份的构建过程。因此企业面临着身份的独立性和适应性张力的调和问题,即企业的身份一方面必须取得利益相关者的认同;另一方面,企业必须保持其身份的核心方面的一致性,这对矛盾的需要给企业经营者带来了挑战。通过对实践观察和理论的研究,我们提出利他的关系价值作为调和企业多元身份独立性和适应性的机制。

第二章 多元企业认同的概念和内涵

多元企业认同,即外部利益相关者包括消费者、中间商、影响者(主要指政府)、供应商等对企业的认同是身份驱动的营销关系的一个重要分支,其基础是消费者—企业认同。消费者—企业认同是帮助营销人员与其消费者建立深厚、承诺、有意义关系的首要心理基础,且双方可以从该关系中受益。本章分别从消费者、供应商、中间商、政府四类利益相关者为读者展示了其对企业认同的内涵、结构,以及相应的量表开发过程,并基于四类利益相关者的共性,给出了多元企业认同的内涵、结构与测量。

第一节 消费者—企业认同的内涵、结构和测量

一、消费者—企业认同的研究现状

移动互联时代,企业与消费者之间信息不对称的局面逐渐被打破。大数据、云计算等技术的应用使消费者能够从纷繁复杂的产品和服务市场中找到满足其需求的企业。社交软件、在线视频分享和网络问答社区等新媒体的使用也赋予消费者更多的话语权,消费者的评价越来越成为影响企业声誉和品牌形象的重要因素。消费者获得信息的渠道增多,企业的行为趋于透明,同行业之间的竞争愈加激烈,消费者愈加理性,这对企业的消费者关系管理提出了前所未有的挑战。企业为实现持续发展,需要赢得消费者内心的认同,进而与其保持长期、和谐和稳定的关系。

消费者—企业认同是强大的消费者—企业关系建立的基础。消费

者—企业认同是消费者对企业的一种基于身份的认同关系,是企业满足消费者的一个或多个自我定义(即"我是谁?")需要而引发的消费者主动性、选择性和意志性行动。自巴塔查里亚和森(2003)对消费者—企业认同理论框架的开创性研究以来,营销和管理领域学者从消费者—企业认同的定义、测量、形成、影响因素和结果等方面进行了广泛研究。研究发现,在消费者—企业认同的概念化方面呈现出不一致性,现有研究大多是基于社会认同理论,直接从组织认同概念嫁接过来的,学者们对消费者—企业认同的结构维度尚未达成一致意见。不同消费者—企业认同概念对应不同的消费者—企业认同测量量表,这导致了消费者—企业认同认知的混乱和应用的有效性降低。

本节聚焦于消费者—企业认同的基本理论研究——概念和量表开发,首先系统分析已有的消费者—企业认同概念和量表开发的相关文献,梳理现有量表中消费者—企业认同的测量题项。在此基础上,采用半结构化访谈收集消费者对企业认同的文本数据,整合现有消费者—企业认同测量题项和访谈中涌现的相关信息构建初始量表题项,通过探索性因子分析(EFA)找出消费者—企业认同的维度结构,并采用验证性因子分析(CFA)分析消费者—企业认同不同维度之间的区别效度。最后通过信任、承诺和正面口碑三个变量对消费者—企业认同的结构进行预测检验。研究结果表明,由相符感、归属感和效能感三个维度13个题项构成的消费者—企业认同测量量表能够较好地反映中国消费者对企业的认同,量表具有较好的信度和效度。

二、消费者—企业认同的相关概念

(一)消费者—企业认同的概念和内涵

认同(Identification)最早出现在心理学领域,后来被引入到管理学、市场营销学等其他学科领域。消费者—企业认同的理论基础是社会认同理论和身份理论。霍格等(Hogg 等,1995)指出 身份理论主要是微观社会学理论,用于解释个人角色的相关行为,而社会认同理论是社会心理学理论,用于解释群体过程和群体间关系。基于社会认同理论和身份理论视角,消费者—企业认同存在多种定义。早期学者主要研究了组织内部成员对组织的认同,如达顿等(Dutton 等,1994)认为,个体对企业认同是一种认知联系,当一个人的自我概念与所感知的组织身份具有相同的属性时形成认同。后来学术界将营利性组织中的成员企业认同关系扩展到非营利性组织的成员组织认同,以及非营利组织的非成员身上,如普拉特(Pratt,1998)认为,个体对组织的信念将成为自我参照或自我定义,认同过程与内部化、组织承诺和人与组织的适应性相关;斯科特和莱恩(Scott 和 Lane,2000)将个体企业认同概念化为自我和目标之间的联系,即个体对其归属于一个社会实体估价的高低程度。巴塔查里亚和森(2003)将认同从组织研究领域扩展到营销领域,提出了一个消费者—企业认同的概念框架,讨论了企业身份构成、传播以及消费者—企业认同形成关键要素和结果,将消费者—企业认同定义为满足一个或多个自我定义需要而采用的一种主动性、选择性、意志性的行动。认为消费者—企业认同是消费者自我感觉与某个企业之间的联系,是帮助市场营销人员与其消费者建立深层次的、承诺的、有意义关系的首要心理基础。将消费者对企业的认同视为一种纯粹的认知,这一研究为后续消费者—企业认同研究奠定了重要理论基础。巴戈齐等(Bagozzi 等,2012)、程志辉和费显政(2015)等学者提出了三维的消费者—企业认同构念,并从认知、评价、情感三个维度进行测量。沃尔特和克罗宁(Wolter 和 Cronin,2016)从消费者—企业认同形成的潜在自我动机视角重构了消费者—企业认同概念,并通过实证检验了具有认知和情感两维度的消费者—企业认同概念模型。

由于消费者—企业认同研究存在多重概念化和操作化,造成了国内消费者—企业认同的认知和测量的混乱。本书通过文献研究认为,消费者—企业认同是消费者对自我概念与企业身份之间相似性的理解、感知或期望,具有以下内涵:(1)消费者与企业之间存在相似(或互补)的身份特征;(2)消费者能够感知到与企业同一性或企业的相关支持;(3)消费者对企业身份的理解和感知可能引发消费者与企业之间的情感联系。

（二）消费者—企业认同的测量

通过上述文献梳理发现,自巴塔查里亚和森(2003)提出消费者—企业认同概念框架以来,围绕消费者—企业认同的概念化、前因及结果方面已有大量研究。由于消费者—企业认同的定义尚未统一,目前存在多种消费者—企业认同测量量表。整理现有的消费者—企业认同测量量表发现,主要有四类研究。第一类研究认为消费者—企业认同是单维结构,以巴塔查里亚和森为代表,主要从认知(即组织与个人之间的认知联系,用于反映个人的自我分类与概念重叠)维度进行测量,采用二指标测量方式(Bergami 和 Bagozzi,2000):(1)通过文字和图形相结合的方式展示了这种重合度的八种情形,让应答者进行选择。左侧圆圈代表自我,右侧圆圈代表企业,请选择最能反映您感知到的自我与企业之间的重叠程度。(2)采用七级李克特量表的方式,让消费者对自我形象和企业形象的重叠程度进行评价。第二类研究认为消费者—企业认同是二维结构,以沃尔特和克罗宁(2016)为代表,从认知消费者—企业认同和情感消费者—企业认同(组织认同和评价在情感上的积极联系,消费者利用情感因素来反映积极的自我情绪)两方面进行测量,采用约翰逊等(Johnson 等,2012)的测量方式,认知维度包括:(1)我的身份在某种程度上是基于我与 X 企业的关系;(2)与 X 企业联系有助于我表达我的身份;(3)X 企业是我对自我认识的一部分;(4)我感觉我与 X 企业的身份有重叠的部分。情感维度包括:(1)X 企业代表的东西让我感觉很好;(2)一般来说,与 X 企业联系在一起给我一种自豪感;(3)总的来说,当人们把我与 X 企业联系起来时我感觉很好;(4)我很高兴成为 X 企业的一名消费者。第三类研究认为消费者—企业认同是三维结构,以巴戈齐等(2012)、程志辉和费显政(2015)等为代表,从认知消费者—企业认同、情感消费者—企业认同和评价消费者—企业认同(一个组织对消费者的价值内涵)三方面进行测量,分别包含认知维度(Bergami 和 Bagozzi,2000)的测量和评价维度(Pierce 等,1989)的测量:(1)我是对 X 企业有价值的顾客;(2)我是 X 企业的重要顾客。情感维度包括:(1)我对 X 企业的依恋感高低;(2)我对 X 企业的归属感高低。第四类研究将消费者—企业认同作为一个整体进行测量,以马林和玛雅(Marín 和 Maya,2013)和豪曼等(Haumann 等,2014)为代表,未进行维度区分,采用的是梅尔和阿什福思(Mael 和

Ashforth,1992)的测量方式,题项包括:(1)当别人批评 X 企业时,我感觉那是对我个人的侵犯;(2)我比较感兴趣别人如何看待 X 企业;(3)当我说到 X 企业时,我通常会说"我们",而不是"他们";(4)X 企业的成功就是我个人的成功;(5)当别人称赞 X 企业时,我感觉那也是对我个人的赞许;(6)如果媒体指责了 X 企业,我会感到很尴尬。

在社会认同理论和身份理论中,认同由认知、评价和情感三个维度构成,认同不仅有个体和社会之分,还有内外之别,已有学者在研究品牌认同的结构时考虑了个体认同和社会认同。但是现有消费者—企业认同测量量表并没有把个体认同和社会认同考虑在内,而且学者们就消费者—企业认同的结构也未能达成一致。国内学者测量消费者—企业认同大多直接套用国外学者的量表,但是西方学者测量消费者—企业认同的内容比较抽象,不能很好地反映中国情境下的消费者—企业认同。因此,鉴于消费者—企业认同的多重概念化和操作化带来的认知和测量的混乱,不同文化和社会背景下消费者—企业认同的概念化和操作化仍然有待深入研究。特别是现有成熟量表主要是基于西方国家文化和社会背景下开发的,国内学者在采用时不仅需要考虑量表的适用文化和社会背景问题,还需要注意量表题项表述转化的问题。

三、消费者—企业认同的量表构建

(一)访谈研究

1. 访谈提纲设计及访谈实施

为获取消费者—企业认同的初始题项,本书根据研究主题和研究目的制定访谈提纲,对消费者进行访谈,访谈内容见表 2-1。

表 2-1 访谈提纲

访谈主题	问题	目的
消费者认同的企业名称	您比较认同的一家企业是?	为下面询问认同的具体内容作铺垫

访谈主题	问题	目的
消费者认同企业的原因	您为什么认同这家企业？您认为哪些因素会影响消费者对企业的认同？您在认同一家企业的时候，除了考虑自己和企业一些因素以外，还考虑企业的其他外部利益相关者（消费者、中间商、供应商、政府）的因素吗？考虑的因素有哪些？	抛出访谈主题，引导被访谈者展开相关思考
消费者—企业认同的维度	您觉得企业的哪些方面与您有相似的地方？该企业是否有助于表达您的身份特征？（可以表达哪些身份？）该企业是否有助于表达您所属的群体类别？（可以表达出哪类群体？） 您对这家企业的评价有哪些？您所了解的公众对这家企业的评价又有哪些？有没有受到企业相关人员的重视？您给企业带来了哪些好处或帮助？您觉得您对企业是否有价值或者是否重要？ 您认同的这家企业前后给您带来哪些情感变化？对于该企业的其他消费者您有没有一种亲切感？看到越来越多的人选择该企业会不会为自己当初的选择而感到满意？	收集被访谈者的看法
消费者—企业认同的结果	您认为消费者认同一家企业会有哪些表现？您会给企业提一些建议或指出企业存在的一些问题吗？当别人说企业不好的时候您会维护企业的形象吗？如果与这家企业关系保持比较好的话，对您来说是不是比较重要？这家企业值不值得您去维持与他们的关系？	收集被访谈者的看法
基本信息	年龄、婚姻状况、教育程度、职业、家庭年收入	了解被访者的基本信息

基于表 2-1 的访谈提纲，分别对 8 位女性消费者、7 位男性消费者进行电话或面对面访谈。在征求被访者同意的情况下，对被访者的访谈内容进行全程录音，每次访谈时长约 20—40 分钟。访谈结束后委托专业公司将这 15 份访谈录音整理成文字，访谈文字约 7 万字。15 位消费者平均年龄约 30 岁，分别来自学生（本科、硕士）、教师、公司职员、企业管理层等不同的领域。访谈对象受教育程度相对较高，对企业的认同较为稳定，能够清楚表达对认同企业的理解和看法。访谈内容为我们获取消费者—企业认同的初始题项提供了丰富的数据材料。

2. 访谈文本的开放式编码

对访谈文本进行开放式编码。15 份访谈文本分别进行逐句逐行编码,第一轮编码共建立了 268 条关键性的内容。第二轮编码删除不符合主题或者语义表达不清楚的内容,合并表述相同和类似的内容,保留 87条关键性的内容,见表 2-2。

表 2-2　开放式编码归纳合并后的内容

开放式编码内容	
1. 踏实研发的态度相符	2. 体现热爱生活、注重品质的身份特征
3. 归类为热爱生活、注重品质的消费群体	4. 和别人的相似之处习惯使用企业的产品
5. 质量好、功能齐全、企业的研发费用投入比例一直很高、能感觉到企业在设计的时候作出的努力	6. 一流的、高品质的企业
7. 企业从竞争中脱颖而出	8. 产品实用、质量好,颜值高、公众对企业评价很高
9. 该企业给我带来一种满足感	10. 对该企业的其他顾客有一种亲切感
11. 越来越多的人选择该企业为自己的选择感到满意	12. 核心价值观、创新相符
······	81. 产品价位更适合于大众消费,售后服务比较好
82. 公司理念与个人价值观总有一些相似的地方	83. 产品优质优价、循环经济,绿色环保,循环利用
84. 对企业来说是有价值的	85. 消费者服务在保修期内免费更换、免费电话支持
86. 消费者的共性地方就是大家对美的追求,对产品的审美追求是系统的	87. 作为企业的消费者,我感到很有面子,属于比较有身份的群体

(二)题项生成

首先,将已有研究的消费者—企业认同测量题项与访谈文本分析得到的开放式编码(见表 1-2)进行匹配。分析发现,除巴戈齐等(2012)、程志辉和费显政(2015)情感维度的 2 个题项没有采用以外,现有文献研究中出现的大部分题项访谈文本中都有所体现,另外,访谈文本分析还有一些新的题项生成。本书参考已有消费者—企业认同的测量量表分析访谈文本中出现的新题项,根据已有维度划分将新题项分别归类到所属类别。访谈文本中出现的新题项在语义上可以归类到认知、情感和评价三个维度。在已有消费者—企业认同测量量表的基础上,结合访谈文本编码内容,认知、情感和评价三个维度具体增加的题项如下。

认知维度增加 4 个题项,其中第一个题项来自康(Kang,2015),"我认为 X 企业在很多方面适合我";第二个题项是本书新增的题项,"我会选择与自己身份相匹配的 X 企业的产品";第三个题项来自季靖(2014)和内特迈耶(Netemeyer,2012),"我觉得我与 X 企业的其他消费者有相似的地方";第四个题项来自季靖(2014),"我属于 X 企业所代表的一类群体"。

在巴戈齐等(2012)、程志辉和费显政(2015)评价维度基础上增加 7 个题项,其中 2 个题项来自皮尔斯等(Pierce 等,1989),分别是:(1)我受到 X 企业相关人员的重视;(2)我对 X 企业的发展是有帮助的;3 个来自巴塔查里亚和森(2003),分别是:(1)X 企业具有独特的身份;(2)X 企业从竞争中脱颖而出;(3)X 企业是一流的、高品质的企业;另外 2 个来自卢赫塔宁和克罗克(Luhtanen 和 Crocker,1992),分别是:(1)总的来说,我所认可的 X 企业被别人认为是好的;(2)一般来说,X 企业是受人尊敬的。

在沃尔特和克罗宁(Wolter 和 Cronin,2016)情感维度的基础上增加 5 个题项,其中 3 个题项来自季靖,分别是:(1)看到其他的消费者也喜欢该企业我很高兴;(2)我会对该企业的其他消费者有一种亲切感;(3)越来越多的人喜欢该企业我会对自己当初的选择感到满意。另外 2 个题项是本书生成的新题项,分别是:(1)我们消费者与 X 企业相关人员沟通得比较愉快;(2)看到企业发展越来越好,我们消费者会为它感到骄傲。

本书将已有文献中的题项与访谈文本编码内容相结合,生成适合中国情境下的表述习惯,使题项表达得更加具体化,从而形成了 34 个初始题项。

四、消费者—企业认同的结构测量

(一)方法

采用问卷调查的方法收集数据,以线上和线下两种方式分发问卷。经统计,线上方式回收 164 份问卷,线下发放纸质问卷 186 份,回收问卷 170 份,线上和线下共回收 334 份问卷。根据问卷的填写情况删除填写不完整、有明显规律的问卷,最终得到有效问卷 310 份,有效率为 92.8%。样本描述性统计表明,样本男女比例均衡,以中青年消费群体为主,受教育程度较高,具有不同的收入水平和职业背景,样本具有广泛的代表性。进一步分析发现,收入(T 值为 -0.691,P 值为 0.490>0.05)、婚姻状况(T 值为 -0.057,P 值为 0.955>0.05)、性别(T 值为 0.478,P 值为 0.633>0.05)、年龄(T 值为 0.972,P 值为 0.332>0.05)、职业(T 值为 0.366,P 值为 0.714>0.05)和教育程度(T 值为 -0.014,P 值为 0.989>0.05)对消费者—企业认同的影响不存在显著性差异。因此,不同分类的两组数据未达到显著性差异,样本数据可以视为来自同一总体的随机样本。随后,将数据随机分为两部分,其中 155 份数据用于探索性因子分析,另外 155 份数据用于验证性因子分析。

(二)探索性因子分析

在进行探索性因子分析之前,删除校正项的总体相关性(CITC)小于 0.5 的题项,删除旋转后因子载荷小于 0.5 或者在两个或两个以上的因子载荷值大于 0.4 的题项,最后剩余 23 个题项。

对剩余的 23 个题项进行探索性因子分析,采用主成分因子分析法,以最大方差旋转法进行因子分析。23 个题项的 KMO 值为 0.937,Bartlett 球形检验 P<0.001,说明样本适合做因子分析,提取 3 个因子,3 因子累计解释率为 62.264%,每个题项的载荷均在 0.5 以上,表 1-3 为消费者—企业认同的探索性因子分析结果。由表 2-3 可知,因子 1 包括 14 个题项,这些题项主要涉及消费者对企业的认知和企业为消费者带来的积极情感;因子 2 包括 6 个题项,这些题项主要涉及消费者对企业的情感联系;因子 3 包括 3 个题项,主要涉及消费者对企业的价值体现。

表 2-3 消费者—企业认同的探索性因子分析结果

代码	题项	成分		
		1	2	3
AS5	看到企业发展越来越好,我们消费者会为它感到骄傲	0.768		
CP2	我认为 X 企业符合自己的一些观念(比如价值观、企业文化、理念、风格、态度、企业规模、大品牌、历史时间等)	0.761		
ES3	我们消费者认为 X 企业是一流的、高品质的企业	0.726		
AP1	X 企业代表的东西(比如价值观、企业文化、企业理念、产品等)让我感觉很好	0.724		
AS1	看到其他的消费者也喜欢该企业我很高兴	0.697		
CS2	同样选择 X 企业的消费者,我觉得我们之间有相似的地方(比如生活理念、价值观、喜欢科技类的产品、追求创新、看重服务质量、看重企业的物流速度快、喜欢高品质的产品、看重企业文化、被企业的领导者个人魅力吸引、对品质的追求、对美的追求、审美等)	0.693		
AP2	一般来说,与 X 企业联系在一起给我一种自豪感	0.679		
AS3	越来越多的人认可该企业,我会对自己当初的选择感到满意	0.673		
CS5	我认为我个人属于支持 X 企业的群体	0.672		
AP3	总的来说,当人们把我与 X 企业联系起来时我感觉很好	0.664		
ES5	一般来说,X 企业是受人尊敬的	0.655		
ES4	总的来说,我所认可的 X 企业被别人认为是好的	0.649		
AS2	我会对该企业的其他消费者有一种亲切感	0.579		
CP3	我认为 X 企业在很多方面适合我	0.548		
AP5	X 企业的成功好像是我个人的成功		0.784	
AS8	如果媒体指责了 X 企业,我们消费者会感到很尴尬		0.766	
CP5	购买 X 企业的产品有助于展示我的身份特征		0.762	
AS6	当别人批评 X 企业时,我感觉那是对我们消费者的侵犯		0.761	
CS4	当我谈论 X 企业时,我通常会说"我们"而不是"他们"		0.723	
AP6	我比较感兴趣别人如何看待 X 企业		0.676	
EP2	我对 X 企业来说是有价值的			0.823
EP4	我对 X 企业的发展是有帮助的			0.792

代码	题项	成分		
		1	2	3
EP3	在与 X 企业接触的过程中,我受到 X 企业相关人员的重视			0.592
特征值		10.889	2.218	1.214
解释变异量(%)		30.690	19.944	11.631
解释累积变异量(%)		30.690	50.634	62.264

（三）验证性因子分析

采用最大似然法对剩余的 155 份数据进行验证性因子分析,然后将探索性因子分析得出的 23 个题项 3 个因子作为原始模型。本书利用 AMOS 分析得到 23 题项三个因子的拟合指数,从表 2-4 发现初始模型适配度不理想。根据拟合指数和修正指数,逐一删除题项,直到多个指标的拟合指数都达到理想状态为止,最终得到 13 个题项 3 个因子模型,拟合指数见表 2-4。由表 2-4 中数据可知 $\chi^2/df < 3$,近似误差均方根(RMSEA)<0.08,拟合优度指数(GFI)、规范拟合指数(NFI)、增值拟合指数(IFI)、Tucker-Lewis 指数(TLI)、比较拟合指数(CFI)都大于 0.9,因此模型达到理想状态。

表 2-4 结构模型拟合指数

模型	χ^2	χ^2/df	拟合优度指数	规范拟合指数	增值拟合指数	Tucker-Lewis 指数	比较拟合指数	近似误差均方根
M1a 23 题项 3 因子模型	769.201	3.389	0.824	0.840	0.882	0.868	0.881	0.088
M1b 13 题项 3 因子模型	171.250	2.762	0.923	0.916	0.945	0.930	0.944	0.076
M2 二阶 13 题项 3 因子模型	171.250	2.762	0.923	0.916	0.945	0.930	0.944	0.076

由于潜变量间的相关系数均在 0.6 以上,表明这 3 个因子间可能有另一个更高阶的共同因子存在,因此进行二阶验证性因子分析,拟合指数见表 2-4,各个拟合指数都较为理想,二阶 13 个题项 3 个因子模型得到验证。从模型简洁性和因子之间的相关性考虑,二阶的 3 个因子模型(即 M2)优于一阶的 3 个因子模型(即 M1b),本书认为二阶模型(M2)更能表达现实的消费者—企业认同。表 2-5 是对 3 个因子的命名以及每个因子对应的题项。

表 2-5 13 个题项 3 个因子模型量表

因子	因子命名	题项	原始代码
F1	相符感	看到企业发展越来越好,我们消费者会为它感到骄傲	AS5
		我认为 X 企业符合自己的一些观念(比如价值观、企业文化、理念、风格、态度、企业规模、大品牌、历史时间等)	CP2
		同样选择 X 企业的消费者,我觉得我们之间有相似的地方(比如生活理念、价值观、喜欢科技类的产品、追求创新、看重服务质量、看重企业的物流速度快、喜欢高品质的产品、看重企业文化、被企业的领导者个人魅力吸引、对品质的追求、对美的追求、审美等)	CS2
		我认为我个人属于支持 X 企业的群体	CS5
		我会对该企业的其他消费者有一种亲切感	AS2
		我认为 X 企业在很多方面适合我	CP3
F2	归属感	X 企业的成功好像是我个人的成功	AP5
		如果媒体指责了 X 企业,我们消费者会感到很尴尬	AS8
		当别人批评 X 企业时,我感觉那是对我们消费者的侵犯	AS6
		我比较感兴趣别人如何看待 X 企业	AP6
F3	效能感	我对 X 企业来说是有价值的	EP2
		我对 X 企业的发展是有帮助的	EP4
		在与 X 企业接触的过程中,我受到 X 企业相关人员的重视	EP3

(四)信效度分析

对消费者—企业认同量表的信度检验包括内在一致性信度和构建信

度。13 个题项量表的 Cronbach's α 为 0.902,相符感、归属感、效能感的 Cronbach's α 分别为 0.853、0.852、0.816,均在 0.8 以上,说明 13 个题项的量表具有较高的信度。各影响因素的 CR 都大于 0.8,说明消费者—企业认同量表的构建信度较好。

效度检验主要检测量表的内容效度和构建效度。本书从两方面保证问卷的内容效度:一方面,测量题项是在文献研究和 15 位消费者访谈的基础上,对访谈内容进行分析,并参考国内外学者成熟的消费者—企业认同、组织认同、品牌认同等相关认同量表产生的;另一方面,在 5 位营销学者研讨的基础上,对测量题项进行反复精减、修订,并实行小规模的预调研,所以本次量表的内容效度是可靠的。从聚合效度和区分效度两个方面来考察消费者—企业认同的构建效度。聚合效度通过平均方差抽取量(AVE)进行检测,消费者—企业认同三个维度的平均方差抽取量值均大于 0.5,表明量表的聚合效度得到满足。从表 2-6 可以发现,消费者—企业认同中的相符感、归属感、效能感三个维度之间的直接相关系数小于平均方差抽取量的均方根,表明量表具有较好的区分效度。

表 2-6　消费者—企业认同量表的信度和效度

变量	相符感	归属感	效能感
相符感	**0.711**		
归属感	0.676	**0.779**	
效能感	0.604	0.662	**0.784**
Cronbach's α 值	0.853	0.852	0.816
CR	0.854	0.859	0.826
平均方差抽取量	0.506	0.606	0.615

注:对角线上加粗的数字是各因子的平均方差抽取量的均方根,对角线斜下方的数字是因子间的相关系数。

(五)消费者—企业认同结构预测检验

本书选择信任、承诺和正面口碑 3 个变量对消费者—企业认同的结构进行预测检验。信任采用洪堡(Homburg,2013)编制的问卷,共由 5 个题项组成。承诺的预测检验采用维尔纳桑巴特(Vatanasombut,2001)编制的问卷,共由 5 个题项组成。正面口碑的预测检验采用巴洛格鲁(Baloglu,2002)编制的问卷,共由 4 个题项组成。首先对信任、承诺、正面口碑进行信度检验,Cronbach's α 值分别为 0.816、0.786、0.849,均大于0.7,表明量表的信度较好。

采用本节研究中开发的消费者—企业认同量表,以及信任、承诺、正面口碑量表进行验证。结果显示,消费者—企业认同可以预测信任(B = 0.269,SE = 0.052,p < 0.001)、承诺(B = 0.392,SE = 0.053,p < 0.001)、正面口碑(B = 0.304,SE = 0.056,p < 0.001),消费者对企业的认同度越高,消费者越忠于企业,认为企业对自己的关系是重要的,并且认为这份关系是值得维护的,消费者也更加信任企业,消费者愿意对企业进行正面的口碑宣传,积极向他人推荐企业。

五、消费者—企业认同的研究发现

(一)消费者—企业认同的研究结论

研究支持三维消费者—企业认同构念,三个维度分别是相符感、归属感和效能感。相符感维度不仅体现了消费者自我概念与企业身份的重叠,也体现了企业身份特征给消费者带来的情感反应,相符感维度不仅包括消费者对企业的认知,也涉及由认知带来的情感反应。归属感维度反映了消费者—企业认同的情感维度,但是与已有研究中提出的情感维度不同,归属感不仅反映了消费者自身的情感涉入、情感承诺等方面,更反映了消费者与企业共生的情感。效能感维度反映了消费者自身对企业的价值以及对企业发展的促进作用的评价。这与已有研究中提出的评价维度有所不同,已有评价维度主要反映了消费者从自身需要出发对企业的评价。因此,本节中提出的相符感、归属感和效能感三维度与已有研究提出的认知、情感和评价三维度基本相对应但又有所不同。理论上存在个体认同和社会认同之分,但是中国的消费者在认同一家企业时,其个体认同和社会认同区分不明显,两者常常交织在一起。本节展示出的量表不仅涵盖了个体和社会层面的认同,而且更加具体地描述了消费者—企业认同的内容。

相符感、归属感和效能感三个维度的消费者—企业认同构念为企业提供了增强消费者认同的理论依据,相符感维度启发企业需要提高与消费者的匹配程度并努力成为消费者引以为豪的企业,归属感维度启发企业打造与消费者荣辱与共的"命运共同体",效能感维度启发企业不但要重视消费者而且要肯定消费者的价值。这三个维度为企业提高消费者认同提供了科学的理论依据。

(二)消费者—企业认同研究的理论贡献

本节中研究的理论贡献主要有两点:(1)丰富了消费者—企业认同基本理论研究文献,研究结果表明消费者—企业认同具有三维结构,进一步支持了巴戈齐等(2013)、程志辉和费显政(2015)等学者提出的三维度消费者—企业认同构念,但是他们对消费者—企业认同的测量直接采用组织认同的量表,并未深入探究消费者—企业认同的结构维度,本书则为其提供了理论依据。与已有研究不同的是,研究发现,中国消费者对企业的认同并非直接表现在认知、情感和评价三个方面,而是表现为相符感、归属感、效能感三个维度。其中相符感维度包含了消费者对企业的认知和情感,这表明中国消费者的认知和情感往往联系在一起;归属感维度不仅表现了企业触发的消费者情感,也表现了消费者与企业建立紧密关系的期望;效能感维度体现了消费者自身对企业的价值创造贡献的评价。(2)开发了适用于中国情境的消费者—企业认同测量量表,为国内学者消费者—企业认同测量提供了参考借鉴。本书开发的消费者—企业认同量表与国外学者提出的消费者—企业认同量表在维度划分和题项表述方面存在差异。量表是在特定的文化和社会背景下开发的,使用量表时也应考虑文化和社会背景影响。中国包容和谐的民族文化、集体主义精神可能是消费者对企业认同的认知、情感、评价三个维度不易区分的主要原因。

(三)消费者—企业认同研究的局限与展望

研究发现,相符感、归属感和效能感三维结构的消费者—企业认同比认知、情感和评价三维结构的消费者—企业认同更适合中国情境下的消费者—企业认同测量,但是本节中的研究没有对两种消费者—企业认同量表同时进行检验以区分两种量表的预测效度。研究采用问卷调查的方式收集数据,获得的是横截面数据,反映的是消费者在被调查这一时间点的认同状态,不能很好地反映消费者对企业认同在整个阶段的动态演化过程。未来研究中,可以考虑对消费者进行跟踪式调研,以便更好地揭示消费者对企业的认同在年龄、婚姻、与企业接触的年限等变量上的动态演化轨迹,从而可以指导企业针对不同阶段的消费者传递不同的企业身份,以便更好地指导企业制定营销方案。

在访谈的过程中部分消费者提及他们在认同一家企业的时候有时会考虑企业的其他外部利益相关者的因素,未来可以深入研究外部利益相关者如何影响消费者—企业认同。

第二节 供应商—企业认同的内涵、结构和测量

一、供应商—企业认同的研究现状

经济全球化大背景下,随着大数据、云计算及物联网技术的发展,全球市场之间互联互通,企业之间展开更密切的合作或者竞争,企业与消费者之间的互动日益频繁和重要。企业需要满足不断变化的消费者需求,缩短产品生命周期,提供更可靠的产品和服务,仅依靠自身的优势和资源已不足以面对激烈的竞争,还必须与供应商建立合作关系,以获取互补性资源和能力。戴尔和辛格(Dyer 和 Singh,1998)及张海(2018)等指出,供应商是企业各种资源、零部件、信息和服务的主要提供者,是企业获取竞争优势的重要来源。传统意义上的供应商与企业是一种短期、对立的交易关系,供应商和企业为了缩减成本和增加利润牺牲对方的利益,但这种一方受损、另一方获利的方式不利于双方的可持续性竞争优势(Terpend 和 Krause,2015)。越来越多的企业意识到,追求长期合作伙伴关系有利于提高供应链的整体效率。供应商与企业的合作关系是双方长期承诺的持续性关系,双方追求共同的目标,共享信息、共担风险、相互依赖与承诺,通过双方的优势互补为最终顾客创造价值(Bleeke 和 Ernst,1990;Whipple、Wiedmer 和 Boyer,2015;Johnson 和 Sohi,2003)。

学者们对供应商—企业认同(SCI)的研究相对较少,对供应商—企业认同的结构测量更是很少涉及,丹尼尔和科斯滕(Daniel 和 Corsten,2011)研究供应商—企业认同对运营绩效的影响,直接采用梅尔和阿什福思(Mael 和 Ashforth,1992)中组织认同的量表中的其中四个题项,并没有开发专门的量表。本节中的研究将向读者展示通过文献研究、访谈、探索性因子分析和验证性因子分析等步骤开发供应商—企业认同的量表的过程,并检验了量表的信度(内在一致性信度和构建信度)和效度(内容效度、聚合效度和区分效度),探讨供应商—企业认同的结构维度以及供应商认同企业的具体内容,为企业维护供应商关系提供理论指导。

二、供应商—企业认同的相关概念

供应商—企业认同的理论基础来自社会认同理论,社会认同将认同分为认知(自我分类)、情感(情感投入)和评价(群体自尊)三个维度(Tajfel 和 Turner,1986)。梅尔和阿什福思(1992)针对组织认同开发了六个题项的测量指标,因为具有较高的信度和效度,在消费者—企业认同的实证研究中也得到广泛使用。供应商—企业认同的研究基础是组织认同和消费者—企业认同。组织认同描述了个体对某一特定组织的归属感或统一性,以及个体对组织的成功或失败的经验(Ashforth 和 Mael,1989)认同,组织的成员以组织的目标为个人的目标,并根据组织的价值观和目标进行决策。巴塔查里亚和森(2003)将认同引入营销领域,提出认同的主体不必是组织的正式成员,非正式成员(如顾客)也可以认同企业。通过整理消费者—企业认同的测量量表,发现主要存在四类研究:第一类认为消费者—企业认同是单维结构,主要从认知(即组织与个人之间的认知联系,用以反映个人的自我分类与概念重叠)维度进行测量;第二类认为消费者—企业认同是二维结构,从认知消费者—企业认同和情感消费者—企业认同(组织认同和评价在情感上的积极联系,消费者利用情感因素来反映积极的自我情绪)两方面进行测量;第三类认为消费者—企业认同是三维结构,从认知消费者—企业认同、情感消费者—企业认同和评价消费者—企业认同(一个组织对消费者的价值内涵)三方面进行测量;第四类将消费者—企业认同作为一个整体进行测量,未进行维度区分。四类研究的测量量表见表2-7。

表2-7　现有文献中消费者—企业认同测量量表

维度	测量题项	出处
一维（认知）	采用贝尔加米和巴戈齐（Bergami 和 Bagozzi,2000）的二指标测量方式 认知维度: 1. 通过文字和图形相结合的方式展示了这种重合度的八种情形,让应答者进行选择。左侧圆圈代表自我,右侧圆圈代表企业,请选择最能反映您感知到的自我与企业之间的重叠程度; 2. 采用七级李克特量表的方式,让消费者对自我形象和企业形象的重叠程度进行评价	巴塔查里亚和森（2003）
二维（认知、情感）	采用约翰逊等（Johnson 等,2012）的测量方式 认知维度: 1. 我的身份在某种程度上是基于我与 X 企业的关系; 2. 与 X 企业联系有助于我表达我的身份; 3. X 企业是我对自我认识的一部分; 4. 我感觉我与 X 企业的身份有重叠的部分 采用约翰逊等（2012）的测量方式 情感维度: 1. X 企业代表的东西让我感觉很好; 2. 一般来说,与 X 企业联系在一起给我一种自豪感; 3. 总的来说,当人们把我与 X 企业联系起来时我感觉很好; 4. 我很高兴成为 X 企业的一名消费者	沃尔特和克罗宁（Wolter 和 Cronin,2016）
三维（认知、评价、情感）	采用贝尔加米和巴戈齐（2000）的二指标测量方式 认知维度: 1. 通过文字和图形相结合的方式展示了这种重合度的八种情形,让应答者进行选择; 2. 采用七级李克特量表的方式,让消费者对自我形象和企业形象的重叠程度进行评价 采用皮尔斯等（1989）的测量方式 评价维度: 1. 我是对 X 企业有价值的顾客; 2. 我是 X 企业的重要顾客 情感维度: 1. 我对 X 企业的依恋感高低; 2. 我对 X 企业的归属感高低	巴戈齐等（Bagozzi 等,2012）程志辉和费显政（2015）

维度	测量题项	出处
整体测量（未区分维度）	采用梅尔和阿什福思（1992）的测量方式 未区分维度： 1. 当别人批评 X 企业时，我感觉那是对我个人的侵犯； 2. 我比较感兴趣别人如何看待 X 企业； 3. 当我说到 X 企业时，我通常会说"我们"，而不是"他们"； 4. X 企业的成功就是我个人的成功； 5. 当别人称赞 X 企业时，我感觉那也是对我个人的赞许； 6. 如果媒体指责了 X 企业，我会感到很尴尬	马林和玛雅（Marín 和 Maya，2013）豪曼等（Haumann 等，2014）

供应商—企业认同指供应商组织与企业组织感知的一致性，当供应商发现他们的自我身份和企业身份之间存在重叠时，他们就与企业身份保持一致，重叠的程度可以变化，因此供应商可以看到相似或不相似的特征，并且可能喜欢或不喜欢这些特征（Scott 和 Lane，2000）。供应商将买方的成功或失败的经验当作是自己的经验。丹尼尔和科斯滕（2011）在对供应商企业认同的测量采用梅尔和阿什福思（1992）组织认同的量表，未进行构念的划分，将其作为整体进行测量。丹尼尔和科斯滕（2011）通过跨层次的分析，将认同的概念从个人层面扩展到企业层面，并指出供应商对买方企业的认同，直接影响组织间的关系具体投资和信息交换行为，进而驱动运营绩效。供应商与买方的认同通过供应商和企业的跨边界代理人员的交往和活动来发展。随着时间的推移，个人间和组织间的认同逐渐趋同，从而供应商和买方企业之间的认同变得持久和稳定。

目前，学者对供应商—企业认同的研究相对缺乏，而供应商—企业认同的结构维度更没有一个明确的说法，所以本书在消费者—企业认同研究的基础上，结合现有学者对供应商—企业认同的研究，对供应商—企业认同的结构进行深入探究。

三、供应商—企业认同的量表构建

（一）访谈研究

1. 访谈提纲设计及访谈实施

为获取供应商—企业认同的初始题项，本书根据研究主题和研究目的制定相应的访谈提纲,对供应商进行访谈,访谈内容见表2-8。本书分别对7家不同行业的供应商进行电话访谈。在征求被访者同意的情况下,对被访者的访谈内容进行全程录音,每次访谈时长20—40分钟。访谈结束后委托专业公司将这7份访谈录音整理成文字,访谈文字共有3万字左右。7位供应商平均年龄32岁左右,职位分别是总经理、财务、行政、技术人员等不同的岗位。访谈对象的受教育程度相对较高,对企业的认同较为稳定,能够清楚地表达对认同企业的理解和看法,为我们获取供应商—企业认同的初始题项提供了丰富的数据材料。

表 2-8　供应商访谈提纲

访谈主题	问题	目的
供应商认同的企业	您比较认同或比较认可的一家企业是?(以下出现的企业均是访谈对象认同的企业)	为下面询问认同的具体内容作铺垫
供应商—企业认同的原因	您为什么会认同这家企业?作为供应商,您认为哪些因素会影响供应商对企业的认同?您在认同一家企业的时候,除了考虑自己和企业一些因素以外,您还会考虑企业的其他外部利益相关者(消费者、中间商、供应商、政府)的因素吗?考虑的因素有哪些?	抛出访谈主题,引导被访谈者展开相关思考
供应商—企业认同的维度	您觉得企业的哪些方面与你们企业有相似的地方?该企业是否有助于表达你们企业的身份特征?(可以表达哪些身份?)该企业是否有助于表达你们企业所属的群体类别?(可以表达出哪类群体?)你们对这家企业的评价有哪些?以及您所了解的公众对这家企业的评价又有哪些呢?有没有受到企业相关人员的重视?你们给企业带来了哪些好处或帮助?您觉得你们对这家企业来说是否有价值或者说是否重要呢?你们认同的这家企业前后给你们带来哪些情感变化?对于该企业的其他消费者你们有没有一种亲切感?看到越来越多的人选择该企业你们会不会为自己当初的选择而感到满意?	收集被访谈者的看法,印证之前得出的概念和范畴
供应商—企业认同的结果	您认为供应商认同一家企业会有哪些表现呢?你们会给企业提一些建议或指出企业存在的一些问题吗?当别人说企业不好的时候你们会维护企业的形象吗?如果与这家企业关系保持比较好的话,对你们来说是不是也是比较重要呢?这家企业值不值得你们去维持与他们的关系?	收集被访谈者的看法,印证之前得出的范畴

续表

访谈主题	问题	目的
基本信息	年龄、婚姻状况、教育程度、职业、家庭年收入	了解被访者的基本信息

2. 访谈文本的开放式编码

研究对访谈文本进行开放式编码,对 7 份访谈文本进行逐句逐行编码,第一轮编码共建立了 120 条关键性的内容。第二轮编码删除不符合主题或者语义表达不清楚的内容,合并表述相同和类似的内容,保留 63 条关键性的内容,见表 2-9。

表 2-9　开放式编码归纳合并后的内容

b1 办事风格相似、追求效率、专业与我们公司相似、价值观相似、企业理念相似	b2 整个公司的氛围包括他们的领导和职工都比较求真务实
b3 这家企业实力强、各地都有分公司、业务范围广、位于央企国企前列、与国企合作比较放心、踏实	b4 和别的企业谈业务的时候我们会说和这家企业合作过,作为推销自己企业的一个关键点
b5 与其他供应商的相似之处有:实力要强、可以做到长期的结款周期、办事风格、有耐心、要有敬业精神、脑子灵活、随机应变	b6 与他们合作能够表现出自己所在公司的实力、属于实力很强的公司、反映我们具有一定的资质和资格
b7 给企业带来的好处或帮助:尽心尽力为企业服务、互惠互利、互相帮忙、互相成长、推荐该企业	b8 受到这家企业的一些待遇、提前结款缓解资金周转
b9 改变了我对国企员工、国有企业的看法	b10 作为这家公司的供应商感到自豪
b11 和这家公司的其他供应商关系都很好	b12 认真、将产品知识学习得最好最扎实的
b13 与他们企业合作对于我们来说是比较好,因为我们既可以长期合作,而且他们企业在社会影响方面来说比较好	b14 它同时能把我们的产品特点传播给消费者,把我们生产的产品特点,让消费者去了解,而不是像其他的经营商只是泛泛而谈
b15 看到该企业发展得好,我们会感到自豪、满意	……

b44 在销售上面来说,对于产品它有很多销售方式,它结合了我们的产品本身,它懂得渠道的创新	b45 共同的价值点、代理商的实力、呈现的文化、做事方式、价值观
b46 这家企业对消费者诚实	b47 我们会积极维护企业形象和面子
b48 有好的想法会与企业人员分享	b49 我们会向企业提一些建议
b50 提供帮助和支持	b51 与企业保持比较好的关系对我们很重要
b52 值得维持与企业的关系,继续合作	b53 为我们供应商做一些市场推广和投入
b54 我们愿意长期保持合作关系	b55 我们也会指出它存在的一些问题
b 56 碰到问题一起讨论看需要怎么改善	b57 共同发展、共同改进
b58 积极合作、投入的精力多	b59 与企业保持及时沟通
b60 说企业好的方面,为企业树立良好口碑	b61 互惠互利、互相帮忙、互相成长
b62 企业讲诚信	b63 我们会向别人积极推荐这家企业

(二)题项生成

已有文献研究中出现的大部分题项访谈对象大多都有提及,另外还有一些新的题项生成。研究参考已有消费者—企业认同的测量量表(见表2-7),除了巴戈齐等(2012)、程志辉和费显政(2015)的情感维度的2个题项没有采用以外,其余的题项在本书中均有涉及。

结合访谈文本编码内容,认知维度增加了4个题项,其中第一个题项来自康、布拉希尔和格罗扎(Kang、Brashear 和 Groza,2015),我认为 X 企业适合作为我们公司的合作伙伴;第二个题项是本书新增的题项,我会选择与我们公司身份相匹配的企业合作;第三个题项来自季靖(2014)、尼迈耶(Netemeyer,2012)、埃尔曼和马克斯姆(Heilman 和 Maxhm,2012),我觉得我与 X 企业的其他的合作伙伴有相似的地方;第四个题项来自季靖(2014),我们公司符合 X 企业合作对象的一类群体。

研究中,我们在巴戈齐等(2012)、程志辉和费显政(2015)评价维度的基础上又增加了 7 个题项,其中 2 个题项来自皮尔斯等(1989),分别是:(1)我们公司受到 X 企业相关人员的重视;(2)我们公司对 X 企业的发展是有帮助的;3 个来自巴塔查里亚和森(2003),分别是:(1)X 企业具有独特的身份;(2)X 企业从竞争中脱颖而出;(3)X 企业是一流的、高品质的企业;另外 2 个来自卢赫塔宁和克罗克(Luhtanen 和 Crocker,1992),分别是:(1)总的来说,我所认可的 X 企业被别人认为是好的;(2)一般来说,X 企业是受人尊敬的。

研究中,我们在沃尔特和克罗宁(2016)情感维度的基础上增加了 5 个题项,其中 3 个题项来自季靖(2014),分别是:(1)看到其他的合作伙伴也喜欢该企业我们会感到很高兴;(2)我们会对该企业的其他合作伙伴产生一种亲切感;(3)越来越多的人喜欢该企业,我们会对我们当初的选择感到满意。另外 2 个题项是本书生成的新题项,分别是:(1)我们与 X 企业合作比较愉快;(2)看到企业发展越来越好,我们作为它的合作伙伴感到骄傲。

研究将已有文献中的题项结合访谈文本编码的内容,生成适合中国情境下的表述习惯,使题项表达得更加具体化,并与新生成的题项共形成了 34 个初始题项。

四、供应商—企业认同的结构测量

(一)方法

研究采用问卷调查的方法收集数据,采用线上的方式分发问卷。数据收集过程从 2019 年 5 月 22 开始至 2019 年 5 月 23 日结束,线上是通过笔者的社会关系和滚雪球的方式向各行业的供应商发放问卷网络链接,共回收 418 份问卷,根据问卷的填写情况删除填写不完整、有明显规律和不认真填写的问卷,最终得到有效问卷 313 份,有效率为 74.9%。其中男性占 76.08%、女性占 23.92%;25 岁及以下占 18.18%、26—35 岁占 54.30%、36—45 岁占 18.90%、46 岁及以上占 8.62%;高中/中专/中技及以下占 4.55%、大专占 18.42%、本科占 63.16%、硕士占 9.81%、博士占 4.06%;已婚占 56.70%、未婚占 43.30%;10 万元及以下占 26.32%、12—

30万元占52.39%、31—50万元占11.72%、51万元及以上占9.57%；国家公务员占2.15%，国企中高层管理者占7.89%，国企员工占9.33%，事业单位（科教文单位）员工占2.87%，外企/中外合资企业的中高层管理者占5.5%，私企、个企（或个体）老板占11.25%，私企、个企（或个体）员工占53.35%，其他职业7.66%。进一步分析发现，收入对供应商—企业认同的影响不存在显著性影响（T值为1.039，P值为0.300>0.05），婚姻状况对供应商—企业认同的影响也不存在显著性差异（T值为0.595，P值为0.552>0.05），性别（T值为-0.084，P值为0.933>0.05）、年龄（T值为1.606，P值为0.109>0.05）、职业（T值为-0.153，P值为0.879>0.05）和受教育程度（T值为0.396，P值为0.693>0.05）对供应商—企业认同的影响也没有显著性差异。本书将数据随机分为两部分，其中157份数据用于探索性因子分析，另外156份数据用于验证性因子分析。

（二）探索性因子分析

本书采用主成分因子分析法，以最大方差旋转法进行因子分析。在进行探索性因子分析之前，删除校正项的总体相关性小于0.5的题项，删除旋转后的因子载荷小于0.5或者在两个或两个以上的因子载荷值大于0.4的测量题项，最后剩余19个题项。对剩余的19个题项进行探索性因子分析，提取采用特征值大于1为结段点，19个题项的KMO值为0.953，Bartlett球形检验P<0.001，说明样本适合做因子分析，提取了2个因子，2个因子累积解释率为70.776%，每个题项的载荷均在0.5以上，表2-10为供应商—企业认同的探索性因子分析结果。

表2-10　供应商—企业认同的探索性因子分析结果

代码	题项	成分	
		1	2
AS3	越来越多的人认可该企业，我们会对当初的选择感到满意	0.828	
EP2	我认为我们公司对该企业来说是有价值的	0.819	
AP3	总的来说，当人们把我们公司与该企业联系起来时我感觉很好	0.816	

续表

代码	题项	成分	
		1	2
ES2	我们认为该企业从竞争中脱颖而出	0.802	
CP3	我认为该企业适合作为我们公司的合作伙伴	0.799	
AP4	我很高兴我们公司成为该企业的一个合作伙伴	0.784	
CS1	看到该企业发展越来越好,我们作为它的合作伙伴而感到骄傲	0.782	
AS5	我们是符合该企业合作对象的一类群体(比如公司实力、公司资质和资格、资金规模、人员规模、运转效率、团队实力、运作能力、研发能力等)	0.775	
AS1	我们与该企业合作比较愉快	0.772	
AS4	看到其他的合作伙伴也喜欢该企业我们会感到很高兴	0.771	
AP2	一般来说,与该企业联系在一起给我一种自豪感	0.755	
AP1	该企业代表的东西(比如价值观、企业文化、企业理念、产品等)让我感觉很好	0.732	
ES1	我们认为该企业具有独特的身份	0.660	
EP1	我认为我们公司对该企业来说是重要的	0.648	
CS4	当我们公司人员谈论该企业时,通常说"我们"而不是"他们"		0.870
AS8	如果媒体指责了该企业,我们会感到很尴尬		0.849
AS9	该企业的成功像是我们公司的成功		0.812
AS6	当别人批评该企业时,我感觉那是对我们的侵犯		0.787
AS7	当别人称赞该企业时,我感觉那是对我们的赞许		0.670
特征值		11.821	1.626
解释变异量(%)		46.883	23.893
解释累积变异量(%)		46.883	70.776

(三)验证性因子分析

研究采用最大似然法对剩余的 156 份数据进行验证性因子分析,然后将探索性因子分析得出的 19 个题项 2 个因子模型作为原始模型。利用 AMOS 软件进行分析得到 19 个题项 2 个因子的拟合指数,从表 2-11 可以发现模型适配度不理想。根据拟合指数和修正指数,逐一删除测量题项,直到多个指标的拟合指数都达到理想状态为止,最终得到 10 个题项 2 个因子模型,拟合指数见表 2-11。由表 2-11 中数据可知 $x^2/df < 3$,近似误差均方根<0.08,拟合优度指数、规范拟合指数、增值拟合指数、塔克-刘易斯指数、比较拟合指数都大于 0.9,因此可以确认模型达到的理想状态。表 2-12 是对两大因子的命名以及每个因子对应的题项。

表 2-11　结构模型拟合指数

模型	x^2	x^2/df	拟合优度指数	规范拟合指数	增值拟合指数	塔克-刘易斯指数	比较拟合指数	近似误差均方根
19 个题项 2 个因子	645.925	4.278	0.821	0.887	0.911	0.898	0.910	0.102
10 个题项 2 个因子	94.934	2.379	0.948	0.957	0.972	0.963	0.972	0.076

表 2-12　10 个题项 2 个因子模型量表

因子	因子命名	题项	原始代码
F1	结合感	我认为我们公司对该企业来说是有价值的	EP2
		我们认为该企业从竞争中脱颖而出	ES2
		看到其他的合作伙伴也认可该企业我们会感到很高兴	AS1
		该企业代表的东西(比如价值观、企业文化、企业理念、产品等)让我感觉很好	AP1
		我们认为该企业具有独特的身份	ES1
		我认为我们公司对该企业来说是重要的	EP1
F2	共荣感	当我们公司人员谈论该企业时,通常说"我们"而不是"他们"	CS4
		如果媒体指责了该企业,我们会感到很尴尬	AS8
		该企业的成功像是我们公司的成功	AS9
		当别人批评该企业时,我感觉那是对我们的侵犯	AS6

(四)信效度分析

研究对供应商—企业认同量表的信度检验主要有两个方面:内在一致性信度和构建信度。10 个题项量表的 Cronbach's α 值为 0.924,结合感的 Cronbach's α 系数为 0.908、共荣感的 Cronbach's α 为 0.908，Cronbach's α 均在 0.9 以上，说明 10 个题项的量表具有较高的信度。各影响因素的构建信度（CR）都大于 0.8，说明供应商—企业认同量表的构建信度较好。

研究的效度检验主要检测量表的内容效度和构建效度。主要从以下两方面保证问卷的内容效度：一方面测量题项是在文献研究和 7 家供应商访谈的基础上，对访谈内容做分析，并参考国内外学者成熟的消费者—企业认同、组织认同等相关认同量表产生的；另一方面在 5 位营销学者研讨的基础上，对测量题项反复进行精减修订，并实行小规模的预调研，所以本次量表的内容效度是可靠的。本书从聚合效度和区分效度两个方面来考察供应商—企业认同的构建效度。聚合效度通过平均方差抽取量进行检测，供应商—企业认同的两个维度的平均方差抽取量值均大于 0.5，表明量表的聚合效度得到满足。从表 2-13 可以发现，供应商—企业认同中的结合感、共荣感两个维度之间的直接相关系数小于平均方差抽取量的均方根，这表明量表具有较好的区分效度。

表 2-13 供应商—企业认同量表的信度和效度

变量	结合感	共荣感
结合感	**0.794**	
共荣感	0.690	**0.848**
Cronbach' α 值	0.908	0.908
CR	0.911	0.911
平均方差抽取量	0.631	0.719

注：对角线上加粗的数字是各因子的平均方差抽取量的均方根，对角线斜下方的数字是因子间的相关系数。

（五）结构预测检验

研究选择信任、承诺和正面口碑传播、合作意愿 4 个结果变量对供应商—企业认同的结构进行预测检验。信任采用洪堡、斯蒂尔和博尔内曼（Homburg、Stierl 和 Bornemann，2013）编制的问卷，共由 5 个题项组成，分别是：（1）我相信 X 企业提供给我们的信息；（2）X 企业对我们很诚信；

(3)我认为 X 企业是值得信任的;(4)X 企业在作重要决定时,不仅会考虑自己的福利,还会考虑我们供应商的福利;(5)当我们与 X 企业分享我们的问题时,我们知道它会以理解的方式回应我们。承诺的预测检验采用维博巴坦(Vatanasombut,2001)编制的问卷,共由 5 个题项组成,分别是:(1)我认为我们忠于 X 企业;(2)与 X 企业的关系对我们来说很重要;(3)我们的确在乎与 X 企业的关系;(4)我觉得这家企业值得我们去维持与他们的关系;(5)与 X 企业的关系对我们来说无所谓。正面口碑传播的预测检验采用巴洛格鲁(Baloglu,2002)编制的问卷,共由 4 个题项组成,分别是:(1)如果有人向我征询意见,我会向他们推荐 X 企业;(2)我会鼓励身边的朋友和亲戚选择 X 企业;(3)我会向其他人说 X 企业好的方面;(4)当谈论到类似话题时,我很愿意推荐 X 企业。合作意愿的预测检验其中 3 个题项采用的是巴洛格鲁(2002)编制的问卷,分别是:(1)如果我们在其他企业中看到了所喜欢的做法,我们会与 X 企业的经理或员工分享;(2)在合作的过程中,我们会给企业提一些建议;(3)在合作的过程中,我们会指出 X 企业存在的一些问题,最后 1 个题项来自李纯青、赵平和马军平(2007)编制的问卷,为了 X 企业的形象,我们会主动地做一些力所能及的事情。

首先对信任、承诺、正面口碑、合作意愿进行信度检验,信任的 Cronbach's α 值为 0.907,承诺的 Cronbach's α 值为 0.904,正面口碑的 Cronbach's α 值为 0.927,合作意愿的 Cronbach's α 值为 0.898,Cronbach's α 值均大于 0.85,表明量表的信度较好。然后,采用本书开发的供应商—企业认同量表,以及信任、承诺、正面口碑、合作意愿量表进行验证。结果显示,供应商—企业认同可以预测信任($B = 0.836$,$SE = 0.030$,$p < 0.001$)、承诺($B = 0.849$,$SE = 0.028$,$p < 0.001$)、正面口碑($B = 0.842$,$SE = 0.029$,$p < 0.001$)、合作意愿($B = 0.827$,$SE = 0.031$,$p < 0.001$),供应商企业认同度越高,供应商对企业表现得越信任,供应商也越忠于企业,认为企业对供应商的关系是重要的,并且认为这份关系是值得维护的,供应商也越愿意与企业继续保持长期的合作关系,宣传企业的正面口碑。

五、供应商—企业认同的研究发现

（一）供应商—企业认同的研究结论

研究结果表明，虽然理论上认同存在个体认同和社会认同，但是供应商在认同一家企业的时候，其实对个体认同和社会认同区分得不太明显，两者常常交织在一起。而且供应商—企业认同的结构是二维的，以结合感、共荣感两个维度衡量供应商—企业认同，本书的结果支持供应商—企业认同是多维结构，而非单维结构。本书得出供应商—企业认同的二维结构结合感、共荣感与西方学者的认知、情感、评价的维度是非完全对应的关系。本书构建的量表得出供应商—企业认同的二维结构是结合感和共荣感，不仅涵盖了个体和社会层面的认同，而且量表更加具体地描述了供应商—企业认同的内容。

结合供应商—企业认同的结构维度，本书得出供应商在认同一家企业的同时认可该企业的价值观、企业文化、企业理念，并乐于看到其他的合作伙伴认可该企业，企业选择供应商体现了供应商是重要的、有价值的，同时，供应商选择企业体现出企业在竞争中脱颖而出并具有独特身份，这属于结合感，对应于西方研究中的评价和情感维度。供应商认同一家企业时产生与企业融为一体的感觉，并会乐于看到企业的成功，而且很在意别人对该企业的各种评价，与企业产生荣辱与共的情感，这属于共荣感，对应于西方研究中的情感和认知维度。

（二）供应商—企业认同研究的理论贡献

本节所述研究的理论贡献主要有两点：（1）丰富了供应商—企业认同基本理论研究文献，研究结果表明供应商—企业认同具有二维结构，而非单维结构，而丹尼尔和科斯滕（2011）在对供应商—企业认同的测量时未进行构念的划分，采用的是梅尔和阿什福思（1992）组织认同的量表，将其作为整体进行测量。与已有研究不同的是，研究发现，供应商对企业的认同并非直接表现在认知、情感和评价三个方面，而是表现为结合感、共荣感两个维度。结合感维度启发企业不仅要提高供应商的受重视程度，而且还要重视提升企业自身的实力。共荣感启发企业与供应商共同进步、共同发展,使供应商融入企业经营中,令其产生"内部人"的感觉。(2)开发了适用于中国情境的供应商—企业认同测量量表,为国内学者供应商—企业认同测量提供了参考借鉴。开发的供应商—企业认同量表与国外学者提出的供应商—企业认同量表在维度划分和题项表述方面存在差异。量表是在特定的文化和社会背景下开发的,使用量表时也应考虑文化和社会背景影响。这两个维度为中国企业提高供应商认同提供了科学的理论依据。

(三)供应商—企业认同研究的局限与展望

研究采用问卷调查的方式收集数据,获得的是横截面数据,反映的是供应商在被调查这一时间点的认同状态,不能很好地反映供应商对企业认同在整个阶段的动态演化过程。未来研究中,可以考虑对供应商进行跟踪式调研,以便更好地揭示供应商对企业的认同在产业领域、合作方式、与企业接触的年限等变量上的动态演化轨迹,从而可以指导企业针对不同阶段的供应商传递不同的企业身份,以便更好地指导企业制定营销方案。

第三节 中间商—企业认同的内涵、结构和测量

一、中间商—企业认同的研究现状

随着大数据、云计算、物联网、人工智能等新技术的不断出现与使用,企业需要从一个更全面的视角与利益相关者(中间商、消费者、政府和供应商等)建立协同、共生的营销生态系统,使利益相关者融入企业的经营活动中共创消费者体验和价值。

李宝库和王以华(2008)、姚立新和蔡斌(2000)等指出,中间商是连接产品生产者与消费者的纽带,不但可以通过专业团队和地区优势等快速进入市场、销售企业产品,而且也可以反馈消费者需求、提高消费者满意度等。企业如何赢得中间商的认同,进而与中间商保持深厚、承诺和有意义的关系,在信息越来越透明、转移成本越来越低和选择越来越丰富的

情况下显得越发重要和紧迫。兰(Lam,2012)指出,身份驱动的营销关系——即内部和外部利益相关者对营销实体(可以是个体、群体、品牌或者企业)的认同不失为解决这一问题的良药,而丹尼尔等(2011)指出,认同就是企业与营销实体之间保持的一种深厚、承诺和有意义关系的心理状态。而要研究如何赢得中间商的认同,就得深入研究中间商—企业认同这一构念的内涵、维度和测量。只有这样,才能充分挖掘中间商这一营销实体在营销生态系统中的作用,达到与其他营销实体或利益相关者共创体验和价值的目的。本节研究结合丹尼尔等(2011)对供应商—买方认同的定义和巴塔查里亚等(2003)对消费者—企业认同的定义对中间商—企业认同的概念进行界定,认为中间商—企业认同是中间商感知到与企业身份一致性,并将企业的成败作为自我经验的一种心理状态,也是中间商与其企业建立一种深厚、承诺和有意义关系的一种心理基础。

二、中间商—企业认同的相关概念

中间商—企业认同研究的理论基础来自身份理论和社会认同理论。认同是个体对某个对象的先区分后与自我关联的内化现象,既是一个结果状态,也是一个过程状态,不仅有个体与社会之分,还有内外之别。认同的本质是身份认同。身份认同除了体现为对自身独有特质的个体认同外,更主要的表现是个体对内群体的社会认同。自巴塔查里亚等(2003)将认同引入营销领域,并构建了消费者—企业认同的研究框架,营销研究人员已经将身份和认同的概念用于研究各种各样的现象。例如,消费者与企业/品牌/品牌社区之间的关系、消费者身份一致行为(例如,由种族身份驱动的消费者行为)和管理问题(例如,跨职能关系)。目前学者对组织认同、品牌认同和消费者—企业认同等的研究相对较多,但这是个人对组织的认同,属于个人层面的认同。中间商—企业认同是组织对组织的认同,包括组织间的认同和跨组织的认同,其中组织间的认同研究仍比较缺乏。

现有学者对中间商—企业认同的研究涉及较少,李纯青等提出了多元企业认同——外部利益相关者(消费者、中间商、影响者、供应商等)对企业的认同,并提出中间商—企业认同是多元企业认同的一个重要方面,需要深入研究。为数不多的对组织间认同的探讨,来自丹尼尔等(2011)对供应商—买方认同的研究,该研究表明,合作的供应商与买方关系是企业竞争优势的来源,供应商与买方的组织间认同,通过增强信任、供应商关系具体的投资和信息交换促进企业卓越的运营绩效。然而,丹尼尔等(2011)研究供应商—买方认同对制造企业运营绩效的影响,借鉴的是梅尔等(1992)的组织认同量表,并没有专门开发企业间认同的量表。企业间的认同与组织认同有着本质的区别,组织认同大部分指员工对企业的认同,是一种内部利益相关者的认同,并且是个人对组织的认同,而这种认同与企业间的认同还是存在很大区别。并且,中间商与供应商在营销渠道中扮演着重要的角色,摩根等(Morgan 等,1994)在研究关系营销中的承诺—信任理论时指出,一个中心企业涉及的关系交易包括供应商关系、影响者关系、顾客关系(中间顾客和最终顾客,而这里的中间顾客,就是本书所指的中间商)和内部关系,在这里,中间商和供应商被划分到了不同的关系范围中。中间商对企业认同的具体内容与供应商对企业认同的具体内容是有区别的,因此需要开发专门的中间商—企业认同的量表。

本节研究基于消费者—企业认同的研究成果探究中间商—企业认同的结构。通过汇总整理消费者—企业认同的测量量表,主要有四类研究:第一类认为消费者—企业认同是单维结构,主要从认知(即组织与个人之间的认知联系,用以反映个人的自我分类与概念重叠)维度进行测量;第二类认为消费者—企业认同是二维结构,从认知消费者—企业认同和情感消费者—企业认同(组织认同和评价在情感上的积极联系,消费者利用情感因素来反映积极的自我情绪)两方面进行测量;第三类认为消费者—企业认同是三维结构,从认知消费者—企业认同、情感消费者—企业认同和评价消费者—企业认同(一个组织对消费者的价值内涵)三个方面进行测量;第四类将消费者—企业认同作为一个整体进行测量,未进行维度区分。四类研究的测量量表见本章第二节表2-7。

总之,目前学者对中间商—企业认同的研究相对缺乏,而其结构维度更没有一个明确的说法,所以本书在消费者—企业认同研究的基础上,对中间商—企业认同的结构进行深入探究。

三、中间商—企业认同的量表构建

（一）访谈研究

1. 访谈提纲设计及访谈实施

为获取中间商—企业认同的初始题项,本书根据研究内容制定相应的访谈提纲,对中间商进行访谈,访谈内容见表2-14。本书分别对7家

表 2-14　中间商访谈提纲

访谈主题	问题	目的
中间商认同的企业	您比较认同的一家企业是?（以下出现的企业均是访谈对象认同的企业）	为下面询问认同的具体内容作铺垫
中间商—企业认同的原因	您为什么会认同这家企业?作为中间商,您认为哪些因素会影响中间商对企业的认同?您在认同一家企业的时候,除了考虑自己和企业一些因素以外,您还会考虑企业的其他外部利益相关者（消费者、中间商、供应商、政府)的因素吗?考虑的因素有哪些?	抛出访谈主题,引导被访谈者展开相关思考
中间商—企业认同的维度	您觉得企业的哪些方面与你们企业有相似的地方?该企业是否有助于表达你们企业的身份特征?（可以表达哪些身份?）该企业是否有助于表达你们企业所属的群体类别?（可以表达出哪类群体?）你们对这家企业的评价有哪些?您所了解的公众对这家企业的评价有哪些?有没有受到企业相关人员的重视?你们给企业带来哪些好处或帮助?您觉得你们对这家企业来说是否有价值或是否重要?你们认同的这家企业前后给你们带来哪些情感变化?对于该企业的其他消费者你们有没有一种亲切感?看到越来越多的人选择该企业你们会不会为自己当初的选择而感到满意?	收集被访谈者的看法
中间商—企业认同的结果	您认为中间商认同一家企业会有哪些表现?你们会给企业提一些建议或指出企业存在的一些问题吗?当别人说企业不好的时候你们会维护企业的形象吗?如果与这家企业关系保持比较好的话,对你们来说是不是也是比较重要呢?这家企业值不值得你们去维持与他们的关系?	收集被访谈者的看法
基本信息	年龄、婚姻状况、教育程度、职业、家庭年收入	了解被访者的基本信息

不同行业的中间商进行电话访谈。在征求被访者同意的情况下,对被访者的访谈内容进行全程录音,每次访谈时长 20—40 分钟左右。访谈结束后委托专业公司将这 7 份访谈录音整理成文字,访谈文字共有 2 万字左右。7 位中间商的代表平均年龄 30 岁左右,职位分别是经理、设计师等不同的岗位。访谈对象受教育程度相对较高,对企业的认同较为稳定,能够清楚地表达对认同企业的理解和看法,为我们获取中间商—企业认同的初始题项提供了丰富的数据材料。

2. 访谈文本的开放式编码

研究对访谈文本进行开放式编码,对 7 份访谈文本进行逐句逐行编码,第一轮编码共建立了 134 条关键性的内容。第二轮编码删除不符合主题或者语义表达不清楚的内容,合并表述相同和类似的内容,保留 52 条关键性的内容,见表 2-15。

表 2-15　开放式编码归纳合并后的内容

访谈文本开放式编码内容	
1. 企业理念相似,不只是为了自身的发展而发展,促成大家从中获益	2. 与企业相似之处有:注重消费者体验,维护自己企业的口碑,创新意识比较相似
3. 注重消费者体验,维护自己企业的口碑	4. 注重创新力、有创新意识的一类群体
5. 和这家企业合作的其他企业也都是办事风格严谨、按章办事的企业	6. 企业根据情况给予我们适当宽松的政策、回单给我们很大一个期限
7. 给企业带来的好处:提升服务质量、服务、时效方面做得好	8. 这家企业高效、亲民、性价比高、物美价廉、有创意、市场份额高
9. 这家企业发展前景好、创新能力强、研发能力强,与这样的企业合作我们感到骄傲	10. 与这家企业合作比较方便,有需求我们给它反映一声,沟通比较顺畅,长期合作肯定会有的
11. 这家企业销量和市场份额越来越大,证明了我们当初的选择是对的,我们当初是有战略性眼光的,与这样的企业合作比较轻松、简单	12. 这家企业的消费者认为产品价格低、质量好、效果非常好,消费者对这家企业的产品市场认可度非常高
……	46. 企业各个环节把控得非常严密,管理得非常厉害
47. 都属于服务行业,这个行业最大的好处能让顾客感觉到被服务得很周到	48. 加盟这家企业的相似之处:考虑它前景、价值观,加盟的目的相似

续表

访谈文本开放式编码内容	
49. 企业提供的培训很好,各方面也很关心	50. 我们做得好也是给企业做宣传,公司发展得肯定也好
51. 相互影响,我们借助它的品牌,它们借助我们给企业宣传	52. 企业的品牌时间长、覆盖率高、顾客放心,双方的合作是互惠共赢的,而且合作的过程中比较愉快

(二)题项生成

首先,将已有研究的消费者—企业认同测量题项(见表 2-7)与访谈文本分析得到的开放式编码(见表 2-15)进行匹配。分析发现,除了巴戈齐等(2012)、程志辉等(2015)的情感维度的 2 个题项没有采用以外,已有文献中出现的大部分题项访谈对象大多有所提及,另外还有一些新的题项生成。对于访谈中涌现的新信息,研究选择三个及以上访谈者提及的新信息纳入初始题项中,以期减少遗漏信息,在认知、情感和评价三个维度增加了以下题项:

结合访谈文本编码内容,认知维度增加 4 个题项,其中第一个题项来自康(Kang 等,2015),我认为 X 企业适合作为我们公司的合作伙伴;第二个题项是本书新增的题项,我会选择与我们公司身份相匹配的企业合作;第三个题项来自季靖(2014)、内特迈耶等(2012),我觉得我与 X 企业的其他的合作伙伴有相似的地方;第四个题项来自季靖(2014),我们公司符合 X 企业合作对象的一类群体。

研究中,我们在巴戈齐等(2012)、程志辉等(2015)评价维度基础上又增加 7 个题项,其中 2 个题项来自皮尔斯等,分别是:(1)我们公司受到 X 企业相关人员的重视;(2)我们公司对 X 企业的发展是有帮助的;3 个题项来自巴塔查里亚等(2003),分别是:(1)X 企业具有独特的身份;(2)X 企业从竞争中脱颖而出;(3)X 企业是一流的、高品质的企业;另外 2 个来自卢赫塔宁等(1992),分别是:(1)总的来说,我所认可的 X 企业被别人认为是好的;(2)一般来说,X 企业是受人尊敬的。

研究中,我们在沃尔特等(2016)情感维度的基础上增加 5 个题项,其中 3 个题项来自季靖(2014),分别是:(1)看到其他的合作伙伴也认可该企业我们会感到很高兴;(2)我们会对该企业的其他合作伙伴产生一种亲切感;(3)越来越多的人喜欢该企业,我们会对我们当初的选择感到满意。另外的 2 个题项是本书生成的新题项,本书共访谈了 7 家中间商,7 家企业都谈到在与所认同的企业合作得比较轻松、愉快而且双方配合得比较好、互利共赢,表示愿意长期与这家企业建立合作关系。因此,本书在访谈内容的基础上增加新的题项:我们与 X 企业合作比较愉快。3 家企业谈到看到所认同的企业市场份额越来越大,消费者认可度越来越高,与这样的企业合作会感到骄傲、自豪、满意等。因此,研究在访谈内容的基础上增加新的题项:看到企业发展越来越好,我们作为它的合作伙伴感到骄傲。

四、中间商—企业认同的结构测量

(一)方法

本书采用问卷调查的方法进行数据收集,采用线上的方式分发问卷。数据收集过程从 2019 年 5 月 25 日开始至 2019 年 6 月 17 日结束。本书在收集问卷之前通过第一作者的微信朋友圈(3300 多人)进行人群筛选,筛选出中间商与企业打过交道的老总或中高层管理人员,在确认他们与企业有具体的交往和业务往来后,同时再请他们帮忙寻找满足条件的被调查对象,本书通过笔者的个人社会关系和这种滚雪球的方式发放问卷网络链接,共回收 331 份问卷。根据问卷的填写情况删除填写不完整、有明显规律和不认真填写的问卷,有效问卷 290 份,有效率为 87.6%。其中男性占 53.10%、女性占 46.90%;25 岁及以下占 4.83%、26—35 岁占 41.38%、36—45 岁占 31.72%、46 岁及以上占 22.07%;已婚占 84.83%、未婚占 15.17%;高中/中专/中技及以下占 11.37%、大专占 18.97%、本科占 47.59%、硕士占 18.28%、博士占 3.79%;收入 10 万元及以下占 20.35%、12 万—30 万元占 39.31%、31 万—50 万元占 21.03%、51 万元及以上占 19.31%;国企中高层管理者占 10.69%,国企员工占 8.62%,外企/中外合资企业的中高层管理者占 4.83%,私企、个企(或个体)老板占

31.72%,私企、个企(或个体)员工占35.86%,其他占8.28%。按照《国民经济行业分类》(GB/T 4754—2017)对中间商所认同企业的行业信息进行统计分析发现,中间商所认同企业主要涵盖制造业、建筑业、批发和零售业、交通运输、金融业、房地产行业、信息传输、软件和信息技术服务业、餐饮业9大行业领域,具体来说,计算机、通信和其他电子设备制造业(12.76%)、商务服务业(12.76%)、零售业(8.28%)、通用设备制造业(7.24%)、食品制造业(6.21%)、房地产行业(5.52%)、电气机械和器材制造业(4.83%)、建筑业(4.48%)、金融业(4.48%)、化学原料和化学制品制造业(4.48%)、专业技术服务业(3.45%)、教育服务业(3.45%)和医药制造业(2.41%),这些所属行业累积占比达80.35%。上述信息表明样本来自不同性别、学历、单位性质、行业领域,具有广泛的代表性。

进一步分析发现,收入(F值为1.007,P值为0.474>0.05)、婚姻状况(F值为0.893,P值为0.726>0.05)、性别(F值为0.847,P值为0.812>0.05)、年龄(F值为0.920,P值为0.669>0.05)、职业(F值为0.884,P值为0.742>0.05)和受教育程度(F值为0.756,P值为0.932>0.05)对中间商—企业认同的影响不存在显著性差异。数据随机分为两部分,其中145份数据用于探索性因子分析,另外145份数据用于验证性因子分析。

(二)探索性因子分析

采用主成分因子分析法,以最大方差旋转法进行因子分析。在进行探索性因子分析之前,删除校正项的总体相关性小于0.5的题项,删除旋转后因子载荷小于0.5或者在两个或两个以上的因子载荷值大于0.4的测量题项,最后剩余15个题项。对剩余的15个题项进行探索性因子分析,提取采用特征值大于1为结段点,15个题项的KMO值为0.934,Bartlett球形检验P<0.001,样本适合做因子分析,共提取3个因子,3个因子累积解释率为67.198%,每个题项的荷载均在0.5以上,表2-16为中间商—企业认同的探索性因子分析结果。

表 2-16　中间商—企业认同的探索性因子分析结果

代码	题项	成分		
		1	2	3
AS8	如果媒体指责了该企业,我们会感到很尴尬	0.822		
AS7	当别人称赞该企业时,我感觉那是对我们的赞许	0.781		
AS9	该企业的成功像是我们公司的成功	0.773		
AS6	当别人批评该企业时,我感觉那是对我们的侵犯	0.713		
CP5	我认为与该企业合作有助于展示我们公司的身份特征	0.644		
AS10	我们比较感兴趣别人如何看待该企业	0.646		
ES5	一般来说,该企业是受人尊敬的		0.793	
ES4	总的来说,我们所认可的该企业被别人认为是好的		0.764	
ES3	我们认为该企业是一流的、高品质的企业		0.736	
CS5	我们属于支持该企业的群体		0.736	
EP2	我认为我们公司对该企业来说是有价值的			0.732
AP3	总的来说,当人们把我们公司与该企业联系起来时我感觉很好			0.737
CS1	我们符合该企业合作对象的一类群体(比如共同的价值观、公司实力、呈现的文化、做事方式、本地资源、社会关系、个人能力等)			0.727
AS4	我们与该企业合作比较愉快			0.619
AP2	一般来说,与该企业联系在一起给我一种自豪感			0.623
特征值		7.616	1.461	1.002
解释变异量(%)		25.353	21.327	20.518
解释累积变异量(%)		25.353	46.681	67.198

(三)验证性因子分析

采用最大似然法对另外的 145 份数据进行验证性因子分析,然后将探索性因子分析得出的 15 个题项 3 个因子作为原始模型(M1a)。利用 AMOS 软件分析得到 15 个题项 3 个因子的拟合指数,从表 2-17 可以发现模型适配度不理想。根据拟合指数和修正指数,逐一删除测量题项,直到多个指标的拟合指数都达到理想状态为止,得到 13 个题项 3 个因子模型(M1b)。潜变量间的相关系数均在 0.6 以上,表明这三个因子间可能有另一个更高阶的共同因子存在,因此进行二阶验证性因子分析,拟合指数见表 2-17,各个拟合指数都较为理想,二阶 13 个题项 3 个因子模型得到验证。从模型简洁性和因子之间的相关性考虑,二阶的 3 个因子模型(即 M2)优于一阶的 3 个因子模型(即 M1b),本书认为二阶模型(M2)更能表达现实的中间商—企业认同。由表 2-17 中数据可知 χ^2/df <3,近似误差均方根<0.08,拟合优度指数、规范拟合指数、增值拟合指数、塔克-刘易斯指数、比较拟合指数都大于 0.9,因此模型达到理想状态。

表 2-17 结构模型拟合指数

模型	χ^2	χ^2/df	拟合优度指数	规范拟合指数	增值拟合指数	塔克-刘易斯指数	比较拟合指数	近似误差均方根
M1a 15 题项 3 因子	215.392	2.476	0.914	0.917	0.949	0.938	0.948	0.071
M1b 13 题项 3 因子	122.652	1.978	0.940	0.943	0.971	0.963	0.971	0.058
M2 二阶 13 题项 3 因子	122.652	1.978	0.940	0.943	0.971	0.963	0.971	0.058

从表 2-18 可以发现,3 个因子与认知、情感和评价三个维度不是一一对应的,不能采用消费者—企业认同维度划分标准命名中间商—企业认同的三个维度。具体来说,因子 1(命名为共鸣感)包括的 5 个题项虽然是关于情感方面的,但是共鸣感能够较好地反映因子 1 的内涵;因子 2(命名为支持感)包括 4 个题项,按照消费者—企业认同维度划分标准,4 个题项属于评价维度和认知维度,将该因子命名为支持感能够较好地反映因子 2 的内涵;因子 3(命名为满足感)包括 4 个题项,按照消费者—企业认同维度的划分标准,4 个题项属于情感和认知两个维度,将该因子命名为满足感能够较好地反映因子 3 的内涵。

表 2-18　13 个题项 3 个因子量表

因子	因子命名	题项	原始代码
F1	共鸣感	如果媒体指责了该企业,我们会感到很尴尬	AS8
		当别人称赞该企业时,我感觉那是对我们的赞许	AS7
		该企业的成功像是我们公司的成功	AS9
		当别人批评该企业时,我感觉那是对我们的侵犯	AS6
		我们比较感兴趣别人如何看待该企业	AS10
F2	支持感	一般来说,该企业是受人尊敬的	ES5
		总的来说,我们所认可的该企业被别人认为是好的	ES4
		我们认为该企业是一流的、高品质的企业	ES3
		我们属于支持该企业的群体	CS5
F3	满足感	总的来说,当人们把我们公司与该企业联系起来时我感觉很好	AP3
		我们符合该企业合作对象的一类群体(比如共同的价值观、公司实力、呈现的文化、做事方式、本地资源、社会关系、个人能力等)	CS1
		我们与该企业合作比较愉快	AS4
		一般来说,与该企业联系在一起给我一种自豪感	AP2

(四)信效度分析

对中间商—企业认同量表的信度检验包括内在一致性信度和构建信度。13 个题项量表的 Cronbach's α 值为 0.917,共鸣感、支持感、满足感的 Cronbach's α 系数分别为 0.876、0.882、0.811,均在 0.8 以上,说明 13 个题项的量表具有较高信度。各影响因素的构建信度(CR)都大于 0.78,说明中间商—企业认同量表的构建信度较好。

本书的效度检验主要检测量表的内容效度和构建效度。研究从以下两方面保证问卷的内容效度:一方面,测量题项是在文献研究和 7 位中间商人员访谈的基础上,对访谈内容进行分析,并参考国内外学者成熟的消费者—企业认同、组织认同等相关认同量表产生的;另一方面,在 5 位营销学者研讨的基础上,对测量题项反复进行精减修订,并实行小规模的预调研,所以本次量表的内容效度是可靠的。本书从聚合效度和区分效度两个方面来考察中间商—企业认同的构建效度。聚合效度通过平均方差抽取量进行检测,中间商—企业认同三个维度的平均方差抽取量值均大于0.5,表明量表的聚合效度得到满足。从表2-19可以发现,中间商—企业认同中的共鸣感、支持感、满足感三个维度之间的直接相关系数小于平均方差抽取量的均方根,这表明量表具有较好的区分效度。

表 2-19　中间商—企业认同量表的信度和效度

变量	共鸣感	支持感	满足感
共鸣感	**0.769**		
支持感	0.707	**0.811**	
满足感	0.667	0.710	**0.724**
Cronbach' α 值	0.876	0.882	0.811
CR	0.879	0.884	0.814
平均方差抽取量	0.592	0.657	0.524

注:对角线上加粗的数字是各因子的平均方差抽取量的均方根,对角线斜下方的数字是因子间的相关系数

(五)结构预测检验

研究结合访谈内容选一些常用的结果变量对中间商—企业认同的结构进行预测检验,以检验上述开发的中间商—企业认同量表的有效性。通过分析访谈内容和借鉴已有研究,本书选择信任、承诺、正面口碑和合作意愿4个结果变量,以上结果变量的内容中间商在访谈的过程中均有所涉及。信任采用洪堡等(2013)编制的问卷,共由5个题项组成,分别是:(1)我相信X企业提供给我们的信息;(2)X企业对我们很诚信;(3)我认为X企业是值得信任的;(4)X企业在做重要决定时,不仅会考虑自己的福利,还会考虑我们中间商的福利;(5)当我们与X企业分享我们的问题时,我们知道它会以理解的方式回应我们。承诺的预测检验采用维尔纳桑巴特(2001)编制的问卷,共由4个题项组成,分别是:(1)我认为我们忠于X企业;(2)与X企业的关系对我们来说很重要;(3)我们的确在乎与X企业的关系;(4)我觉得这家企业值得我们去维持与他们

的关系。正面口碑传播的预测检验采用巴洛格鲁(2002)编制的问卷,共由4个题项组成,分别是:(1)如果有人向我征询意见,我会向他们推荐X企业;(2)我会鼓励身边的朋友和亲戚选择X企业;(3)我会向其他人说X企业好的方面;(4)当谈论到类似话题时,我很愿意推荐X企业。合作意愿的预测检验其中3个题项采用的是巴洛格鲁(2002)编制的问卷,分别是:(1)如果我们在其他企业中看到了所喜欢的做法,我们会与X企业的经理或员工分享;(2)在合作的过程中,我们会给企业提一些建议;(3)在合作的过程中,我们会指出X企业存在的一些问题,最后1个题项来自李纯青等编制的问卷,为了X企业的形象,我们会主动地做一些力所能及的事情。

首先对信任、承诺、正面口碑、合作意愿进行信度检验,信任的Cronbach's α值为0.847,承诺的Cronbach's α值为0.855,正面口碑的Cronbach's α值为0.876,合作意愿的Cronbach's α值为0.855,Cronbach's α值均大于0.8,表明量表的信度较好。然后,采用本书开发的中间商—企业认同的量表,以及信任、承诺、正面口碑、合作意愿量表进行验证。结果显示,中间商—企业认同可以预测信任($B = 0.810, SE = 0.037, p < 0.001$)、承诺($B = 0.822, SE = 0.035, p < 0.001$)、正面口碑($B = 0.788, SE = 0.038, p < 0.001$)、合作意愿($B = 0.790, SE = 0.040, p < 0.001$),中间商对企业的认同度越高,中间商对企业表现得越信任,对企业也具有一定的承诺(比如中间商忠于企业,认为与企业的关系是重要的并在乎这份关系,并且认为这份关系是值得维护的),中间商对所认同的企业也愿意进行正面口碑传播,中间商表示也越愿意与所认同的企业建立长期稳定的合作关系。

五、中间商—企业认同的研究发现

(一)中间商—企业认同的研究结论

本节在已有研究的基础上,结合中间商人员的访谈资料,探索中间商—企业认同的结构,并开发中间商—企业认同的量表,以帮助研究人员更深入地分析中间商与企业的关系。

研究结果表明,中间商—企业认同是三维结构,由共鸣感、支持感和满足感三个维度构成。

共鸣感维度体现了中间商与企业在情感上产生的紧密联系(如果媒体指责了该企业,我们会感到很尴尬、当别人称赞该企业时,我感觉那是对我们的赞许、该企业的成功像是我们公司的成功、当别人批评该企业时,我感觉那是对我们的侵犯、我们比较感兴趣别人如何看待该企业)。中间商并不生产商品而是制造商和消费者之间的纽带,外界对企业的评价直接影响产品的销售,进而影响中间商的利益,因此中间商在意外界对企业的评价。

支持感体现了中间商对合作企业的高度赞赏(一般来说,该企业是受人尊敬的。总的来说,我们所认可的该企业被别人认为是好的,我们认为该企业是一流的、高品质的企业,我们属于支持该企业的群体),中间商对企业持正面积极评价,这推动了双方的合作。

满足感体现了中间商认为企业与自身在文化精神层次有共同点(我们符合该企业合作对象的一类群体,比如共同的价值观、公司实力、呈现的文化、做事方式、本地资源、社会关系、个人能力等),并且中间商很愿意与企业进行合作(我们与该企业合作比较愉快。一般来说,与该企业联系在一起给我一种自豪感)。

研究丰富了中间商—企业认同基本理论研究,开发了适用于中国情境的中间商—企业认同测量量表,为国内学者中间商—企业认同测量提供了参考借鉴。与已有研究不同的是,中间商对企业的认同并非直接表现在认知、情感和评价三个方面,而是体现在共鸣感、支持感、满足感三个维度。共鸣感启发企业主动引导社会舆论导向,维护企业及产品的正面口碑。支持感启发企业树立良好形象以获得中间商的尊敬,从而保持中间商的忠诚,有利于双方建立长期稳定的合作关系。满足感启发企业提升自身文化实力,倡导积极的价值观和企业文化。中间商—企业认同量表是在特定的文化和社会背景下开发的,使用量表时也应考虑文化和社会背景的影响。

(二)中间商—企业认同研究的理论贡献

为了深入地理解中间商—企业认同,有必要将其与已有概念的区别进行说明,与现有概念比较相关的是关系质量、消费者满意和消费者忠诚等概念。本节主要说明其与关系质量的区别与联系。

中间商—企业认同与关系质量都属于营销研究领域中的重要概念,但两者属于不同的构念,其研究侧重点也不相同。

首先,中间商—企业认同是指中间商感知的与企业身份的一致性,当中间商发现他们的自我身份与企业身份存在重叠时,他们就与企业身份保持一致,把企业的目标当作自己的目标,决策受企业的价值观和目标影响。中间商—企业认同的本质是中间商对企业身份的认同。而巴塔查里亚等(2003)认为企业身份是由核心价值观(包括经营原则、组织使命和领导力)和人口统计特征(如行业、规模、年龄、市场地位、原始国、地点及其领导、雇员的典型概貌等)组成的。所以,企业间认同是企业间保持深厚、承诺和有意义关系的一种心理状态,并且这种认同是对企业的核心价值观和人口统计特征的认同。

其次,关系质量是基于合作经验感知对彼此合作关系状态的总体评价,包括关系强度、关系持久性、关系频率、关系多样性、关系灵活性和关系公平性等,关系质量侧重于企业间合作关系的评价。史密斯(1997)总结以往的研究,提出关系质量至少应包含满意、信任和承诺3个维度,这一维度划分方式得到了许多学者的认可。

在正常情况下,关系质量和认同都可以为企业保持长期关系作出贡献,但在逆境下,认同可能更能保持关系,而关系质量就不见得。换句话说,认同更看重的是价值观层面的东西,而关系质量可能看重的是交易层面的东西(这个可以从其评价指标:关系强度、关系持续性和关系频率等可以看出来),或者两者兼而有之(这个可以从其3个维度:满意、信任和承诺可以看出来),但至少没有认同这么明确和专一。所以,本书研究认同的目的是如何使中间商与企业保持深厚、承诺和有意义的关系,尤其是在信息越来越透明和消费者转移成本越来越小的时代不失为一种防止消费者转移或流失的一种重要手段。

而消费者满意和消费者忠诚也是非常经典的理论构念,与中间商—企业认同的关系与关系质量一样,既有区别也有联系,由于篇幅限制,我们这里只简单进行说明,消费者满意与认同的区别与联系主要在于前者是结果变量,而后者既可以作为结果,也可以作为过程。而消费者忠诚与认同区别与联系是,消费者忠诚通常作为认同的结果变量。

(三)中间商—企业认同研究的局限与展望

本节研究采用问卷调查的方式收集数据,获得的是横截面数据,反映的是中间商在被调查这一时间点的认同状态,不能很好地反映中间商对企业认同在整个阶段的动态演化过程。同时,量表的作用以及多方利益相关者对企业认同的状态还体现不出来。未来研究可以在以下三个方面展开:

(1)考虑对中间商进行跟踪式调研,以便更好地揭示中间商对企业的认同在合作方式、与企业接触的年限等变量上的动态演化轨迹,从而可以指导企业针对不同阶段的中间商传递不同的企业身份,以便更好地指导企业制定营销方案;

(2)也可以将中间商—企业认同的前因与结果进行深入研究,以便用开发的量表从理论与实践两个方面提升研究的价值;

(3)中间商扩展到其他利益相关者(供应商、政府、消费者等),进而对多元企业认同展开全面研究,为企业与利益相关者构建协同、共生的营销生态系统,共创消费者体验和价值。

第四节 政府—企业认同的内涵、结构和测量

一、政府—企业认同的研究现状

政府与企业的关系,即政商关系或政治关联。胡凤乔和叶杰(2018)认为其本质是一种互利关系,政府和企业分别以资源(公共资源和商业资源)为基础,以满足对方需求为核心而形成的互利关系。政商关系不仅对企业生存和发展至关重要,也是推动国家治理体系和治理能力现代化的基本环节。在我国经济迈向高质量发展的时代背景下,构建正常、良好的政商关系保持市场经济活力,对完善社会经济制度、构建服务型政

府、塑造阳光透明的营商环境、释放民营经济发展动力和推动经济高质量发展具有重要意义。

关于政商关系的研究文献相当丰富,特别是在政治、经济学等领域,我们主要关注工商管理领域的相关研究。通过分析文献发现,在我国经济转型背景下,工商管理领域对政商关系的研究主要集中在两个方面:一是政商关系对企业影响的研究。主要研究了政商关系对组织文化、企业创新、企业绩效和竞争优势等方面的影响。主流研究认为良好的政商关系对企业有正向影响,也有研究(侯方宇和杨瑞龙、贾明等)发现扭曲的政商关系对企业有负向影响。二是政商关系的评价及评价体系研究,主要研究了亲清新型政商关系的构建和评价体系。如褚红丽从四个方面研究了亲清政商关系维度;陈寿灿和徐越倩从"亲""清"两个维度出发,研究了新型政商关系"亲清指数"测度体系。这些实证和理论研究表明,在中国情境下,政商关系对企业生存和发展具有重要影响。为促进新型政商关系建设,有必要制定系统、客观的评价体系。

然而,由于政商关系的隐蔽性和敏感性,鲜有学者直接从政商关系的两大相关主体(即政府和企业)角度研究如何构建政商关系,而是采用替代指标进行相关分析,这降低了现有政商关系研究对企业与政府建立关系的实践参考价值,很少为企业与政府建立"亲""清"新型政商关系提供直接指导。本节研究认为,政商关系本质上是一种互利关系,只有明确双方利益需求,把利益诉求放在阳光下接受社会监督和行业监管才能从根本上促进正常、良好的政商关系建设。基于此,有必要直接对政商关系主导者(即政府)进行直接分析,探讨政府愿意与企业合作、主动为企业提供相关服务和资源的情境条件。从理论上来说,这是认同问题,当政府与企业之间形成基于身份的认同关系时,政府才能准确地了解企业需求,利用公权力为企业发展提供相关支持,提高政商关系的法制化程度;同时,企业也能避免为获取相关资源或影响政策制定而走弯路,与政府机构建立成熟的政商关系。

为促进企业面向政府的良好政商关系建设和维持,本节从政府—企业认同(GCI)视角,以参与企业合作的政府公务人员作为研究对象,通过文献研究和深度访谈了解政府对企业认同的具体内容,参考已有量表和访谈内容生成问卷,通过探索性因子分析和验证性因子分析等步骤开发政府—企业认同的量表,检验量表的信度和效度,并探讨政府—企业认同的结构维度,以期为指导企业处理与政府机构的关系提供理论依据。

二、政府—企业认同的相关概念

政府—企业认同是政府机构对企业的认同。认同是心理学和社会学领域的概念,是个体对某个对象的先区分、后与自我关联的内化现象,既是一个结果状态,也是一个过程状态,它不仅有个体与社会之分,还有内外之别。认同的本质是身份认同。李纯青等指出,身份认同除了体现为个体对自身独有特质的个体认同外,更主要的表现是个体对内群体的社会认同。因此,认同不仅存在个体内、个体间、个体与群体之间,也存在于组织之间。目前学术界对组织认同、品牌认同和消费者—企业认同等的研究相对较多,这些是个体层面的认同,而政府—企业认同是组织对组织的认同,属于组织间的认同,跨组织的认同。科斯滕(Corsten 等,2022)进行了对跨组织认同的研究,通过跨层次的分析,将认同的概念从个人层面扩展到企业层面,并指出供应商对买方企业的认同,直接影响组织间的具体投资和信息交换行为,进而驱动运营绩效。但是其对供应商—企业认同的测量采用的是梅尔和阿什福思(1992)组织认同的量表,并未进行维度的划分,而是将其作为整体进行测量。

政府作为企业的主要外部利益相关者之一,对企业生存和发展具有重要影响。政府—企业认同是企业建立与政府良好关系的基础。现有政府—企业认同的研究较少,但是关于企业另一个主要外部利益相关者——消费者的研究比较丰富。巴塔查里亚和森(2003)指出,消费者—企业认同是消费者为满足一个或多个自我定义需求而采取的一种主动性、选择性、意志性的行动。本节认为,与消费者—企业认同相似,政府机构为发挥政府在资源配置中的作用以及服务型政府的转型需要,也具有对企业采取主动性、选择性和意志性行动的动机。如政府为确保市场运行畅通、保证公平竞争和公平交易、维护企业合法权益而对企业和市场进行管理和监督。谢新水认为，建设人民满意的服务型政府已经成为社会主义建设的重要任务和目标。柏必成指出，服务型政府的一个本质特征就在于以公众需求作为动力的来源，也正是由于服务型政府有着这样的动力来源，其才对公众需求产生了充分的尊重与足够的关注，才形成了满足公众需求的强大动力。

因此，本节研究以消费者—企业认同为基础，探究政府—企业认同的结构维度，并开发政府—企业认同的量表。首先系统梳理了消费者—企业认同的测量量表，为政府—企业认同量表开发提供参考借鉴。现有研究中消费者—企业认同的测量量表主要有四类研究：第一类认为消费者—企业认同是单维结构，主要从认知（即组织与个人之间的认知联系，用以反映个人的自我分类与概念重叠）维度进行测量；第二类认为消费者—企业认同是二维结构，从认知消费者—企业认同和情感消费者—企业认同（组织认同和评价在情感上的积极联系，消费者利用情感因素来反映积极的自我情绪）两方面进行测量；第三类认为消费者—企业认同是三维结构，从认知消费者—企业认同、情感消费者—企业认同和评价消费者—企业认同（一个组织对消费者的价值内涵）三方面进行测量；第四类将消费者—企业认同作为一个整体进行测量，未进行维度区分。四类研究的测量量表见本章第二节表2-7。

三、政府—企业认同的量表构建

（一）访谈研究

为获取政府—企业认同的初始题项，根据研究主题和研究目的制定相应的访谈提纲，对政府相关人员进行访谈，访谈内容见表2-20。本书电话访谈了9位与企业有业务合作往来的政府人员，他们来自不同地区的各个政府部门，所认同的企业也是9家不同的企业。在征求访谈对象同意的情况下，对访谈内容进行全程录音，每次访谈时长约20—40分钟。访谈结束后委托专业公司将这9份访谈录音整理成文字，访谈文字约有2.5万字。9位被访者的平均年龄在37岁左右，职位分别是局长、市委主任、省科技厅职员、省人社厅办公室主任、招商局人员、生态区发展和改革局人员等不同的岗位。被访者受教育程度相对较高,对企业的认同较为稳定,能够清楚地表达对认同企业的理解和看法,为我们获取政府—企业认同的初始题项提供了丰富的数据材料。

表 2-20　政府访谈提纲

访谈主题	问题	目的
政府认同的企业	您比较认同或比较认可的一家企业是?	为下面询问认同的具体内容作铺垫
政府—企业认同的原因	您为什么会认同这家企业?您认为哪些因素会影响政府部门对企业的认同?你们在认同一家企业的时候,除了考虑自己和企业一些因素以外,还会考虑企业的其他外部利益相关者(消费者、中间商、供应商、政府)的因素吗?考虑的因素有哪些?	抛出访谈主题,引导被访谈者展开相关思考
政府—企业认同的维度	您觉得企业的哪些方面与你们政府部门有相似的地方?该企业是否有助于表达你们政府部门的身份特征?(可以表达哪些身份?) 该企业是否有助于表达你们政府部门所属的群体类别?(可以表达出哪类群体?) 你们对这家企业的评价有哪些?您所了解的公众对这家企业的评价有哪些?有没有受到企业相关人员的重视?你们给企业带来了哪些好处或帮助?您觉得你们对这家企业来说是否有价值或是否重要呢? 你们认同这家企业前后给你们带来哪些情感变化?对于该企业的其他消费者你们有没有一种亲切感?看到越来越多的人选择该企业你们会不会为自己当初的选择感到满意?	收集被访谈者的看法
政府—企业认同的结果	您认为政府部门认同一家企业会有哪些表现呢?你们会给企业提一些建议或指出企业存在的一些问题吗?当别人说企业不好的时候你们会维护企业的形象吗?如果与这家企业关系保持比较好的话,对你们来说是不是也是比较重要呢?这家企业值不值得你们去维持与他们的关系?	收集被访谈者的看法
基本信息	年龄、婚姻状况、教育程度、职位、家庭年收入	了解被访者的基本信息

对访谈文本进行开放式编码。9 份访谈文本分别进行逐句逐行编码,第一轮编码共建立了 180 条关键性的内容。第二轮编码删除不符合主题或者语义表达不清楚的内容,合并表述相同和类似的内容,保留 76 条关键性的内容,见表 2-21。

表 2-21　开放式编码归纳合并后的内容

1. 企业对产品质量精益求精,坚持自主创新,销售模式根据市场变化不断地优化	2. 大型企业往往会忽视小企业,但是会重视与政府关系,这体现了政府的权威性和独特性
3. 大型企业的形成得益于产业上下游形成成熟的产业链	4. 企业为政府提供税收和财政保证,而企业的发展也需要政府支持,这是一个互生互利的过程
5. 政府对企业的帮助有:创新资金扶持、人才补贴、人口落户、入学照顾、工业用地、其他的配套服务	6. 企业在选择与政府合作时,看重政府部门的营商环境、政府的服务、服务效率、优惠政策、政府的区位优势、地理优势、区域产业发展方向
7. 做实业需要专注一件事,并把这件事做专业	8. 辖区内的优秀企业受到政府重视,是政府的荣耀
9. 政府对企业的其他合作伙伴有亲切感	10. 企业和政府在管理和创新方面相似
11. 对产业发展的一些方向的认同是政企双方合作的一个基础	12. 大企业的项目符合中央省市的政策扶持导向,在政策、营商环境以及区域的资源配套方面都会受到一定的扶持,因此,大企业更受政府青睐
......	59. 政府支持企业树立坚定的发展目标并努力实现
60. 政府比较看重企业的规模、发展前景、企业领导的个人素质	61. 政府看到企业发展越来越好,会为自己当初的选择感到满意
62. 政府认可企业领导接待政府人员的认真态度	63. 政府看重企业的经营理念和能否长期发展
64. 企业的投资效率比较高,整体的发展模式比较创新,企业的整体运营状况良好	65. 企业从评比到建成,对区域的形象都是一个提升,对带动周边项目也有好处,受到政府认可
66. 政府向国家层面推荐优秀企业,以申请更大的项目和专项	67. 政府为企业作宣传
68. 政府认为与企业之间维持较好关系比较重要	69. 政府会指出企业存在的一些问题
70. 政府愿意与有良好政企关系的企业长期合作	71. 政府在必要的情况下会给企业提一些建议并整改
72. 维护政企良好的关系有助于提升政府的服务水平	73. 政府会帮助企业维护形象,帮助化解舆论的误导
74. 政府认为企业有诚意,是在实实在在搞投资	75. 政府对企业很信任,放心
76. 企业讲信誉、诚信	

(二)题项生成

进一步分析开放式编码内容的具体含义发现,表 2-7 中的测量题项,除巴戈齐等(2012)、程志辉和费显政(2015)的情感维度的 2 个题项在访谈文本中没有体现出来,其他大部分消费者对企业认同的测量题项在访谈中都有所提及,此外,还涌现出一些消费者—企业认同测量题项中没有出现的新内容。因此,研究参考已有消费者—企业认同的测量题项(见表 2-7)并整合访谈文本中新出现的内容,形成了政府对企业认同的初始题项。在表 2-7 基础上新增题项的具体内容如下:

认知维度增加 4 个题项,其中第一个题项来自康等(2015),我认为 X 企业适合作为我们政府部门的合作伙伴;第二个题项是本书新增的题项,我们政府部门会选择与我们身份相匹配的 X 企业合作;第三个题项来自季靖(2014)、内特迈耶等(2012),我觉得我与 X 企业的其他合作伙伴有相似的地方;第四个题项来自季靖(2014),我们政府部门符合 X 企业合作对象的一类群体。

研究中,我们在巴戈齐等(2012)、程志辉和费显政评价维度的基础上增加 7 个题项,其中 2 个题项来自皮尔斯等(1989),分别是:(1)我们政府部门受到 X 企业相关人员的重视;(2)我们政府部门对 X 企业的发展是有帮助的;3 个来自巴塔查里亚和森(2003),分别是:(1)X 企业具有独特的身份;(2)X 企业从竞争中脱颖而出;(3)X 企业是一流的、高品质的企业;另外 2 个来自卢赫塔宁和克罗克(Luhtanen 和 Crocker,1992)分别是:(1)总的来说,我所认可的 X 企业被别人认为是好的;(2)一般来说,X 企业是受人尊敬的。

研究中,我们在沃尔特和克罗宁(2016)情感维度的基础上增加 5 个题项,其中 3 个题项来自季靖(2014),分别是:(1)看到其他的合作伙伴也喜欢该企业我们会感到很高兴;(2)我们会对该企业的其他合作伙伴产生一种亲切感;(3)越来越多的人喜欢该企业我们会对我们当初的选择感到满意。另外的 2 个题项是本书生成的新题项,分别是:(1)我们与 X 企业合作比较愉快;(2)看到企业发展越来越好,我们作为它的合作伙伴感到骄傲。

本节研究将已有文献中的题项结合访谈文本编码的内容,生成适合中国情境的表述习惯,使题项表达得更加具体化,并与新生成的题项共形成了34个初始题项。

四、政府—企业认同的结构测量

(一)方法

采用问卷调查的方法进行数据收集,采用线上的方式分发问卷。线上是通过笔者的个人社会关系和滚雪球的方式向政府人员发放问卷网络链接,数据收集过程从2019年4月25日开始至2019年5月7日结束,共涉及22个省份的政府部门,回收330份问卷。根据问卷的填写情况删除有明显规律和不认真填写的问卷,有效问卷315份,有效率为95.5%。其中男性占69.21%、女性占30.79%;25岁及以下占11.28%、26—30岁占14.63%、31—35岁占16.16%、36—40岁占14.63%、41—45岁占14.33%、46—50岁占10.98%、51岁及以上占17.99%;已婚占78.96%、未婚占21.04%;10万元及以下占35.67%、12万—30万元占50.3%、31万元及以上14.03%;高中/中专/中技及以下占3.05%、大专占11.89%、本科占46.34%、硕士占34.45%、博士占4.27%。进一步分析发现,收入对政府—企业认同的影响不存在显著性影响(T值为0.871,P值为0.385>0.05),婚姻状况对政府—企业认同的影响也不存在显著性差异(T值为-0.719,P值为0.430>0.05),性别(T值为1.241,P值为0.215>0.05)、年龄(T值为0.959,P值为0.338>0.05)和受教育程度(T值为-1.152,P值为0.250>0.05)对政府—企业认同的影响也没有显著差异。数据随机分为两部分,其中158份数据用于探索性因子分析,另外157份数据用于验证性因子分析。

(二)探索性因子分析

采用主成分因子分析法,以最大方差旋转法进行因子分析。在进行探索性因子分析之前,删除校正项的总体相关性小于0.5的题项,删除旋转后因子载荷小于0.5或者在两个或两个以上的因子载荷大于0.4的题项,最后剩余22个题项。对剩余的22个题项进行探索性因子分析,提取采用特征值大于 1 为结段点,22 个题项的 KMO 值为 0.953,Bartlett 球形检验 $P<0.001$,样本适合做因子分析,共提取 3 个因子,3 个因子累积解释率为 71.644%,每个题项的荷载均在 0.5 以上,表 2-22 为政府—企业认同的探索性因子分析结果。

表 2-22 政府—企业认同的探索性因子分析结果

代码	题项	成分		
		1	2	3
AS5	看到企业发展越来越好,我们作为它的合作伙伴感到骄傲	0.815		
AP4	我很高兴我们政府部门成为 X 企业的一个合作伙伴	0.814		
EP2	我认为我们政府部门对 X 企业来说是有价值的	0.801		
CP3	我认为 X 企业适合作为我们政府部门的合作伙伴	0.801		
AS3	越来越多的人认可 X 企业我们会对我们当初的选择感到满意	0.779		
AS4	我们与 X 企业合作比较愉快	0.777		
CS1	我们符合 X 企业合作对象的一类群体(比如信用好、服务环境好、可以给企业一些扶持政策、具有权威性、办事果断、雷厉风行等)	0.742		
EP3	我认为在合作的过程中,我们政府部门受到 X 企业相关人员的重视	0.734		
ES2	我们认为 X 企业从竞争中脱颖而出	0.724		
AS2	看到其他的合作伙伴也喜欢该企业我们感到很高兴	0.680		
ES1	我们认为 X 企业具有独特的身份特征	0.606		
AS9	X 企业的成功像是我们的成功		0.843	
CS4	当我们政府人员谈论 X 企业时,通常说"我们"而不是"他们"		0.823	
AS8	如果媒体指责了 X 企业,我们会感到很尴尬		0.806	
AS6	当别人批评 X 企业时,我感觉那是对我们的侵犯		0.794	
AS10	我们比较感兴趣别人如何看待 X 企业		0.792	
CP6	我认为 X 企业的合作伙伴可以反映我们政府部门身份的一部分		0.777	
CP5	我认为 X 企业选择与我们政府部门合作有助于展示我们的身份特征		0.776	
AS7	当别人称赞 X 企业时,我感觉那是对我们的赞许		0.774	

代码	题项	成分		
		1	2	3
AP1	我认为 X 企业代表的东西(比如价值观、企业文化、企业理念、产品等)让我感觉很好			0.807
CP2	我认为 X 企业符合我们政府部门的一些要求(比如产业发展方向一致、管理、创新、企业经营理念、长远的发展前景符合政府的要求、价值观、服务宗旨、政府能够提供企业需要的,企业能够满足政府的区域发展需求)			0.782
EP1	我认为我们政府部门对 X 企业来说是重要的			0.748
特征值		11.869	2.815	1.078
解释变异量(%)		32.885	27.265	11.495
解释累积变异量(%)		32.885	60.150	71.644

(三)验证性因子分析

采用最大似然法对另外的 157 份数据进行验证性因子分析,将探索性因子分析得出的 22 个题项 3 个因子作为原始模型。本书利用 AMOS 软件分析得到 22 个题项 3 个因子的拟合指数,从表 2-23 发现模型适配度不理想。研究根据拟合指数和修正指标,逐一删除测量题项,直到多个指标的拟合指数都达到理想状态为止,最终得到 11 个题项 3 个因子模型,拟合指数见表 2-23。由表 2-23 中数据可知 $\chi^2/df < 3$,近似误差均方根 < 0.08,拟合优度指数、规范拟合指数、增值拟合指数、塔克-刘易斯指数、比较拟合指数都大于 0.9,因此模型达到理想状态。表 2-24 是对三大因子的命名以及每个因子对应的题项。

表 2-23 结构模型拟合指数

模型	χ^2	χ^2/df	拟合优度指数	规范拟合指数	增值拟合指数	塔克-刘易斯指数	比较拟合指数	近似误差均方根
22 个题项 3 个因子	704.275	3.419	0.838	0.887	0.918	0.907	0.917	0.088
11 个题项 3 个因子	86.479	2.109	0.952	0.960	0.979	0.971	0.978	0.059

表 2-24 11 个题项 3 个因子模型量表

因子	因子命名	题项	原始代码
F1	存在感	我认为我们政府部门对 X 企业来说是有价值的	EP2
		我认为在合作的过程中,我们政府部门受到 X 企业相关人员的重视	EP3
		我们认为 X 企业从竞争中脱颖而出	ES2
		我们认为 X 企业具有独特的身份特征	ES1
F2	共鸣感	X 企业的成功像是我们的成功	AS9
		我们比较感兴趣别人如何看待 X 企业	AS10
		如果媒体指责了 X 企业,我们会感到很尴尬	AS8
		当别人批评 X 企业时,我感觉那是对我们的侵犯	AS6
		当别人称赞 X 企业时,我感觉那是对我们的赞许	AS7
F3	满意感	我认为 X 企业代表的东西(比如价值观、企业文化、企业理念、产品等)让我感觉很好	AP1
		我认为 X 企业符合我们政府部门的一些要求(比如产业发展方向一致、管理、创新、企业经营理念、长远的发展前景符合政府的要求、价值观、服务宗旨、政府能够提供企业需要的,企业能够满足政府的区域发展需求)	CP2

(四)信效度分析

我们对政府—企业认同量表进行内在一致性信度和构建信度检验进行研究。11 个题项量表的 Cronbach's α 值为 0.904,存在感、共鸣感、满意感的 Cronbach's α 值分别为 0.841、0.914、0.831,均在 0.8 以上,说明 11 个题项量表具有较高信度。各影响因素的构建信度(CR)都大于 0.8,说明政府—企业认同量表的构建信度较好。

研究的效度检验主要检测量表的内容效度和构建效度。本书从以下两方面保证问卷的内容效度:一方面,测量题项是在文献研究和 9 位政府人员访谈的基础上,对访谈内容进行分析,并参考国内外学者成熟的消费者—企业认同、组织认同等相关认同量表产生的;另一方面,在 5 位营销学者研讨的基础上,对测量题项反复进行精减修订,并实行小规模的预调研,所以本次量表的内容效度是可靠的。本书从聚合效度和区分效度两个方面来考察政府—企业认同的构建效度。聚合效度通过平均方差抽取量进行检测,政府—企业认同的三个维度的平均方差抽取量值均大于0.5,表明量表的聚合效度得到满足。从表2-25可以发现,政府—企业认同中的存在感、共鸣感、满意感三个维度之间的直接相关系数小于平均方差抽取量的均方根,这表明量表具有较好的区分效度。

表 2-25　政府—企业认同量表的信度和效度

变量	存在感	共鸣感	满意感
存在感	**0.763**		
共鸣感	0.635	**0.830**	
满意感	0.738	0.421	**0.846**
Cronbach' α 值	0.841	0.914	0.831
CR	0.847	0.917	0.834
平均方差抽取量	0.582	0.688	0.715

注:对角线上加粗的数字是各因子的平均方差抽取量的均方根,对角线斜下方的数字是因子间的相关系数。

(五)结构预测检验

研究结合表2-21编码的内容,选择信任、承诺和正面口碑、合作意愿4个结果变量对政府—企业认同的结构进行预测检验。信任采用洪堡等(2013)编制的问卷,共由5个题项组成,分别是:(1)我相信X企业提供给我们的信息;(2)X企业对我们很诚信;(3)我认为X企业是值得信任的;(4)X企业在做重要决定时,不仅会考虑自己的福利,还会考虑我们政府的因素;(5)当我们与X企业分享我们的问题时,我们知道它会以理解的方式回应我们。承诺的预测检验采用维尔纳桑巴特(2001)编制的问卷,共由5个题项组成,分别是:(1)我认为我们忠于X企业;(2)与X企业的关系对我们来说很重要;(3)我们的确在乎与X企业的关系;(4)我觉得这家企业值得我们去维持与他们的关系;(5)与X企业的关系对我们来说无所谓。正面口碑传播的预测检验采用巴洛格鲁(2002)编制的问卷,共由4个题项组成,分别是:(1)如果有人向我征询意见,我会向他们推荐 X 企业;(2)我会鼓励身边的朋友和亲戚选择 X 企业;(3)我会向其他人说 X 企业好的方面;(4)当谈论到类似话题时,我很愿意推荐 X 企业。合作意愿的预测检验中有 3 个题项采用的是巴洛格鲁(2002)编制的问卷,分别是:(1)如果我们在其他企业中看到了所喜欢的做法,我们会与 X 企业的经理或员工分享;(2)在合作的过程中,我们会给企业提一些建议;(3)在合作的过程中,我们会指出 X 企业存在的一些问题。最后一个题项来自李纯青、赵平和马军平(2007)编制的问卷,为了 X 企业的形象,我们会主动地做一些力所能及的事情。

首先对信任、承诺、正面口碑、合作意愿进行信度检验,信任的 Cronbach's α 值为 0.899,承诺的 Cronbach's α 值为 0.750,正面口碑的 Cronbach's α 值为 0.913,合作意愿的 Cronbach's α 值为 0.870,Cronbach's α 值均大于 0.75,表明量表具有较好的信度。其次采用本书开发的政府—企业认同量表,以及信任、承诺、正面口碑、合作意愿量表进行验证。结果显示,政府—企业认同可以预测信任($B = 0.843, SE = 0.031, p < 0.001$)、承诺($B = 0.778, SE = 0.040, p < 0.001$)、正面口碑($B = 0.811, SE = 0.035, p < 0.001$)、合作意愿($B = 0.791, SE = 0.036, p < 0.001$),政府对企业的认同度越高,政府对企业表现得越信任,政府也越忠于企业,认为企业对政府部门的关系是重要的,并且认为这份关系是值得维护的,政府人员也越愿意对企业进行正面的宣传,积极向他人推荐该企业,与企业的合作意愿也较高。

五、政府—企业认同的研究发现

研究结果表明,政府—企业认同是一个具有三维结构的构念,三个维度分别是存在感、共鸣感和满意感。存在感维度体现了政府对企业的重视以及企业对政府的重视,无论政府或者企业对对方都有很强的存在感;共鸣感体现了政府与企业由合作关系达到了相互成就的层次,形成了荣辱与共的"命运共同体",政府的政策指导和帮扶促进了企业的成功,而企业的成功一定程度上说明了政府制定企业政策的成功,因此,政府乐于看到企业的成功;满意感体现了政府希望企业能够树立正确的核心价观,按照政策方向发展并促进区域发展。

关于企业认同研究中,对政府机构这类重要外部利益相关者对企业认同的研究不足。因此,本节的理论贡献主要体现在两个方面:(1)企业认同研究方面。目前,关于外部利益相关者对企业认同的研究主要集中在消费者、供应商两类外部利益相关者,鲜有关于政府的相关研究。政府是企业的重要影响者,政府—企业认同研究丰富了企业认同理论研究文献。本节的研究结果表明,政府—企业认同具有三维结构,即存在感、共鸣感、满意感。存在感启发企业与政府双方要加强对对方的影响作用;共鸣感启发了企业要在政府心中树立正面的积极形象,打造良好的社会舆论评价;满意感启发企业在生产经营活动中要严格遵守政府制定的规章制度,紧跟政府制定的政策导向。(2)政商关系研究方面。政府是政商关系的主导者,已有研究文献更多是从政治学和经济学角度研究政商关系建设,鲜有从认同的角度研究政府与企业的关系。我们开发了适用于中国情境的政府—企业认同测量量表,为企业面向政府的政商关系构建和维持,也为政府更好地识别企业身份、发现企业对政府机构的需求、向服务型政府转变提供了理论基础。

本节研究采用问卷调查的方式收集数据,获得的是横截面数据,反映的是政府人员在被调查这一时间点的认同状态,不能很好地反映政府人员对企业认同在整个阶段的动态演化过程。未来研究中,可以考虑对政府人员进行跟踪式调研,以便更好地揭示政府对企业的认同在产业领域、合作方式、与企业接触的年限等变量上的动态演化轨迹,从而可以指导企业制定长期、动态、有效的政府关系处理方案。

第五节　多元企业认同的内涵、结构和测量

一、多元企业认同的研究现状

外部利益相关者(消费者、供应商、中间商、政府等)对企业的认同是身份驱动的营销关系的重要分支,是帮助企业与这些利益相关者建立深

厚、承诺、有意义关系的首要心理基础,可为企业构建协同、共生的营销生态系统做贡献。目前现有研究多数聚焦于消费者—企业认同,并且此类研究属于个体层面的认同。消费者—企业认同的研究存在多重概念化和操作化,中国情境下消费者—企业认同概念化和操作化的研究较少,造成国内消费者—企业认同的认知和测量的混乱,消费者—企业认同的构念也没有得到统一界定。供应商—企业认同属于组织间的认同,对其研究较少,为数不多的学者对其测量采用的是组织认同的量表,将其作为整体进行测量,但并没有开发供应商—企业认同量表。学者们对中间商—企业认同、政府—企业认同这个角度关注得较少,不仅其构念没有得到界定,而且也没有专门用于其测量的量表。而在信息越来越透明、转移成本越来越低和选择越来越丰富的情况下,与外部利益相关者保持协同、共生的关系显得越发重要和紧迫。

本节从"认同"与"社会认同"两种研究思路出发,通过定性和定量相结合的方法来开发外部利益相关者(消费者、供应商、中间商、政府)对企业认同的量表,并对量表进行验证。不仅从认知、评价、情感三个维度进行研究,还从个体认同、社会认同的角度进行研究。本节将对上述四节分别开发的四个外部利益相关者对企业认同的量表进行测量验证。

研究结果表明,消费者—企业认同由相符感、归属感、效能感三个维度组成;供应商—企业认同由结合感、共荣感两个维度组成;中间商—企业认同由共鸣感、支持感、满足感三个维度组成;政府—企业认同由存在感、共鸣感、满意感三个维度组成。最后我们选择信任、承诺、正面口碑、合作意愿四个变量分别对四个量表进行验证,结果表明四个量表的有效性得到验证。研究开发的四个外部利益相关者—企业认同的量表,丰富了外部利益相关者—企业认同的基本理论和组织间认同的研究。这对企业处理与消费者、供应商、中间商、政府的关系提供了理论指导,增加外部利益相关者对企业的忠诚度,这种忠诚提升了企业的适应能力,有助于企业在激烈的商业竞争中取得成功。

二、多元企业认同的相关概念

(一)企业身份

在当今时代背景下,企业的身份不是单一的,而是呈现出多样性。多种身份更具有吸引力,并且不一定相互排斥。例如,身份可以嵌套(比如企业内的各种功能)也可以跨部门(比如正式的工作小组和非正式的派别)。当它们存在的时候,多种身份按照等级排列,最显著的身份成为行为的预示,并且将这种显著性称为身份显著性(Stryker,1968)。巴尔莫(Balmer,2017)指出,企业身份也不是固定不变的,而是动态的,可以由外部因素(政府干预、经济和技术变化、高素质人才短缺、竞争环境加剧等)塑造。

不同的学者认为企业的身份由不同的要素构成,表2-26列举了一些学者的观点。巴尔莫和索能(Balmer 和 Soenen,1998)提出了一种新的企业身份组合,由思想、灵魂和声音组成。思想包括管理愿景、企业哲学、战略、绩效、品牌架构、企业所有权性质和组织历史;灵魂由不同的价值观、亚文化的融合、员工亲和力、内部形象等主观因素构成;声音是整个企业的传播,它包括不受控制的传播、可控的传播、符号、员工和企业行为以及间接(外部/第三方)的传播。斯科特和兰(2000)认为,目标、使命、实践、价值观和行动(或缺乏行动)对塑造组织身份都有贡献,这些因素能够通过高层管理者和利益相关者来区分不同的组织。巴尔莫和格雷瑟(Balmer 和 Greyser,2002)认为,企业的真实身份由企业当前的特性构成,并由一些要素塑造,包括管理者的领导力风格、公司所有制、组织结构、商业活动和市场覆盖、提供的产品或服务的范围和质量、公司的经营绩效、管理人员和员工提出的价值观集合。梅达瓦和詹金斯(Melewar 和 Jenkins,2002)通过对企业身份的定义、模型和具体要素的界定开发出一个全面的企业身份构建模型,并认为企业身份具体构成要素包括沟通与视觉识别(企业传播、企业无法控制的传播、建筑物和位置、企业的视觉身份)、行为(企业行为、管理行为、员工行为)、企业的文化(哲学、目标、原则、国籍、组织形象和历史)、市场条件

（产业性质、企业营销策略）。巴塔查里亚和森（2003）认为,企业的身份是由核心价值观（经营原则、使命、领导力）和人口统计特征（行业、规模、年龄、市场地位、原始国、地点及其领导和/或雇员的典型概貌等）组成。

表2-26　企业身份的构成要素

企业身份构成要素	作者
灵魂:由不同的价值观、亚文化的融合、员工亲和力、内部形象等主观因素构成	巴尔莫和索能,1998
声音是整个企业的传播,它包括不受控制的传播、可控的传播、符号、员工和企业行为以及间接（外部/第三方）的传播	
目标、使命、实践、价值观和行动	斯科特和兰,2000
领导力风格、公司所有制、组织结构、商业活动和市场覆盖、提供的产品或服务的范围和质量、公司的经营绩效、管理人员和员工提出的价值观集合	巴尔莫和格雷瑟,2002
沟通与视觉识别:企业传播、企业无法控制的传播、建筑物和位置、企业的视觉身份	梅达瓦和詹金斯,2002
行为:企业行为、管理行为、员工行为	
企业的文化:哲学、目标、原则、国籍、组织形象和历史	
市场条件:产业性质、企业营销策略	
核心价值观:包括经营原则、使命和领导力	巴塔查里亚和森,2003
人口统计特征:如行业、规模、年龄、市场地位、原始国、地点及其领导或雇员的典型概貌等	

（二）利益相关者—企业认同

安索夫（Ansoff,1965）率先将利益相关者的概念引入管理学和经济学领域,他认为,企业如要树立一个坚定、理想的目标,需要综合平衡处理包括员工、管理人员、公司股东、供应商、分销商等在内的各个利益相关者之间会相互冲突的索取权。利益相关者指能够影响一个组织目标的实现,或者受到一个组织实现其目标过程影响的所有个体和群体。希尔和琼斯（Hill和Jones,1992）指出,利益相关者是指对企业有法律主张的群体,他们通过交换关系建立联系,也就是说,利益相关者为企业提供需要的资源以达到满足个人的利益目标。利益相关者的定义虽然在现有研究中没有统一，但是多数学者普遍认为利益相关者是能够影响企业活动或受到企业影响的个人或团体。

在学者们界定了利益相关者的定义之后，他们又对其进行了分类。弗里曼（Freeman，1984）选取了所有权、经济依赖性、社会利益这三个角度对利益相关者进行分类。认为公司股票的经理人员、董事、其他持有公司股票者等是拥有企业所有权的利益相关者，与企业在经济方面有依赖关系的利益相关者包括领薪资的经理人员、债权人、供应商、消费者、竞争者、管理机构、内部服务机构、员工、地方社区等，而与企业具有社会利益关系的利益相关者包括政府领导者、特殊群体、媒体等。摩根和安（Morgan 和 Hunt，1994）在研究关系营销中的承诺—信任理论时指出，一个中心企业涉及的关系交易包括供应商关系（分别是货物和服务供应商）、影响者关系（包括企业的竞争者、政府和非营利组织）、顾客关系（中间顾客和最终顾客）和内部关系（业务部门、雇员和职能部门）。如前文所述，内部利益相关者易受企业的影响，因此本书只研究外部利益相关者对企业的认同。企业的供应商应包括货物和服务供应商两种。对于影响者关系（竞争者、政府和非营利组织），研究仅涉及政府这一方面。对于顾客关系（中间顾客和最终顾客，而这里的中间顾客，就是本书所指的中间商），由于终端顾客主要指的是消费者，而且消费者和中间商在企业的经营活动中承担着不同角色，因此我们认为应当把中间商和消费者分开研究。因此，选择消费者、供应商、中间商和政府四个外部利益相关者作为研究对象。

积极的企业认同可以在吸引新消费者、良好的口碑传播和增加忠诚度等方面支持企业的行为。例如，消费者可能会觉得企业形象表现在其产品、服务和精神等方面符合他们的价值观和需求的质量、可靠性和社会责任，消费者会通过选择此类产品或服务对自我进行定义（McAlexander，2002）。其他外部利益相关者如商业伙伴、政府、当地社区等，对一个企业有积极的认同，可能对该公司有强烈的忠诚感。例如，他们可能觉得自己的企业身份是通过与特定企业的联系而得到提升的。外部利益相关者—企业认同扩展了消费者—企业认同和员工—组织认同,使其对外部利益相关者—企业认同具有更广泛的适用性。

三、多元企业认同的量表检验

本节的内容主要验证本章上述四个小节开发的四个外部利益相关者对企业认同量表的有效性。结合已有研究和访谈编码内容选择四个外部利益相关者—企业认同都适用的几个结果变量,最终选择信任、承诺、正面口碑和合作意愿四个结果变量检验上述四个量表的有效性。

(一)外部利益相关者—企业认同的结果变量选择

在个人与企业层面,消费者—企业认同的现有研究已经表明多个至关重要的消费者行为受消费者—企业认同的影响。消费者—企业认同也对企业产生了积极的影响,如消费者忠诚、信任、正面口碑、购买意愿等。在企业层面之间,供应商和企业之间的深厚关系,会增加双方的信任与承诺;供应商对买方企业的认同会加强双方的合作意愿,提高双方的合作质量(Daniel 等,2011)。现有研究中消费者—企业认同的结果变量涉及的较多,对其他外部利益相关者—企业认同的结果变量涉及得较少。选择消费者忠诚这个变量是比较合适的,消费者忠诚包括态度忠诚和行为忠诚,是最常见的结果变量,李纯青等(2007)指出,态度忠诚包括信任、承诺,行为忠诚包括重复购买意愿、合作意愿、正面口碑。

为了选取有代表性又符合四个外部利益相关者—企业认同的结果变量,本书对每部分外部利益相关者选择三个及以上访谈者都提及的内容,然后总结四个外部利益相关者编码内容涉及的认同结果的共性,发现在访谈中均多次提到信任、承诺、正面口碑传播、合作意愿相关的内容。最后选择信任、承诺、正面口碑、合作意愿 4 个变量分别对四个外部利益相关者—企业认同的量表进行测量验证,概念模型见图 2-1,各结果变量的测量题项见表 2-27。

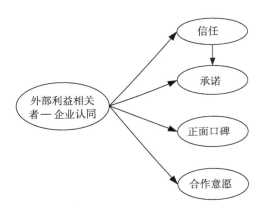

图 2-1　概念模型

表 2-27　外部利益相关者—企业认同结果变量量表

结果变量	题项	出处
信任	我相信 X 企业提供给我们的信息	洪堡等，2013
	X 企业对顾客(我们公司/政府部门)很诚信	
	我认为 X 企业是值得信任的	
	X 企业在做重要决定时，不仅会考虑自己的福利，还会考虑我们消费者(我们公司/政府部门)的福利	
	当与 X 企业分享我们的问题时，我们知道它会以理解的方式回应我们	
承诺	1. 我认为自己(我们)忠于 X 企业	维尔纳桑巴特，2001
	2. 与 X 企业的关系对我(我们公司/政府部门)来说很重要	
	3. 我(我们公司/政府部门)的确在乎我与 X 企业的关系	
	4. 我觉得这家企业值得我(我们公司/政府部门)去维持与他们的关系	
正面口碑	1. 如果有人向我征询意见，我会向他们推荐 X 企业	巴洛格鲁，2002
	2. 我会鼓励我的亲戚和朋友选择 X 企业	
	3. 我会向其他人说 X 企业好的方面	
	4. 当谈论到类似话题时，我很愿意推荐 X 企业	

续表

结果变量	题项	出处
合作意愿	1. 如果我们在其他企业中看到了所喜欢的做法,我们会与 X 企业的经理或员工分享	巴洛格鲁,2002
	2. 在合作的过程中,我们会给企业提一些建议	
	3. 在合作的过程中,我们会指出 X 企业存在的一些问题	
	4. 为了 X 企业的形象,我们会主动地做一些力所能及的事情	李纯青等,2007

(二)消费者—企业认同的量表验证

本部分采用信任、承诺、正面口碑、合作意愿量表验证本章第一节开发的消费者—企业认同量表的有效性,消费者—企业认同的概念模型见图 2-2,并提出以下四个假设:

H1a:消费者—企业认同对信任具有正向影响作用;

H1b:消费者—企业认同对承诺具有正向影响作用;

H1c:消费者—企业认同对正面口碑具有正向影响作用;

H1d:消费者—企业认同对合作意愿具有正向影响作用。

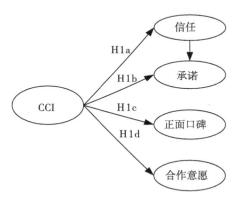

图 2-2　消费者—企业认同概念模型

首先,对信任、承诺、正面口碑、合作意愿进行信度检验,信任、承诺、正面口碑、合作意愿的 Cronbach's α 值分别为 0.816、0.786、0.849、0.826。表 2-28 表明消费者—企业认同及其相符感、归属感与信任、承诺、正面口碑、合作意愿的相关性均达到 0.01 的显著性水平,效能感与信任、合作意愿的相关性达到了 0.05 的显著性水平。

表 2-28　消费者—企业认同变量间的相关关系

变量	信任	承诺	正面口碑	合作意愿
相符感	0.263**	0.154**	0.262**	0.188**
归属感	0.171**	0.223**	0.208**	0.170**
效能感	0.141*	0.228**	0.151**	0.130*
消费者—企业认同	0.240**	0.243**	0.258**	0.202**

注: ** 表示 $P < 0.01$; * 表示 $P < 0.05$ 。

表 2-29 显示,消费者—企业认同可以正向影响信任(B = 0.269, SE = 0.52, p < 0.001)、承诺(B = 0.392, SE = 0.053, p < 0.001)、正面口碑(B = 0.304, SE = 0.056, p < 0.001)、合作意愿(B = 0.282, SE = 0.070, p < 0.001)。在现有研究中,信任常常影响着承诺[89,97,99,101],通过消费者的数据分析也发现信任可以正向影响承诺(B = 0.725, SE = 0.042, p < 0.001)。消费者对企业的认同度越高,那么消费者对企业的忠诚度就更高,消费者认为企业与自己的关系是重要的并且值得维护。消费者也更加信任企业,愿意对企业进行正面的口碑宣传,积极地向他人推荐企业,为了企业能够得到更好的发展愿意向企业提供一些建议或指出企业存在的一些问题。

表 2-29　四个外部利益相关者—企业认同的量表验证分析

变量	信任			承诺			正面口碑			合作意愿		
	B	SE	P	B	SE	P	B	SE	P	B	SE	P
消费者—企业认同	0.269	0.052	0.000	0.392	0.053	0.000	0.304	0.056	0.000	0.282	0.070	0.000

续表

变量	信任			承诺			正面口碑			合作意愿		
	B	SE	P	B	SE	P	B	SE	P	B	SE	P
供应商—企业认同	0.836	0.030	0.000	0.849	0.028	0.000	0.842	0.029	0.000	0.827	0.031	0.000
中间商—企业认同	0.810	0.037	0.000	0.822	0.035	0.000	0.788	0.038	0.000	0.790	0.040	0.000
政—企业认同	0.843	0.031	0.000	0.778	0.040	0.000	0.811	0.035	0.000	0.791	0.036	0.000

（三）供应商—企业认同的量表验证

本部分采用信任、承诺、正面口碑、合作意愿量表验证本章第二节开发的供应商—企业认同量表的有效性,供应商—企业认同的概念模型见图2-3,并提出以下四个假设:

H2a:供应商—企业认同对信任具有正向影响作用;

H2b:供应商—企业认同对承诺具有正向影响作用;

H2c:供应商—企业认同对正面口碑具有正向影响作用;

H2d:供应商—企业认同对合作意愿具有正向影响作用。

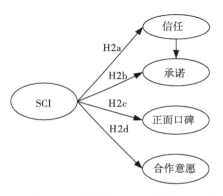

图2-3 供应商—企业认同概念模型

首先对信任、承诺、正面口碑、合作意愿进行信度检验，信任、承诺、正面口碑、合作意愿的 Cronbach's α 值分别为 0.907、0.904、0.927、0.898。表 2-30 表明供应商—企业认同及其子量表与信任、承诺、正面口碑、合作意愿的相关性均达到 0.01 的显著性水平。

表 2-30　供应商—企业认同变量间的相关关系

变量	信任	承诺	正面口碑	合作意愿
结合感	0.760**	0.792**	0.788**	0.751**
共荣感	0.755**	0.745**	0.736**	0.749**
供应商—企业认同	0.836**	0.849**	0.842**	0.827**

注：** 表示 P<0.01；* 表示 P<0.05。

表 2-30 结果显示，供应商—企业认同可以正向影响信任（B = 0.836，SE = 0.030，p < 0.001）、承诺（B = 0.849，SE = 0.028，p < 0.001）、正面口碑（B = 0.842，SE = 0.029，p < 0.001）、合作意愿（B = 0.827，SE = 0.031，p < 0.001）。通过数据分析发现，信任可以正向影响承诺（B = 0.874，SE = 0.027，p < 0.001）。供应商对企业表现得越认同，那么对企业的信任度就更高，供应商也越忠于企业，供应商会认为企业与他们的关系很重要，并且认为这份关系是值得维护的，供应商会对企业进行正面口碑传播，比如积极向他人推荐该企业，供应商也更愿意与企业建立长期稳定的合作关系。

（四）中间商—企业认同的量表验证

本部分采用信任、承诺、正面口碑、合作意愿量表验证本章第三节开发的中间商—企业认同量表的有效性，中间商—企业认同的概念模型见图 2-4，并提出以下四个假设：

H2a：中间商—企业认同对信任具有正向影响作用；

H2b：中间商—企业认同对承诺具有正向影响作用；

H2c：中间商—企业认同对正面口碑具有正向影响作用；

H2d：中间商—企业认同对合作意愿具有正向影响作用。

首先对信任、承诺、正面口碑、合作意愿进行信度检验，信任、承诺、正面口碑、合作意愿的 Cronbach's α 值分别为 0.847、0.855、0.876、0.855。

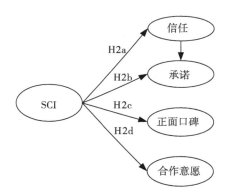

图2-4　供应商—企业认同概念模型

表2-31表明中间商—企业认同及其子量表与信任、承诺、正面口碑、合作意愿的相关性均达到0.01的显著性水平。

表2-31　中间商—企业认同变量间的相关关系

变量	信任	承诺	正面口碑	合作意愿
共鸣感	0.675 **	0.666 **	0.628 **	0.698 **
支持感	0.783 **	0.833 **	0.812 **	0.754 **
满足感	0.660 **	0.661 **	0.635 **	0.588 **
ICI 量表	0.810 **	0.822 **	0.788 **	0.790 **

注：** 表示 $P<0.01$。

　　表2-31结果显示,中间商—企业认同可以正向影响信任($B = 0.810, SE = 0.037, p < 0.001$)、承诺($B = 0.822, SE = 0.035, p < 0.001$)、正面口碑($B = 0.788, SE = 0.038, p < 0.001$)、合作意愿($B = 0.790, SE = 0.040, p < 0.001$)。通过数据分析发现,信任可以正向影响承诺($B = 0.836, SE = 0.031, p < 0.001$)。中间商对企业表现得越认同,那么对企业的信任度就更高,中间商也越忠于企业,中间商会认为企业与他们的关系很重要,并且认为这份关系是值得维护的,中间商会对企业进行正面口碑传播,比如积极向他人推荐该企业,中间商也更愿意与企业建立长期稳定的合作关系。

（五）政府—企业认同的量表验证

本部分采用信任、承诺、正面口碑、合作意愿量表进行验证本章第四节开发的政府—企业认同量表的有效性，政府—企业认同的概念模型如图 2-5 所示。并提出以下四个假设：

H4a：政府—企业认同对信任具有正向影响作用；

H4b：政府—企业认同对承诺具有正向影响作用；

H4c：政府—企业认同对正面口碑具有正向影响作用；

H4d：政府—企业认同对合作意愿具有正向影响作用。

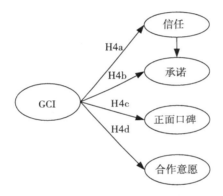

图 2-5　政府—企业认同概念模型

首先对信任、承诺、正面口碑、合作意愿进行信度检验，信任、承诺、正面口碑、合作意愿的 Cronbach's α 值分别为 0.899、0.750、0.913、0.870。表 2-32 表明政府—企业认同总量表及其子量表与信任、承诺、正面口碑、合作意愿的相关性均达到 0.01 的显著性水平。

表 2-32　政府—企业认同变量间的相关关系

变量	信任	承诺	正面口碑	合作意愿
存在感	0.769**	0.607**	0.745**	0.735**
共鸣感	0.725**	0.759**	0.700**	0.678**
满意感	0.552**	0.421**	0.515**	0.501**
政府—企业认同	0.843**	0.778**	0.811**	0.791**

注：** 表示 P<0.01；* 表示 P<0.05。

表2-32显示,政府—企业认同可以正向影响信任(B = 0.843,SE = 0.031,p < 0.001)、承诺(B = 0.778,SE = 0.040,p < 0.001)、正面口碑(B = 0.811,SE = 0.035,p < 0.001)、合作意愿(B = 0.791,SE = 0.036,p < 0.001)。通过数据分析发现,信任可以正向影响承诺(B = 0.829,SE = 0.034,p < 0.001)。政府对企业认同度越高,政府对企业表现得越信任,政府也越忠于企业,认为企业对政府部门的关系是重要的,并且认为这份关系是值得维护的,政府人员也越愿意对企业进行正面的口碑宣传,积极向他人推荐该企业,与企业的合作意愿也较高。

四、多元企业认同的研究发现

(一)多元企业认同的研究结论

本节在综合以上四节定性访谈和结合国内外成熟量表的基础上测量四个外部利益相关者—企业认同的问卷。研究结果表明,消费者—企业认同由相符感、归属感、效能感三个维度组成;供应商—企业认同由结合感、共荣感两个维度组成;中间商—企业认同由共鸣感、支持感、满足感三个维度组成;政府—企业认同由存在感、共鸣感、满意感三个维度组成。最后选择信任、承诺、正面口碑、合作意愿四个变量分别对四个量表的有效性进行验证。

(二)多元企业认同研究的理论贡献

第一,将消费者—企业认同的主体由消费者扩展到其他外部利益相关者(消费者、供应商、中间商、政府)以适应时代的发展。移动互联网时代,企业维持生存和发展面临着更大的挑战,企业之间的竞争越发激烈,越来越多的企业意识到不能仅凭自身的力量发展,需要寻求与其他企业建立合作关系,借助其他企业的资源与优势,共同赢得市场份额。同时,企业也意识到企业的价值创造是与多个外部利益相关者共同创造的。社会进步及商业环境的变化提升了外部利益相关者在企业经营中的地位。企业需要知道外部利益相关者认同企业的具体身份特征,然后在面向不同的外部利益相关者时将这些身份特征通过多种途径传递给对方,以建立长期、稳定、有意义的关系。

第二,开发的供应商—企业认同、中间商—企业认同、政府—企业认同的量表是组织间认同的量表,这丰富了组织间认同的基本研究理论,以指导组织间认同的研究。消费者—企业认同是属于个体层面的认同,是个体对组织的认同,然而供应商—企业认同、中间商—企业认同和政府—企业认同则属于组织间的认同,是跨组织的认同,现有对组织间认同的研究相对较少,为数不多的对组织间认同的探讨来自丹尼尔等(2011)对供应商—买方认同的研究,通过跨层次分析,探讨了供应商组织与买方组织的认同对公司运营绩效的影响,但对其测量采用的是组织认同的量表,将其作为一个整体进行测量,并没有专门开发企业间认同的量表。现有学者关于供应商—企业、中间商—企业、政府—企业间的研究很少从认同的角度研究两者的关系,本节从认同的角度对供应商—企业、中间商—企业、政府—企业之间开展了组织间认同的研究,研究结果丰富了组织间认同的理论研究。

(三)多元企业认同研究的管理启示

随着大数据、云计算、物联网、人工智能等新技术的不断出现与使用,企业间的竞争力变得越来越激烈,企业若想获得长期稳定的成功,离不开与外部利益相关者的共同努力。企业的管理者如果从认同的角度管理企业,企业则必须以清晰、连贯、具有说服力的方式阐述和传播各外部利益相关者认同的企业身份。外部利益相关者在企业认同的内容上既有相同之处,也有不同之处,因此在面对不同外部利益相关者时,企业不仅要向外部利益相关者展示这些共同的身份特征,而且还需要向每个外部利益相关者展示其差异之处。

消费者—企业认同的三个维度即相符感、归属感和效能感为企业提供了增强消费者认同的理论依据。相符感启发企业需要提高与消费者的匹配程度,并努力成为消费者引以为豪的企业,与企业的相符感也进一步激发消费者对企业信息的内化吸收,进而推动消费者的企业维护行为;归属感启发企业打造与消费者休戚与共的"命运共同体",当消费者感受到强烈的归属感时,他们将认同企业并在更高水平上有作出贡献的动机,从而促进企业的发展;效能感启发企业在重视消费者的同时还要肯定消费者的价值,这启发管理者还应重视企业—消费者之间的"彼此欣赏"。

供应商—企业认同的二个维度即结合感、共荣感,这为企业维护与供应商的良好关系提供了理论参考。结合感启发企业要选择对自身发展重要、有价值的供应商,同时,供应商选择在竞争中脱颖而出并具有独特身份的企业,企业将自身优势与供应商的优势相结合,共同促进企业的发展。共荣感启发企业打造与供应商荣辱与共的情感,使供应商对企业产生融为一体的感觉,这既是出于双方之间建立长期、稳定合作关系的考虑,也是出于共担风险、增强企业韧性的考虑。

中间商—企业认同的三个维度即共鸣感、支持感、满足感为企业维护与中间商的良好关系提供了理论参考。共鸣感启发企业主动引导社会舆论导向,维护企业及产品的正面口碑,基于此建立中间商—企业间的信任。支持感启发企业树立良好的形象从而获得中间商的尊敬,以保持中间商的忠诚。满足感可以激励企业增强自身的文化实力并树立积极的价值观和企业文化,同时也启发管理者应重视企业文化的培育与传播工作,为企业的无形资源做积累。

政府是企业发展过程中重要的外部利益相关者之一,政府—企业认同的三个维度即存在感、共鸣感、满意感为企业维护与政府的关系提供了参考借鉴。存在感启发企业与政府双方要加强对对方的影响作用,但鉴于初创企业自身的局限性,在存在感形成方面,企业还应采取相较于政府而言更为积极主动的行为,积极响应政府政策、活动及规范等;共鸣感启发了企业在政府心中树立正面的积极形象,打造良好的社会舆论评价,同时企业还应努力成为政府的"左膀右臂",应在价值观、总体战略目标等方面与政府保持一致;满意感激励企业在生产经营活动中严格遵守政府制定的各项规章制度,并严格遵循政府制定的政策方向。

最后,企业必须投入大量资源用于认同管理。对于规模较小且相对同质化的目标市场或只希望得到特定人群认同的企业而言,完成这个任务可能更加容易。企业若想将外部利益相关者深度参与到企业的生产经营活动中,那么就需要制定具体、深入、有意义的互动策略,传达"内部人"的感知,使各方在这种互动的关系中受益。企业如果希望更多的外部利益相关者成为企业的拥簇或者粉丝,在做营销方案的时候就不能仅仅从企业自身出发,还必须综合考虑企业与外部利益相关者的因素。因此企业可以通过多种不同的传播途径将这些特征传递给外部利益相关者,这样可以使该企业比其他企业更具有竞争优势、更具吸引力,增加外部利益相关者的忠诚度,同时增强企业的适应能力,这也有助于把该企业与其他竞争性的企业区别开来,从而在激烈的商业竞争中脱颖而出。

(四)多元企业认同研究的局限与展望

虽然我们一直严格按照科学的原则进行研究设计,但是由于条件、资源的限制,还存在一定的局限性。未来研究可以从以下三个方面展开:

首先,研究者可以对调查对象进行长期的跟踪调研,以便更好地揭示外部利益相关者对企业的认同在年龄、婚姻、与企业接触的年限等变量上的动态演化轨迹,从而可以指导企业针对不同阶段的不同外部利益相关者传递不同的企业身份,以便更好地指导企业制定营销方案。

其次,主要是对外部利益相关者—企业认同的构念进行探索,并开发和验证四个量表,但是并未对四个外部利益相关者—企业认同的前因进行研究。未来可以对消费者、供应商、中间商、政府四个外部利益相关者—企业认同的前因与结果进行深入研究,以便用开发的量表从理论与实践两个方面提升研究的价值。

最后,未来可以进一步对多元企业认同展开全面研究,通过一定的标准和途径,最终确定多元企业认同的结构,为企业与利益相关者构建协同、共生的营销生态系统,共创消费者体验和价值。

第三章　多元企业认同的企业身份构建及形成过程

本章探讨了多元企业认同的企业身份构建模式。探索了多元企业认同中企业身份构建的关键要素和动态形成机制,明晰了企业如何面向不同利益相关者构建企业身份、企业身份构建过程中企业如何与利益相关者进行交互,以及随着认同的外部利益相关者多元企业身份的演化过程。针对多元企业认同中企业身份的构建过程存在的认识模糊问题,本章从企业与个体、企业与组织之间的交互出发,通过案例分析揭示了多元企业认同的形成过程和机制,剖析了多元企业认同中企业身份构建的关键要素和多元企业身份的动态形成机制。

第一节　面向不同利益相关者的多元企业身份构建

一、多元企业身份构建的研究现状

数字经济时代,企业与利益相关者之间基于产品和服务的交易关系变得更加脆弱,与此同时,日益加剧的外部环境动态性要求企业与利益相关者建立长期、稳定和信任的合作关系,吸引外部利益相关者融入企业的价值创造活动、建立协同共生的合作网络,从而提高价值共创的机会和抵抗风险的能力。在此背景下,多元企业认同为企业与利益相关者之间的异质性需求调和、长期关系建设提供了新方向。

李纯青等(2018)指出,多元企业认同指外部利益相关者对企业的认同,包括消费者、中间商、供应商和影响者等多方外部利益相关者同时对企业的认同。认同是对某种集体的一致性和归属性的感知。组织认同和关系营销的相关研究表明身份与认同密不可分。组织认同研究聚焦于组织内部利益相关者对企业的认同。阿什福思和梅尔(1989)认为,组织认同是个体以组织成员的身份定义自己,个体与组织在心理上相统一,并对组织产生归属和共命运的感知。早期组织认同研究认为,当个体身份与组织身份重叠时,个体认同组织。斯科特、科曼和切尼(Scott、Corman 和 Cheney,1998)提出,认同是新身份形成的过程,该观点激发了学术界大量关于企业身份构建和基于身份的认同过程模型的研究。

关于企业身份构建的代表性研究有,斯科特和莱恩(Scott 和 Lane,2000)基于管理者—利益相关者关系情境提出的组织身份构建模型,认为组织身份是从管理者、组织成员和其他利益相关者之间复杂、动态和互惠的互动中产生,认同在组织身份构建的过程中形成。达夏娜(Dhalla,2007)分析了影响成员对组织身份构建的组织内部和外部影响因素。焦亚等(2010)研究发现,组织成员通过八个显著过程的相互作用进行身份构建,焦亚等(2013)进一步研究发现,组织形象、身份空白、组织成员的感知等因素是组织身份改变的关键驱动因素。学者从个体视角研究了组织成员如何进行组织身份构建,强调个体的感觉、行为、思考以及三者之间的交互在身份制定中的重要性(Ashforth 和 Schinoff,2016)。研究发现,组织历史影响成员对组织身份的跨时空解释,并通过不同的方式影响成员行动,进而影响当前和未来的组织身份(Ravasi、Rindova 和 Stigliani,2019)。基于身份的认同过程代表性研究有基于企业身份的消费者认同过程模型,研究发现消费者对企业的认同程度取决于企业的身份吸引力、身份显著性和消费者与企业的嵌入关系(Bhattacharya 和 Sen,2003)。阿什福思、哈里森和科利(Ashforth、Harrison 和 Corley,2008)提出了组织与成员之间基于身份制定、身份解释和身份叙事的认同形成过程模型,并采用意义打破、意义赋予和意义构建解释组织与个体之间的交互过程。组织情境中成员感知的身份机会和身份威胁是认同形成的潜在触发因素,并提出基于不同触发因素的身份构建过程(Ashforth、Schinoff 和 Rogers,

2016）。

文献梳理表明，身份与认同紧密联系在一起，企业身份的构建是揭示认同形成的重要切入点。但现有的企业身份构建研究存在以下不足：（1）组织认同研究主要关注组织成员对组织的认同，关系营销研究主要关注消费者对组织的认同，这些研究集中于个体（组织成员和消费者）对组织的认同过程中组织身份构建的过程，鲜有考虑其他利益相关者（如政府机构、供应商和中间商等）对企业身份的影响。（2）企业身份构建受内部和外部以及宏观微观因素影响，但既有研究主要关注内部影响因素和单一利益相关者对企业身份的构建，对多个利益相关者同时参与的企业身份构建过程研究不足，且很少考虑企业身份的多元性。（3）既有研究集中于企业成立初期、企业变革以及企业兼并重组等短期内或认同形成初期的企业身份的构建过程，对组织身份变化的长期模式和长期的身份构建过程研究不足。多元企业认同的实现是一个长期的过程，需要企业与不同类型利益相关者进行交互，构建满足多个外部利益相关者需要的多元企业身份。

基于此，本节旨在探索多元企业认同中企业身份构建的关键要素和动态形成机制，目标是了解企业如何面向不同利益相关者构建企业身份、企业身份构建过程中企业如何与利益相关者进行交互，以及随着认同的外部利益相关者多元企业身份的演化过程。为此，本节研究采用纵向单案例研究方法，选取典型的多元企业认同企业作为案例研究对象，基于组织身份和意义构建理论，通过对案例企业面向不同利益相关者进行身份构建的交互过程和多元企业身份的动态形成过程作深入的分析，得出研究结论。研究发现，面向外部利益相关者的企业身份构建过程由外部因素分析、企业身份洞察、意义打破、意义构建、意义赋予和身份表述六大要素构成。面向不同利益相关者的企业身份构建过程中意义构建和意义赋予存在不同的动态交互形式，发现了面向外部利益相关者的三种企业身份构建机制——高受控、平等和交互的意义构建。多元企业身份的形成是已有组织身份与面向利益相关者构建的、满足其自我定义需要的新身份之间的动态融合过程。为多元企业身份构建和多元企业认同的动态形成过程研究提供了理论支持,为面向不同利益相关者的企业身份构建提供了参考借鉴,对企业的利益相关者管理、创建协同共生的利益相关者网络具有启发作用。

二、多元企业身份构建的相关概念

(一)组织身份与组织身份构建研究

多元企业认同研究源于组织认同,属于身份驱动的关系营销研究。多元企业认同是外部利益相关者对企业的认同,其本质是多方利益相关者对组织身份的认同。根据现有研究梳理出组织身份的三大观点:(1)组织身份是一个社会构念,是组织高度稳定的属性和最核心的、持久的和独特的特征。(2)组织身份是在社会构建过程中形成的,是成员对组织作为社会行动者提出的身份主张进行集体解释的动态结果。(3)组织身份具有多重性,组织为满足不同利益相关者的需要而存在多个身份,即多元组织身份。实证研究表明,组织身份随着组织内外部环境的变化处于动态调整中。因此,采取整合的组织身份观点,即组织身份具有相对稳定性、动态可变性和多重性,更能提高组织身份的效用。

组织身份的构建源于组织内部或外部环境的变化。关于组织身份构建的促发因素,文献分析发现身份空白、身份机会和身份威胁是促发组织身份构建的三大因素,身份空白指当组织面临身份相关的问题时未曾考虑或明确表述相关组织身份,身份空白通常发生在组织生命周期的早期阶段;身份机会指组织意识到某方面的身份空白,并且将身份空白视为澄清组织核心方面的机会;身份威胁指发生在组织身份的某方面的价值被质疑,或者当组织的地位被质疑的情境中。大量研究表明,组织身份构建的动机可以分为个体和组织两个方面。以组织成员和消费者为代表的个体进行组织身份构建的动机包括归属感、认同的需要、自我提升、自我认知、自我扩展等自我定义需要相关因素。组织层面,组织自身进行组织身份构建的直接动机是组织形象,组织需要建立期望的组织形象,以提升组织合法性、外部利益相关者对组织的理解,从而促进组织战略和目标的实现。满足外部利益相关者(以政府机构、供应商等组织为代表)的自我定义需要也是组织进行身份构建的动机。组织与利益相关者的关系与组织身份相关,组织与利益相关者的关系构成了组织身份的一个突出特征(Brickson,2005),组织身份影响战略集团中组织之间的关系(Anand、Joshi 和 O'Leary-Kelly,2013)。

组织身份构建过程受到组织内外多重因素的影响。焦亚等(2010、2013)关于组织身份构建过程的研究发现,组织内部和外部影响以及微观和宏观影响都影响了组织身份的塑造,且社会构建和社会参与者对与身份相关过程的看法也与组织身份的形成密切相关。在组织内部,组织身份构建主要受到董事会、高管团队等高层管理者的影响(如高层管理者的自我定义需要、感知到的组织形象的可信度、感知到的组织目标实现的收益、利益相关者权利、合法性和急迫性的认知,以及对利益相关者网络特征的认知),其次组织的人力资源管理实践、运营、内部沟通也会影响到组织身份的构建,组织商业计划定位、销售、定价等实践主要通过影响高层管理者的意义构建促进企业身份主张的不断发展。在组织外部,组织身份是利益相关者理解组织的一个透镜,组织身份影响组织与利益相关者之间的长期关系,如史密斯(2011)发现,组织身份不仅是组织合法性的标志,也影响受众对组织绩效的评估,进而影响受众与组织的关系建设;马赛厄斯等(2018)研究发现,集体身份和集体身份规范在长期的持续竞争中起着至关重要的作用。因此,利益相关者也是影响组织身份构建的重要因素。如利益相关者身份的自我定义需要、感知到的组织形象合法性、组织隶属关系的可达性、组织隶属关系的显著性、组织隶属关系的重要性、组织隶属关系的中心性,积极的媒体关注、外部认知/获奖、行业排名、外部沟通等因素也通过影响组织自我认知和外部利益相关者对企业的认知等途径影响组织身份的构建。

一些案例研究发现,组织身份主要通过表达愿景、经历意义空白、进行体验式比较、共识身份趋同四个阶段,外加协商身份主张、获取身份独特性、施行限度的行为、吸收合法化反馈四个重复过程形成,组织身份构建是在身份动机驱动下,受组织意义赋予和意义构建影响,在社会有效范围内进行意义构建、身份制定、构建身份叙事的过程(Ashforth 和 Schinoff,

2016)。身份主张是企业身份构建过程研究中经常出现的一个构念。根据社会行动者观点，组织身份是组织作为一个社会实体或社会行动者的属性，可以通过组织在实体层面的承诺和行动的模式来识别组织身份。惠滕（Whetten，2006）将这些承诺称为身份主张，身份主张表明了组织在社会空间中的自我决定性和自我定义的定位。当身份主张与组织的内外部情境相符时，身份主张则具有了合法性。身份主张与身份相关行动联系起来的组织更容易获得内部和外部利益相关者的认同。

（二）意义构建理论

意义构建是一个基本的社会过程，发生在由行动者构成的社会环境中（Weick，2005），意义构建是一个持续的过程，它关注：（1）人们如何注意事件；（2）这些事件意味着什么；（3）人们共同创造出来的关于这些事件的意义如何影响当前和未来的行为。通过意义构建过程，人们努力理解那些新颖的、模棱两可的、难以理解的或某些方面违反预期的问题或事件（Maitlis 和 Christianson，2014）。意义构建体现在个体和组织两个层面。当个体面对不符合以往认知的情境时，个体通过从情境中感知和解释线索，改变以往认知，形成对事物的新理解。当组织面临新颖的、不确定的组织环境，或组织的预期与现实不符，面临危机时，组织也会对情境进行意义构建，认清和理解情境的意义并指导行动。在企业对组织身份的管理中，意义构建是一项关键活动。普雷斯和阿尔努（2011）研究发现，管理者通过员工培训、工作交互、网站信息等方式向员工传递组织身份信息，组织成员对相关活动或信息进行意义构建，以理解组织身份及其潜在的组织规范。此外，当组织身份遇到挑战或变得不确定的时候，组织成员会努力通过重塑或建立对自我和组织的新解释而应对挑战。

一般通过识别意义构建的基本要素、参与者和参与者行为三个方面剖析意义构建过程（Oliver 和 Vough，2020）。意义构建的基本要素包括线索、框架，以及线索与框架之间的联结方式。参与者包括领导者、管理者和其他利益相关者。意义构建的参与者行为主要包括意义构建（sensemaking）和意义赋予（sensegiving）两类关键活动。前者指针对需要构建意义的事件或情境，感知、搜集、理解相关信息并制定行动方案，后者则是指影响他人的意义构建活动,使之接近对组织现实的倾向性定义。意义赋予与意义构建两个概念高度相关,意义赋予的目的在于影响意义构建。领导者或管理者对组织情境构建的理解(意义)通过意义赋予传递给利益相关者。根据领导者和其他利益相关者的活力和投入程度,意义构建可分为四种类型,即受控意义构建、碎片化意义构建、有限意义构建和最低意义构建。

多元企业认同的实现是一个过程,需要企业面向不同利益相关者构建组织身份。组织身份构建本质上是动态的、互惠的和反复的,它包括管理者和利益相关者在组织事件、政策和活动意义上的反思,对组织形象的构建和呈现,身份相关反馈的解释和对重新构建活动的认知(Elsbach 和 Kramer,1996)。这样反思、构建、呈现、解释和重构认知的过程离不开参与主体以及参与者之间的意义构建。大量身份过程研究文献采用意义构建视角进行分析,如科利和焦亚(2004)对 Spin-off 公司研究发现,组织身份所产生的越来越多的歧义促发领导者采取意义构建行动。利益相关者对组织身份的认知过程本质上是意义构建的过程,即利益相关者通过对组织身份的意义构建,以认清和理解组织身份的意义并指导其与组织的关系建设。阿什福思、哈里森和科利(2008)从意义构建视角提出组织认同过程的理论模型;普雷斯和阿尔努(2011)研究发现,在组织外部,员工和消费者通过生产性消费者和其他交互活动对企业进行意义构建。当意义构建发生在正式的、领导参与的垂直管理过程时,高层领导和管理者发挥重要影响,驱动和控制整个意义构建过程。

关于身份与意义构建的关系,格朗等(Grant 等,2008)认为身份是意义构建过程中对行动的反映,也有学者认为身份工作是意义构建循环(Rothausen 等,2017),认为身份是意义构建的重要目标(Schabram 和 Maitlis,2017)。身份工作和意义构建是两个相互交织的过程,彼此具有递归作用,意义构建视角帮助学者们理解并阐明身份和身份构建过程的动态、叙事和制定等方面,但是现有研究对组织中存在的多元身份以及更广泛的宏微观影响因素的忽视导致了研究的局限性(Vough 和 Caza,2020)。因此,本节以意义构建为理论视角,深入分析复杂商业情境下,企业长期发展历程中涉及多方利益相关者参与的多元企业身份构建过程,以期深入理解企业如何与多个外部利益相关者进行企业身份的意义构建,从而实现了多元企业认同。

三、面向不同利益相关者的多元企业身份构建研究设计

(一)方法选择

采用纵向单案例研究方法。多元企业认同是外部利益相关者对企业的认同,外部利益相关者包括但不限于消费者、中间商、影响者和供应商,即一个典型企业至少要研究四类外部利益相关者。实现多元企业认同的企业一般会经历长期的组织身份构建过程,在不断变化的内外部环境中识别不同利益相关者的需要,构建满足多方利益诉求的企业身份。对于多元企业认同这类数据不足以展开大规模调查,同时事件又具有复杂性和随时间推移而不断变化的动态性,适合使用案例研究方法。与多案例研究相比,纵向单案例研究更适合研究涉及多个主体、不同情境、时间跨度长的复杂现象,能够深入细致地剖析案例现象,发现案例现象背后的隐藏规律或模式。

(二)案例企业选择

选择 H 企业作为案例研究对象的原因如下:(1)H 企业是典型的多元企业认同的企业。从不知名小企业到单团地接领域的"领头羊",实现了从政府、经销商、供应商到消费者的多个利益相关者的认同,其经营模式不断被同行业模仿,但始终保持独特的竞争优势;(2)H 企业多元企业认同的形成过程具有明显的阶段性,其成功不是偶然现象,而是高层领导者主动作为和选择的结果;(3)案例企业配合度高,能够对领导和管理者及其利益相关者进行访谈以了解企业身份构建的动机、决策过程等相关信息。此外,H 企业是笔者所在团队跟踪研究 10 年的企业。多年的跟踪研究积累了大量相关资料,了解企业整个发展历程,熟悉其业务流程,能从整体上系统分析 H 企业多元企业认同形成过程中的身份构建过程。

(三)资料来源与收集

本书研究团队从 2010 年开始对案例企业进行追踪研究,通过不同方

式和多种渠道获取了丰富的数据资料。资料来源包括现场观察、访谈、公开报道和企业内部文档。具体资料获取过程如下：2010—2011 年主要通过现场观察了解企业发展状况，事后撰写调查报告记录相关信息。2012—2018 年，每年对 H 企业创始人、部门经理、员工等相关人员进行涉及多个主题的访谈并多次到公司和境外深入观察，录音保存访谈信息，然后整理成文字，积累形成了 100 多万字的访谈文档。此外，通过网络收集2010—2019 年 H 企业及利益相关者的公开报道，了解相关交互信息。前期数据资料收集和对企业进行的相关研究为本书提供了丰富的信息，为避免研究者主观认知偏差，2019 年 7—8 月研究团队集中对 H 企业的内部利益相关者（包括员工、股东和高管）和外部利益相关者（政府、组团社、境外资源和消费者），共 19 位相关人员就企业认同进行深度访谈，形成 14 余万字的访谈记录。2020 年 8 月对 H 企业创始人和 B2C 事业部经理就 C 端市场发展现状进行深度访谈，并通过在线旅游（Online Travel Agency，OTA）网站搜集消费者对 H 企业的评价信息。资料来源和多元企业认同访谈信息见表 3-1 和表 3-2。

表 3-1　资料来源汇总

时间	资料来源	资料获取	涉及对象	主要内容
2010—2011 年	现场观察	调查报告	H 企业	企业整体概况
2012—2018 年	主题访谈、现场观察	录音+访谈文档	H 企业的董事长、部门经理和员工	市场定位、管理模式、品牌管理、商业模式、产品开发、数字化赋能等
2010—2019 年	公开报道、企业内部文件	汇总文档	H 企业与外部利益相关者	业务合作、产品推介、市场推广、行业盛典等
2019 年	专题访谈	录音+访谈文档	H 企业的内外部利益相关者	多元企业认同
2020 年	专题访谈、消费者评论	访谈文档+网络评论	H 企业创始人和部门经理、消费者	C 端市场发展现状

表 3-2　多元企业认同访谈信息一览表

编码	利益相关者	访谈人数	访谈字数	编码职务及入职时间统计
A	政府机构	2	10601	A1:媒体和市场推广（5 年）、A2:媒体和旅行社（4 年）
B	组团社	2	9985	B1:部长（10 年）、B2:经理（9 年）
C	境外资源方	2	44018	C1:导游（4 年）、C2:导游（3 年）
D	消费者	7	33793	D1—D7:消费者
E	H 企业管理者	2	26802	E1:创始人（20 年）、E2:部门经理（10 年）、E3:部门经理（3 年）
F	H 企业员工	4	34500	F1:境外酒店合作（8 年）、F2:境外导游、餐厅与特色项目（4 年）、F3:境外资源采购（1 年）、F4:新媒体运营（1 年）

（四）数据处理与分析

为避免研究者主观认知偏差,数据处理和分析过程主要由两名团队成员完成,团队负责人在每个数据处理节点对数据处理和分析质量把关。数据处理的具体步骤如下:(1)汇总 2010—2020 年的所有数据资料,建立原始数据资料库。(2)由两名团队成员分别按照数据资料涉及的利益相关者将原始数据资料库划分为四类文档(即 H 企业与政府机构、组团社、境外资源方和消费者关系建立过程的数据文档),讨论数据划分存在歧义的内容并达成共识,达成共识的每一利益相关者的原始数据文档由团队负责人进行数据审核。(3)两名团队成员分别按照时间顺序重新排列每一利益相关者的原始数据资料(如访谈发生在 2018 年,但谈的内容是 2015 年的事情,需要将访谈文本放在 2015 年的数据集中),讨论数据资料排序不一致的内容并达成共识,之后由团队负责人进行数据审核。(4)两名团队成员分别对上一步得到的数据资料进行编码分析,首先逐字逐句地进行原始数据归纳概括形成一阶概念并达成共识。其次根据相关研究文献和现有理论,以及一阶概念之间的关系和规律,将一阶概念抽象归纳为二阶主题。最后将二阶主题归纳为聚合构念。数据编码过程中进行数据、文献和理论的反复对比分析,找出编码与现有研究的异同点,多方面的信息来源形成"三角验证",保证了分析结果的可靠性。按照编码之间的关系及其涌现的时间顺序串联起来,形成本书的数据结构(案例分析部分见图3-3)。

基于十年的案例跟踪观察和上述数据处理步骤(3)得到的H企业与每个利益相关者关系建立过程的原始数据文档,我们在案例描述部分按照重要事件发生的时间顺序刻画了H企业与意大利政府机构、组团社、境外资源方和消费者的关系建立历程。案例分析部分以数据结构为基础,数据结构中包括静态构成要素和动态构成要素,本书聚焦于动态构成要素,结合翔实的数据编码资料,将数据结构中反映的动态构成要素转化成动态过程模型。首先分析面向每一类外部利益相关者的企业身份构建的动态过程模型,其次整合得到多元企业身份构建的动态过程模型。

四、H企业面向不同利益相关者的多元企业身份构建

(一)企业背景

H企业的前身是米斯特拉旅行社,自1998年起,H企业团队一直尝试以单团地接社的身份开创"意大利单团地接"的新型业务模式,致力于为中国组团社提供更"可控"的境外服务。2009年,意大利米斯特拉旅行社退出中国出境游市场,其北京代表处的首席代表,以敏锐的眼光认识到赴意大利旅游的巨大市场需求与良好前景,迅速在意大利注册了一家资质俱全的地接社——Voglia d' Italia Tour(意大利旅游),并在北京设立服务中心,专注于中国游客意大利旅游。短短十年间,H企业已经从一家名不见经传的小企业发展为意大利单团地接领域的引领者。H企业成立之初仅有10余人,至今员工人数也不超过50人。这样一家小微企业在激烈的旅游市场中营业额持续攀升,实现了从意大利国家旅游局、意大利驻华大使馆等政府机构、境外导游、境外车行酒店到中国国旅、青旅等知名组团社以及C端消费者的广泛认可。

图3-1梳理了H企业十年发展历程中与外部利益相关者交互过程的重要事件,这些重要事件勾勒了H企业与意大利政府机构、组团社、境外资源方和消费者关系建立的历程,以这些重要事件为主线进行案例描述。

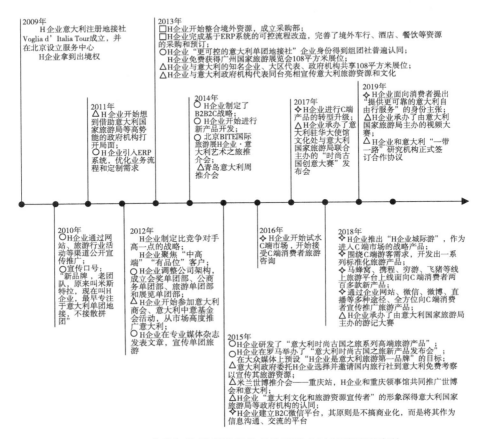

图 3-1　H 企业与外部利益相关者关系建立过程的重要事件

注:图中○、△、□和✧分别表示 H 企业与组团社、政府、境外资源方、消费者关系建立过程中的重要事件。

(二)H 企业与多方利益相关者建立关系的历程

1. 面向政府的关系建立过程

H 企业成立于 2009 年,企业定位是单团地接社,主要业务是中国游客到意大利旅游的单团地接。当时旅游业主要以散拼团为主,由于旅游行业和消费者对单团地接社的认知不足,H 企业体量小、没有资金进行高强度推广,导致市场开拓困难。H 企业创始人将这一阶段的实践形象地比喻为"烧柴火"("自己跑出去简直是烧了一麻袋柴火,还烧不开一杯水")。

经过了两年多的实践探索,2011 年 H 企业开始想到借助意大利国家旅游局、意大利驻华大使馆等政府机构的高势能打开局面。2012—2012年，H企业通过持续参与或赞助意大利中意基金会、意大利驻华大使馆等机构的活动，逐渐与意大利国家旅游局、意大利驻华大使馆等政府机构建立联系。随着H企业内部业务优化，H企业把业务聚焦于意大利一个国家，将宣传意大利文化和旅游资源作为企业的责任。这时，H企业的企业定位、业务流程、宣传推广等所有活动都与意大利相关，实现了与意大利政府机构的目标重合最大化。2013年，广州国家旅游展会，H企业果断地将其拿到的108平方米展位与意大利知名企业、意大利大区代表、意大利政府机构等组织进行共享，H企业创始人与意大利国家旅游局首席代表同台进行关于意大利历史悠久的文化资源和旅游资源的演讲，传递"单团旅游"的新旅行理念。H企业对意大利文化的深刻理解和在合作中展示出的无私奉献精神赢得了意大利代表的认可，政府机构开始真正认可H企业，有活动优先找H企业，并主动给H企业介绍消费者。

与意大利政府机构的合作增强了H企业的企业公信力和行业知名度，H企业成为政企合作中重要受益方。为避免政府机构对企业功利性的感知，实现与政府机构的长期合作，H企业主动挖掘和理解对方的需要，在与政府机构合作中谨言慎行。在与意大利政府机构同台亮相时H企业总是弱化企业，从不主动宣传自己，而是以"意大利文化和旅游资源宣传者"的形象出现。H企业持续展示的高效执行力和甘于奉献的精神获得政府机构的认可，意大利政府机构开始主动向H企业传递其业务信息，引导H企业参与合作。如2015年，意大利政府委托H企业选择并邀请国内旅行社到意大利进行免费考察以宣传其旅游资源。2017年，H企业承办了意大利驻华大使馆文化处与意大利国家旅游局联合主办的"时尚古国创意大赛"发布会，奖品为H企业的旅游大奖。随后，H企业又接连承办了由意大利国家旅游局主办的2018年游记大赛、2019年视频大赛。2019年10月，H企业和意大利"一带一路"研究机构正式签订合作协议。在公众眼中，H企业已成为意大利国家旅游局和意大利驻华大使馆的左膀右臂。

意大利政府机构能够不断从H企业的相关媒体报道、与H企业的合作体验中认知到 H 企业"意大利文化和旅游资源宣传者"的企业形象,H 企业也通过网站、媒体访谈、企业实践向意大利政府机构持续展示了其"意大利文化和旅游资源宣传者"的企业形象。在 H 企业与政府机构的交互过程中双方已经对彼此"意大利文化和旅游资源宣传者"的身份达成共识。

2. 面向组团社的关系建立过程

H 企业成立之初是一家主要做 B2B 业务的意大利单团地接企业,其业务主要来源于国旅、青旅等组团社。H 企业在行业内率先提出"单团旅游",开创了单团地接新品类。然而,面对组团社对单团旅游和 H 企业认知不足的困境。H 企业选择了先建市场、后建品牌,通过扩展市场认知、促进业务增长、拉动内部运营的策略,制定了比竞争对手价格高一点、只做减法不做加法的战略方针。在这一战略指导下,早期 H 企业通过网站、旅游杂志、媒体活动等多种渠道进行"单团旅游"宣传推广,增加组团社对 H 企业的认知。随着 H 企业市场推广活动的增加,H 企业创始人意识到 B2B 服务模式中组团社消费者真正看重的是企业的运营能力。于是,H 企业开始提升内部运营能力。在运营方面,H 企业不断深化对单团的理解和把握,围绕如何提升个性化旅行体验、境外服务细节把控、满足消费者的心理需求等方面优化企业内部运营能力。在与组团社合作过程中,H 企业不断捕捉组团社需求,如组团社希望地接社具有较强的应变能力,组团社希望境外服务过程具有可控性。通过对组团社需求分析,H 企业意识到"地接社应该是单团地接领域的专家"。为将感知到的消费者需求变为现实,2012 年 H 企业调整了公司架构,将原来重叠的业务部门按照业务类型划分为会奖单团部、公商务单团部、旅游单团部和展览单团部。为实现境外服务的应变能力和可控力,H 企业通过企业 ERP 系统开启可控流程的改造,2013 年 H 企业整个团队已经实现了基于 ERP 系统的业务流程操作,完善了境外车行、酒店和餐饮等资源的采购和预订。从组团社消费者对 H 企业的普遍评价可知,2013 年组团社消费者已经对 H 企业"可控的意大利单团地接社"的认知形成共识。

2014 年在线旅游爆发,给传统旅行社带来很大冲击。H 企业敏锐地发现,在线旅游异军突起却存在一个普遍问题——缺少真正好的旅游产品。如果 H 企业能够为组团社消费者提供高品质的单团旅行产品,则不仅能够保证业务不受冲击,还能够促进组团社对 H 企业"可控的意大利单团地接社"的认知向"满足组团社定制化服务需要"和"更可控的意大利单团地接社"的认知扩展。因此,2014 年 H 企业进行了新产品开发,制定了 B2B2C 战略,其目标是通过新产品与 C 端消费者建立联系,通过 C 端消费者影响 B 端消费者,从而让组团社选择 H 企业。2015 年 H 企业在罗马举办了"意大利时尚古国之旅新产品发布会",围绕"意大利时尚古国之旅"开发了多款定制产品,意大利是一个古老而时尚的国家,这一定位引起了很多专家、学者、政府机构以及资深游客的认可与共鸣。H 企业虽然通过新产品开发接触到 C 端消费者,但是在产品没有实现真正购买力之前,H 企业坚持只做 B2B 业务。H 企业开发新产品却不做 B2C 业务,引起了组团社的担忧,担心 H 企业会成为其竞争对手,争夺 C 端消费者。为打消组团社的疑虑,H 企业主动拒绝 C 端消费者的报价咨询,告知消费者 H 企业只做 B2B 业务,并将消费者介绍给组团社,通过组团社购买 H 企业的定制服务。通过网站、媒体的信息传递和企业实际行为选择,H 企业成功打消了组团社的担忧。与此同时,通过与 H 企业的合作体验、H 企业一以贯之的良好服务水平以及消费者的正面反馈,组团社也逐渐意识到 H 企业不仅能够提供更可控的境外服务,而且有能力满足其个性化的定制需要。组团社对 H 企业"满足组团社定制化服务需要"和"更可控的意大利单团地接社"的认知逐渐达成共识。

3. 面向境外资源方的关系建立过程

境外资源方是 H 企业的供应商,包括车行、酒店、餐厅和导游等资源提供方。2009—2012 年,H 企业与境外资源方主要通过提前预订进行合作,短期业务交易是维系双方关系的主要途径。这一阶段,境外资源方对 H 企业的了解很少,仅由 H 企业的预定人员与境外资源方建立联系,双方属于边预定边采购的短期合作关系,个人因素是促成合作的关键,企业尚未发挥影响力。随着 H 企业业务量的增加,边预定边采购的方式难以满足业务需求,同时境外资源方对 H 企业零散的认知影响到 H 企业在组团社、消费者心中建立的企业形象。

2013 年 H 企业开始整合境外资源,成立采购部。一方面是为了与境外资源方建立长期稳定的合作伙伴关系以满足业务发展需要;另一方面也是为建立满足资源方自我定义需要的企业身份,获得资源方的认可。集中采购境外资源时,H 企业首先筛选出符合要求的供应商,通过企业代表与资源方谈合作,双方通过正式沟通传递企业的信息、需求。在合作过程中,H 企业与资源方就消费者需求和境外反馈频繁地沟通,H 企业内部的每周业务会议及时发布一些境外咨询,然后由客服人员与资源方进行沟通。为保障境外资源的质量,H 企业每年对其资源库进行评估和更新,通过与资源方近一年的合作体验、H 企业与不同资源方合作的经验比较,确定资源方能否留在其核心资源库,及时补充新的适应市场需求的资源。

与酒店和餐厅资源方合作过程中,由于组织间的合法性和规范性,双方能够通过表达诉求、需求匹配,在相对较短的时间建立合作关系。而 H 企业与车行和导游的合作过程则反映了双方长期的沟通与协调。如 H 企业在车行采购中要求司机和导游分开,实现用车合法化。这一举措挑战了业界惯例,动了部分司机的“奶酪”,引发了一些车行的抵触,但 H 企业坚持司机兼导游的行为不符合 H 企业的价值观。在车行结算方面,H 企业也打破行业结算不及时的现状,从不拖欠车行付款,用实际行动告诉车行 H 企业的业务流程专业性和企业的合法性、规范性,获得了车行对 H 企业的认可,很多与 H 企业合作过的车行后来都成为 H 企业的专属车行。

境外导游是决定境外服务质量的关键环节,也是最难把控的资源方。境外导游通常是自由职业者,服务于多家旅行社、服务过程的质量难以监控。针对这些问题,H 企业一方面通过制度进行规范,如通过导游服务手册规范导游服务过程,与优秀导游绑定,签订合约,形成稳定的合作关系;企业作为导游的后盾,遇到不公平、不规范问题由企业帮助解决。另一方面通过企业文化对其进行影响,如向导游传递 H 企业的价值观(如“旅游行业是一个崇高的行业”“H 企业是意大利文化的传播者”“H 企业是意大利旅游文化的传播者"），引导导游以 H 企业的心态接团，与导游交互的过程中发自内心地体恤导游、尊重导游的付出。

经过几年的境外资源集中采购，境外酒店、餐厅、车行和导游对 H 企业的认知不断扩展，对 H 企业"业务流程专业""意大利文化的传播者""意大利旅游文化的传播者"的企业身份已经形成共识。

4. 面向游客的关系建立过程

游客是 H 企业的 C 端消费者。H 企业成立之初是一家 B2B 企业。2014 年，H 企业为应对在线旅游热潮进行新产品开发，制定了 B2B2C 战略，其目的是通过新产品影响 C 端消费者，让消费者给组团社进行市场引导，从而强化组团社对 H 企业的依赖，而非发展 C 端市场。2015 年，H 企业建立了 B2C 的微信平台，其原则是不搞商业化，而是将其作为信息沟通、交流的平台。直到 2016 年，旅游市场中在线旅游与传统旅行社竞争激烈，一些大型传统旅行社和在线旅游不断退出市场，很多企业为求生存尝试进行转型，H 企业也开始试水 C 端市场。尽管 H 企业已经与 C 端市场建立联系，但 H 企业面向 C 端消费者还存在身份空白。2017 年，H 企业针对消费者需求进一步打造 C 端产品的转型升级。2018 年，H 企业通过市场细分确定了 C 端游客旅游的空白点——"城际游"，作为 H 企业进入 C 端市场的战略产品。此外，围绕 C 端游客需求，H 企业还开发出一系列标准化旅游产品（如针对高端人士、小团出行的 6 条"意大利时尚古国之旅"产品、个性化服务的定制团等）。在营销方面，H 企业通过企业网站、微信、微博、直播等多种途径向 C 端消费者宣传推广旅游产品，并且在马蜂窝、飞猪、携程等线上旅游平台上线面向 C 端消费者推出七百多款碎片化产品，2019 年实现了营业额翻三番的增长。线上旅游平台上 H 企业产品的评分达到 4.9 分（满分 5 分），消费者对产品的评价也是正面居多，在同行业中成为得分最高的商家。

经过两年多的 C 端市场摸索，H 企业发现自由行消费者更注重自我体验，注重精神提升，希望在旅行中探索独特的、新鲜的事物。依靠多年服务于 B 端消费者的专业化流程和团队，H 企业有能力为消费者提供个性化旅行体验，为自由行消费者的出行计划保驾护航。2019 年 H 企业面向消费者提出"提供更可靠的意大利自由行服务"的身份主张后,快速得到消费者的认可。

如图 3-2 所示,H 企业先后与意大利政府机构、组团社、境外资源提供方和游客建立了良好的关系,面向不同外部利益相关者提出了不同的身份主张,随着不同利益相关者对企业的认同,多元企业认同网络不断向外扩展。

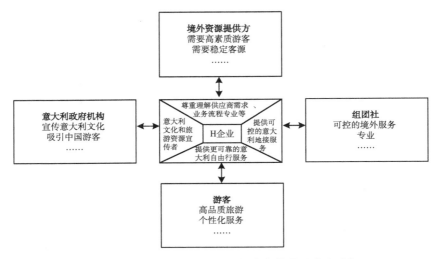

图 3-2　H 企业面向不同利益相关者的关系建立过程

(三)数据结构

基于对案例现象的跟踪观察,通过对近十年 H 企业与外部利益相关者关系建立过程原始数据的数据编码分析,得到 18 个一阶概念。以企业身份构建相关理论为指导,对一阶编码进行抽象归纳,得到 6 个二阶主题;对二阶主题进行归纳,得到 3 个聚合构念。按照编码之间的关系及其涌现的时间顺序串联起来,形成了本书的数据结构(见图 3-3)。

从图 3-3 可知,企业身份构建过程可以划分为促发因素形成、身份构建过程、形成新身份主张三个阶段。其中促发因素由外部因素分析和企业身份洞察两个要素构成。外部因素分析主要涉及行业发展、竞争与合作和关键事件三大范畴,企业外部宏观和微观环境影响组织身份的塑造,特别是与企业直接相关的行业排名、媒体报道、外部相关者认知等因

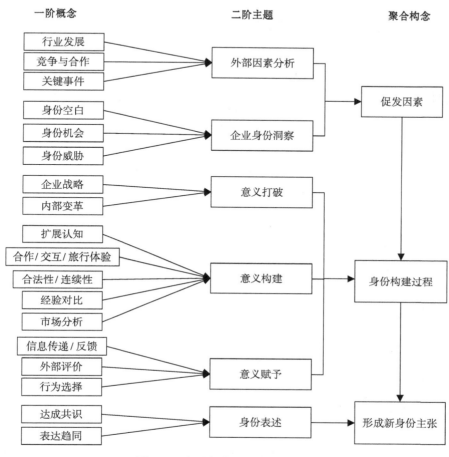

图 3-3　企业身份构建的数据结构

素。案例企业在成立初期、政企关系建设和战略转型(从 B2B 向 B2B 和 B2C 兼容发展)阶段,由行业发展、竞争与合作和关键事件构成的外部因素分析通过影响管理者对组织形象合法性、显著性的感知,进而影响管理者对企业身份的构建。外部因素分析与企业身份洞察往往密切相关,案例企业中,H 企业创始人总是善于通过对外部因素的分析洞察企业身份存在的问题。促发因素形成过程相对较短,管理者的思考、顿悟,偶然事件的发生都可能成为身份构建的促发因素。

身份构建过程由意义打破、意义构建和意义赋予三个要素构成。意义打破是企业身份构建的导火索,一旦发生或出现则短期内难以改变。企业与外部利益相关者之间的意义打破总是企业深思熟虑的结果,涉及企业战略(如企业战略目标、战略方向、战略思想)或内部变革(如企业结构调整、企业流程再造)等事关企业发展战略和经营的重要决策。企业与外部利益相关者之间意义构建和意义赋予的动态交互是解释企业身份构建过程的关键要素。企业与利益相关者之间主要通过扩展认知、体验、合法性/连续性、经验对比、市场分析五种方式进行意义构建,通过信息传递/反馈、外部评价、行为选择进行意义赋予。与普雷斯和阿尔努等(2011)研究发现的企业与消费者、员工之间的意义赋予的渠道不同,本书发现,除信息传递/反馈渠道外,企业与外部利益相关者之间的意义赋予也通过外部评价、行为选择等间接渠道进行。当企业与外部利益相关者之间的意义构建和意义赋予达到平衡,即意义构建不再形成新的认知,意义赋予不再引发意义构建时,表明企业外部利益相关者关于企业身份已经达成共识或表达已经趋同,他们形成了关于企业身份的一致性表述,即形成新的身份主张。

由案例描述和数据分析可知,外部因素分析、企业身份洞察、意义打破、身份表述是企业身份构建过程的静态构成要素,意义构建和意义赋予是解释企业身份构建什么、如何构建、为什么构建的动态构成要素,也是身份构建过程的核心构成要素。因此,将静态的企业身份构建的数据结构转化为动态的企业身份构建过程模型的关键是弄清楚企业身份构建过程中意义构建和意义赋予之间的动态交互机制。接下来,研究主要围绕意义构建和意义赋予的动态交互过程,分析面向不同利益相关者的企业身份构建机制。

(四)面向不同利益相关者的多元企业身份构建过程探讨

1. 面向政府机构的企业身份构建机制——高受控的意义构建

通过案例资料分析发现,H 企业通过扩展认知(认识到政府机构的高势能)、合作/交互体验(赞助活动、共享展位、业务合作等)、经验对比(合作前后对比)、连续性(持续不断合作、连续宣传)四种方式对政府机构的需求、自我定义需求进行意义构建,提出"意大利文化和旅游资源宣传者"的身份主张,H企业通过行为选择、外部利益相关者评价、间接信息传递对政府进行意义赋予,传递"意大利文化和旅游资源宣传者"的身份主张,相较于多种形式的意义构建活动,H企业极少展开意义赋予活动,多以潜移默化的方式向政府机构进行意义赋予。与H企业相反,政府机构对H企业极少进行主动的意义构建,多是通过与H企业的正式交互、合作体验了解H企业,并且在与H企业的合作中,政府机构总是主动展开意义赋予,帮助企业理解合作的要求和规范。企业与政府之间意义赋予和意义构建水平的差异与组织性质(营利机构和政府机构)以及双方地位不对等有关。一般而言,企业对政府意义构建主动性和积极性较高,政府对企业意义构建的主动性和积极性较低。企业的意义构建实际受控于政府机构的意义赋予,如果企业的意义构建不能满足政府的自我定义需要,企业和政府之间难以形成合作关系。因此,H企业面向政府机构的身份构建过程中,H企业通过意义构建活动激发政府的意义赋予(主要形式是信息反馈),政府通过意义赋予传递其自我定义需要、约束、控制、规范H企业的意义构建,H企业根据政府的意义赋予改变或调整身份主张以迎合政府自我定义需要。反之,则行为动机不足。H企业和政府之间意义构建和意义赋予的良性循环逐渐实现了企业身份的一致性身份表述,促进企业新身份主张的形成。新身份主张与已有企业身份的融合,形成新的企业身份。新的企业身份不仅包括企业自身的"自我定义",还包括政府机构基于自身身份需要而产生的对企业身份的定义。

　　面向政府机构的企业身份构建机制见图3-4。CI0表示企业面向利益相关者SH1构建企业身份时已有的企业身份,SH1代表利益相关者1,SM1表示企业面向利益相关者1的意义构建活动,SG1表示企业面向利益相关者1的意义赋予,SM1和SG1的方向和过程解释企业与利益相关者之间具体的交互机制,CI1表示通过SM1和SG1构建的满足利益相关者SH1需要的新的企业身份主张(或扩展的身份主张)与已有企业身份CI0相融合后形成的新的企业身份(多元企业身份)。本部分将图3-4这种以单向意义构建、意义赋予活动为主,且意义构建受到意义赋予控制的企业身份构建过程称为高受控的意义构建。

图例说明：箭头指意义建构、意义赋予的方向。

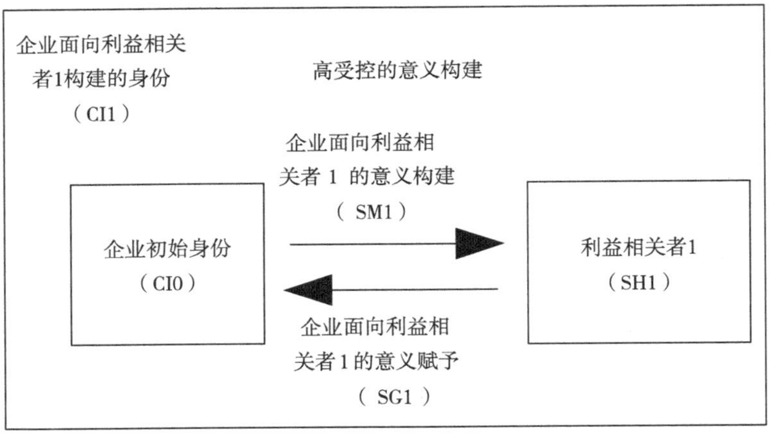

图 3-4　面向政府机构的企业身份构建机制

2. 面向经销商、供应商的企业身份构建机制——平等的意义构建

通过案例资料分析发现，面向经销商的身份构建过程中，H 企业与经销商消费者合作的初期主要通过网站、杂志、媒体活动等渠道的信息传递对经销商进行意义赋予，传递企业身份（"意大利单团地接社"），通过合作/交互体验、经验对比、扩展认知对经销商需求进行意义构建，提出"更可控的意大利单团地接社"的身份主张，再次通过多渠道的信息传递将新身份传递给经销商（即意义赋予）。经销商也通过合作/交互体验、经验对比对 H 企业进行意义构建，通过信息传递和信息反馈进行意义赋予，表达经销商对 H 企业提出的身份主张的理解和自我定义需要，最终双方对"更可控的意大利单团地接社"的身份主张达成共识。然而，H 企业 2014 年提出的 B2B2C 战略再次打破了 H 企业与经销商之间的身份理解，经销商担心 H 企业成为其竞争对手，争夺 C 端消费者资源。这种情境下，H 企业首先通过市场分析进行意义构建，提出"满足组团社定制化服务需要"的身份主张，并通过信息传递、行为选择、外部评价等方式进行意义赋予。组团社通过合作/交互体验、经验对比对 H 企业进行意义构建，理解并相信 H 企业的身份主张。H 企业与经销商通过彼此意义构建和意义赋予的交互循环先后将"意大利单团地接社"发展为"更可控的

意大利单团地接社""满足组团社定制化服务需要的更可靠的意大利单团地接社"。由 H 企业与经销商的身份构建过程可知,意义构建和意义赋予活动存在反复迭代,一旦已有认知或意义被打破便促发了新一轮的意义构建和意义赋予活动,从而对提出的新身份主张进行协商,直至关于新身份主张达成共识,并进行相对一致性表达。

面向供应商的身份构建过程与面向经销商的身份构建过程类似。早期,H 企业与供应商之间是边预定边采购的短期交易模式,彼此对对方身份理解较少,且主动理解对方身份的动机不强。当 H 企业成立采购部,面向供应商开始建设长期关系后,H 企业和供应商都通过多种形式的意义构建和意义赋予表达彼此的身份和需要,如及时进行信息传递和信息反馈进行意义赋予,并通过合作/交互体验、扩展认知等活动进行意义构建,提出身份主张,并对身份主张进行协商。最终,H 企业与供应商之间对"专业的服务流程""意大利文化的传播者""意大利旅游文化的传播者"等身份主张达成共识,表达趋同。

由上述分析可知,无论是作为卖方(如企业与经销商关系中),还是买方(如企业与供应商关系中),H 企业都表现较高的意义构建主动性和积极性。在面向经销商的身份构建过程中,H 企业的意义赋予引发经销商的意义构建,经销商的意义赋予也引发 H 企业的意义构建,双方都将彼此的意义赋予作为意义构建的线索,通过双向意义构建和意义赋予的交互循环,形成双方认同的身份主张。作为买方时,企业与供应商的意义构建类型是限制型的意义构建(即低主动、高控制)。然而,面向供应商的身份构建过程中,H 企业与供应商的意义构建具有明显的高主动性、低控制性。这种低控制性不是由于供应商的控制性高,而是由于双方相对平等的地位,双方互动中彼此尊重。在买者—卖者关系中,各自都需要满足对方身份的自我定义需要,才能达成长期、稳定、有意义的合作关系。企业与经销商、供应商之间相对平等的地位和明确的利益关系,决定了双方都有意义赋予和意义构建的动机。企业身份构建中表现为企业与经销商、供应商都能通过意义赋予明确表达各自身份的利益诉求,并且通过意义构建表达对对方的尊重和满足对方身份的自我定义需要,从而形成满足企业和经销商、供应商双方自我定义需要的新身份主张,促进企业初始身份和新身份主张的融合,进而形成内在协调统一的新的企业身份。

面向经销商、供应商的企业身份构建机制见图 3-5,CI1 表示企业面向利益相关者 SH2 构建企业身份时已有的企业身份,SH2 代表具体的利益相关者 2,SM2 表示企业与利益相关者 2 之间的意义构建活动,SG2 表示企业与利益相关者 2 之间的意义赋予活动,SM2 和 SG2 的方向和过程解释了企业与利益相关者 2 之间具体的构建机制,CI2 表示通过 SM2 和 SG2 构建的满足利益相关者 2 需要的新的企业身份主张(或扩展的身份主张内涵)与已有企业身份 CI1 相融合后形成的新的企业身份。将图 3-5 这种主体之间地位相对平等、彼此都能相对自由的意义构建和意义赋予的身份构建过程称为平等的意义构建。

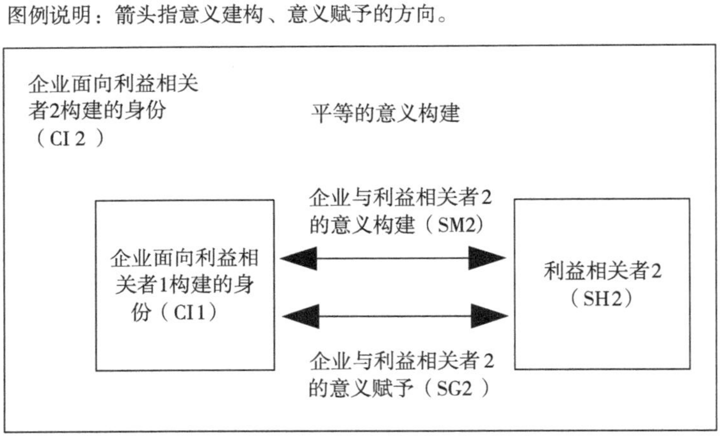

图例说明:箭头指意义建构、意义赋予的方向。

图 3-5 面向经销商、供应商的企业身份构建机制

3. 面向消费者的企业身份构建机制——交互的意义构建

通过案例资料分析可知,在尚未开展 C 端业务时,H 企业就通过微信、微博、线下活动等多种途径与消费者沟通交流,已经存在双向的意义赋予活动。面向消费者的企业身份构建初期,H 企业主要通过信息传递、信息反馈等意义赋予活动传递企业身份,消费者接受 H 企业的意义赋予并对企业进行意义构建。一方面,H 企业通过网络、新媒体、第三方旅游服务平台对消费者进行意义赋予,传递了专业、诚信的企业身份;另一方面,通过个性化旅行线路(即旅游产品)吸引消费者参与。随着 C 端消费者数量增加,H 企业与消费者交互增多,H 企业不仅通过意义赋予传递企业身份,而且通过市场分析、扩展认知等意义构建活动不断深化其对消费者自我定义需要的理解,并通过 C 端产品和服务升级满足消费者的自我定义需要。消费者从被动的意义构建,开始主动的意义赋予和意义构建。消费者不仅通过互动、旅行体验等意义构建活动表达其自身对企业身份、产品和服务的理解,而且还通过产品选择、评价、服务反馈等活动对企业进行意义赋予,表达其自我定义需要,使企业不断地调整面向消费者的身份主张。由于消费者与企业之间存在多重即时沟通交流渠道和平台,消费者已经深度融入企业产品设计和服务过程。企业与消费者之间不仅存在双向的意义构建和意义赋予,并且意义构建和意义赋予过程存在相互作用。所以,当 H 企业提出"可靠的意大利自由行服务商"的身份主张,这一身份主张快速得到消费者的认同。

面向消费者的企业身份构建机制见图 3-6,CI2 表示企业面向利益相关者 3 构建企业身份时已有的企业身份,SH3 代表具体的利益相关者 3,SM3 表示企业与利益相关者 3 之间的意义构建活动,SG3 表示企业与利益相关者 3 之间的意义赋予活动,竖向箭头表示 SM3 和 SG3 之间的交互作用,SM3 和 SG3 的方向和过程解释了企业与利益相关者 3 之间具体的构建机制,CI3 表示通过 SM3 和 SG3 及其交互作用构建的满足利益相关者 3 需求的新的企业身份主张(或扩展的身份主张内涵),与已有企业身份 CI2 相融合后形成的新的企业身份。企业与消费者的意义构建和意义赋予是双向的(即图 3-6 中横向箭头所表示的),意义赋予与意义构建之间也是相互作用的(即图 3-6 中竖向箭头所表示的)。本书将图 3-6 这种双向的意义构建、意义赋予活动且意义构建与意义赋予过程存在即时相互作用的企业身份构建过程称为交互的意义构建。

(五)多元企业身份的动态构建过程分析

由上述分析可知,企业面向单一利益相关者的身份构建过程包括促发因素形成(外部因素分析和企业身份洞察)、身份构建过程(意义打破、意义构建和意义赋予)和形成新身份主张(身份表述)三个阶段,其核心图例说明：箭头指意义建构和赋予的方向和相互作用。

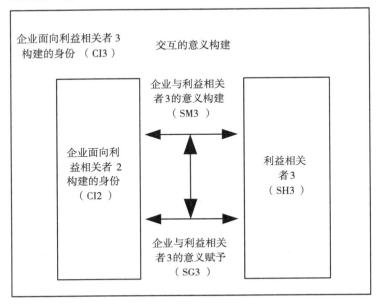

图 3-6　面向消费者的企业身份构建机制

是身份构建过程,而身份构建过程的核心是意义构建和意义赋予的动态交互过程。新企业身份是已有企业身份与面向单一利益相关者提出的新身份主张相互融合的过程。当企业渐进地向多方外部利益相关者提出新身份主张(或扩展的身份主张),新身份主张(或扩展的身份主张)与已有企业身份相融合后,满足多方利益相关者需求和自我定义需要的多元企业身份形成。因此,多元企业身份的动态构建过程可以视为面向单一利益相关者企业身份构建的嵌套过程。显然,这个嵌套过程不是身份主张的简单叠加,而是新的身份主张(或扩展的身份主张)与已有企业身份相互影响、协调和融合的迭代过程。

　　以案例企业为例,H 企业多元企业身份的动态构建过程见图 3-7。企业与利益相关者之间的 SM 和 SG 活动类型揭示企业面向不同利益相关者身份构建的机制。企业面向利益相关者 SH1 进行的身份构建是高受控的意义构建过程,通常是企业积极主动地进行意义构建,利益相关者对企业的意义构建过程进行控制;企业面向利益相关者 SH2 进行的意义构建是对等的意义构建过程,通常企业与利益相关者之间地位相对平等且利益关系明确,企业与利益相关者之间存在双向的意义构建和意义赋予;企业面向利益相关者 SH3 进行的意义构建是交互的意义构建,通常企业与利益相关者之间关系紧密、交互频繁,企业与利益相关者之间不仅存在双向的意义构建和意义赋予,并且意义构建和意义赋予之间具有交互性。其中 CI0 到 CI1、CI1 到 CI2、CI2 到 CI3 的变化过程表示企业面向不同利益相关者构建新的身份主张(或扩展已有身份主张)并与已有企业身份相融合的过程。具体来说,H 企业首先通过与政府之间的高受控的意义构建过程形成新的企业身份 CI1,CI1 是在企业初始身份 CI0(专业、诚信的意大利单团地接社)的基础上融合了满足意大利政府机构需要的身份主张(意大利文化和旅游宣传的使者)后形成的新的企业身份;其次,H 企业以企业身份 CI1 为基础,通过与经销商和供应商之间平等的意义构建过程形成新的企业身份 CI2,CI2 是在 CI1 的基础上融合了满足经销商和供应商需要的身份主张(分别为境外服务更可控、流程专业);最后,H 企业以企业身份 CI2 为基础,通过与消费者之间交互的意义构建形成新的企业身份 CI3,CI3 是在 CI2 的基础上融合了满足消费者需要的身份主张(可靠的意大利自由行服务商)。因此,H 企业的多元企业身份动态形成过程为 CI0→CI1→CI2→CI3。

随着多元企业身份的内容不断增加,多元企业身份越来越受到更多利益相关者的认同。多元企业身份引发多元企业认同,使企业与不同的利益相关者保持长期、深厚、有意义的关系,而且还可以使企业与利益相关者长期处于共生、价值、成长的和谐状态,进而使企业能够不断地创造可持续竞争优势,做到基业长青。

五、多元企业认同中企业身份构建的研究发现

(一)多元企业认同中企业身份构建的研究结论

本节旨在探索多元企业认同中企业身份构建的关键要素和动态形成机制。通过纵向单案例分析,探索了案例企业面向政府机构、经销商、供应商和消费者四类利益相关者的企业身份构建和多元企业身份形成过

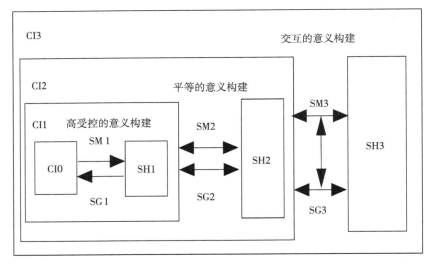

图 3-7　多元企业身份的动态构建过程

图例说明：CI0：企业初始身份，CI1-3：企业面向利益相关者 1-3 构建的身份；SM1-3：企业与利益相关者 1-3 的意义构建；SG1-3：企业与利益相关者 1-3 的意义赋予；横向箭头指意义构建和意义赋予的方向，竖向箭头指意义构建和意义赋予的相互作用。

程。基于案例描述和分析主要得出以下结论：

第一，企业身份构建过程包括外部因素分析、企业身份洞察、意义打破、意义构建、意义赋予和身份表述六大关键要素，外部因素分析、企业身份洞察、意义打破和身份表述四大构成要素解释了企业身份构建的促发因素、导火索和结果，意义构建和意义赋予的动态交互过程是企业身份构建的核心环节。意义构建和意义赋予之间不同的动态交互形式揭示了企业面向不同利益相关者的企业身份构建机制。通过意义构建，企业和利益相关者理解对方的自我定义需要，提出面向利益相关者的身份主张，并通过事件、活动或行为等形式将其身份主张展示给对方。通过意义赋予，企业和利益相关者将企业身份或自我定义需要传递给对方，以影响对方意义构建过程或为意义构建过程提供相关信息、规范和价值观。

第二，面向不同利益相关者的企业身份构建具有不同的意义构建类型。（1）面向政府机构的企业身份构建是高受控的意义构建过程。企业通过对政府机构的意义构建激发政府机构的意义赋予，在企业意义构建和政府意义赋予的动态交互迭代过程中形成新的身份主张。该过程中意义构建与意义赋予是单向的,并且企业的意义构建受到政府意义赋予的高度控制。(2)面向经销商、供应商的企业身份构建是平等的意义构建过程。企业通过与经销商、供应商之间相互的意义构建和意义赋予的动态交互迭代过程形成新的身份主张。该过程中意义构建与意义赋予是双向的,并且双方意义构建和意义赋予都是建立在供需双方的自我定义需要和利益诉求之上。(3)面向消费者的企业身份构建是交互的意义构建过程。企业通过与消费者之间双向的意义构建和意义赋予的动态交互迭代过程,以及意义构建与意义赋予之间及时的相互作用来形成新的身份主张。在这个过程中,意义构建与意义赋予不仅是双向的,而且意义构建与意义赋予之间相互影响。

第三,多元企业身份的形成是已有企业身份与面向利益相关者构建的满足其自我定义需要的新身份主张动态融合的过程。具体来说,企业每面向一个利益相关者进行企业身份构建,就形成一个新的企业身份主张,新的身份主张与已有的企业身份相融合成为一个统一体。这个过程随着利益相关者的增加而不断重复,使多元企业身份呈增长的态势,包含不同利益相关者自我定义需要的多元企业身份也如同一个企业身份库,当面对一个新的利益相关者时,企业能够快速地分析企业已有身份主张与新的利益相关者自我定义需要的契合点,灵活决定对新的利益相关者进行何种身份的意义构建,促进新利益相关者对企业的认同。

(二)多元企业认同中企业身份构建研究的理论贡献

本书主要有以下三点理论贡献:

第一,拓展了组织认同和关系营销研究中个体参与的企业身份构建,探讨了多方利益相关者参与的企业身份构建的关键要素,对企业身份研究具有理论贡献。研究表明,面向内、外部利益相关者的企业身份构建构成要素的内涵和关系存在差异。组织研究认为,身份空白、身份机会、身份威胁是组织内部身份构建的开端,直接导致了组织内部成员的意义构建和意义赋予活动。研究发现,身份空白、身份机会、身份威胁是面向外部利益相关者的企业身份构建的促发因素,管理者或成员对企业身份的洞察(身份空白、身份机会和身份威胁)不能直接促发企业身份构建,面向外部利益相关者的企业身份构建需要企业在战略制定或内部变革等重要决策打破企业与外部利益相关者之间的认知或意义。其次,组织研究中的身份表述是组织内部成员根据自我定义需要形成对组织身份的表述,具有多样性。研究发现,面向外部利益相关者的企业身份构建中身份表述具有达成共识、表达趋同的特点,外部利益相关者一致性的身份表述表明企业提出的身份主张的合法性,是新身份主张形成的重要标志。

第二,揭示了面向不同外部利益相关者的企业身份构建机制和多元企业身份的动态形成过程,为多元企业认同中利益相关者的异质性分析提供了理论基础,对多元企业身份研究具有理论贡献。研究发现,企业分别通过高受控、平等和交互三种意义构建模式与政府、中间商、消费者进行企业身份构建,扩展了阿什福思、哈里森和科利(2008)、普雷斯和阿尔努(2011)等关于企业身份形成的相关研究,表明多元企业认同不是单一利益相关者对企业认同的简单叠加,在企业身份构建和多元企业身份形成过程中应考虑利益相关者之间的异质性,利益相关者之间的异质性不仅影响企业身份构建的形式,而且影响其他利益相关者对企业的认同。多元企业身份是已有企业身份与新的企业身份主张相互协调、动态融合的过程中形成的,认同在新身份的形成过程中实现。多元企业身份的动态形成过程模型有效地整合了个体类型和组织类型的利益相关者与企业的身份构建过程,相比以往的面向员工、消费者的企业身份构建过程模型,本书的模型适用于更广泛的利益相关者关系中企业身份构建分析,有助于深化对多元企业认同形成过程的研究。

第三,丰富了企业之间的意义构建研究,扩展了意义构建理论在企业身份构建研究中的应用空间。意义构建存在于个体和组织两个层面,但是意义构建理论常用于个体与组织之间的交互过程分析,关于组织之间的意义构建过程分析较少。本书分析了企业与政府、企业与中间商的意义构建过程,发现组织间的意义构建是通过组织成员之间的意义构建形成对组织的理解,进而影响组织行为,丰富了组织间的意义构建过程研究。研究通过将多方利益相关者和组织内外部影响因素纳入分析框架,响应了以往学者提出的基于意义构建视角的企业身份分析的研究局限(Vough 和 Caza,2020)。此外,既有研究主要根据意义构建活动中参与者的活力和控制程度划分意义构建类型(Maitlis,2005),表明意义构建过程中参与者的异质性也会影响意义构建类型。为基于复杂情境、时间跨度长、涉及多主体的意义构建过程分析提供了理论启示,扩展了意义构建理论在企业身份构建研究中的应用范围。

(三)多元企业认同中企业身份构建研究的管理启示

多元企业认同有助于企业与外部利益相关者建立长期、稳定和有意义的关系,吸引利益相关者参与企业的价值创造活动,增加利益相关者网络的价值共创能力。本书对企业追求多元企业认同、构建多元企业身份具有实践指导意义。

第一,组织管理者或成员对企业身份的洞察不足以打破外部利益相关者对企业的认知或已经建立的意义,制定战略目标、战略规划或开展组织内部变革往往能引起组织内部成员和外部利益相关者的高度重视,实现意义打破。企业与利益相关者之间的所有互动都可以为意义赋予和意义构建提供线索或渠道,面对不同类型的利益相关者企业应谨慎使用意义构建和意义赋予活动,如面对权力影响力高的利益相关者,企业往往没有意义赋予的机会,这种情况下需要根据对方身份的自我定义需要进行意义构建,即构建一个能够符合对方身份自我定义需要的企业身份;同样,面对平等的或实力相当的利益相关者,企业要主动把握意义赋予的机会,借此传递企业的价值观、经营原则等具有影响力的信息,深化利益相关者对企业的认知,进而丰富企业身份的意义构建。

第二,新的企业身份是面向利益相关者构建的新身份主张与企业原有身份主张融合而成的统一体,当新的身份主张与原有主张难以融合时就会产生身份张力,即不同的身份主张相互冲突或难以调和成统一体。当企业面向利益相关者提出的新身份主张与原有身份主张存在冲突或难以调和时,企业应谨慎对待新的身份主张,并权衡新的身份主张与已有身份主张的重要性,以作出取舍。为避免多个新的身份主张与原有身份主张难以融合的困境,企业应避免同时面向几个不同类型的利益相关者进行身份构建。因为,如果不同身份主张产生冲突或难以调和,企业不仅需要作出取舍,还有可能损害企业原有的身份主张。

第三,面向不同利益相关者的企业身份构建机制不同为企业面向不同类型利益相关者的企业身份构建提供了参考借鉴,如面对监管者(如政府机构),企业需要采取高受控的意义构建;面对供应商、经销商等中间商,企业最好选择平等的意义构建;面对消费者,交互的意义构建更有效。由于面向不同利益相关者的企业身份构建具有不同的意义构建类型,企业可以选择不同利益相关者依次进行企业身份构建,最终实现外部利益相关者对企业的认同。但是企业身份构建过程中利益相关者选择顺序可能会影响多元企业认同的形成过程。案例企业首先面向政府机构建立了新的企业身份,这一新的企业身份对后续利益相关者对企业的认同具有重要影响。实践中,企业在确定利益相关者认同的顺序时需要进行深入分析。

(四)多元企业认同中企业身份构建研究的局限与展望

对企业面向不同利益相关者进行关系营销、企业身份构建模式选择以及多元企业身份的形成进行研究有一定的实践参考价值,但也存在一些不足,首先,在企业面向不同利益相关者身份构建的过程中,不同外部利益相关者之间同样存在相互影响,这种相互影响最终可能影响企业的认同,囿于篇幅所限,本书没有对之进行深入分析。未来研究需要考虑企业身份构建过程中利益相关者之间的相互影响,以及不同类型利益相关者企业身份构建的先后顺序对多元企业认同形成的影响及其机制。其次,企业身份的构建过程中企业与利益相关者的交互是复杂的,研究发现的面向不同利益相关者的企业身份构建类型是对典型企业—利益相关者关系的高度抽象,对企业实践具有理论指导意义,但研究的普适性还需要实证研究或多案例研究检验。内部利益相关者对企业的认同对面向外部利益相关者的企业身份构建过程的影响,也有待未来进一步分析。再者,由于案例企业创始人的访谈内容涉及企业不同发展时期的企业战略、管理、运营等多个方面,创始人访谈资料的大量引用可能存在共同来源偏差。尽管在数据分析中坚持三角验证的原则,但是仍有少数几个概念范畴的数据来源未能实现三角验证。此外,由于纵向追踪数据与研究主题并非完全一致,历史数据资料分析和处理中也存在一定的研究者主观认知偏差。这些问题带来的可靠性问题也是本书的不足之处。

第二节　基于供应链视角的多元企业认同形成过程

一、供应链视角下多元企业认同形成过程的研究现状

随着经济社会的飞速增长和人民精神需求的不断提升,我国旅游服务行业进入了飞速发展的时代,游客的需求更加多样化,旅游产品更新越来越迅速。游客在旅行生活中的食、住、行、娱、购、游等方面的需求引发了对旅游产品或服务的消费,而旅行社企业提供的旅游服务质量越来越受旅游供应链上的合作伙伴影响,游客的满意度也偏向于对旅游产品和服务的整体感知。因此,旅游行业的竞争已经从单个企业层面转向了旅游供应链整体,大部分学者将旅游供应链定义为一个旅游组织网络,包含提供旅游产品或服务的不同组成部分,旅游供应链也往往被消费者视为由不同服务成分的增值链组成。以旅行社为核心,联结其他企业,可以进一步组成一个服务于游客的服务系统,而这种对游客来说,以旅行社安排的旅游路线为依据的旅游服务模式实际上就是一条服务于旅行者的旅游供应链。

旅行社企业为了保持竞争优势,必须使自身对于供应链上下游合作伙伴具有吸引力,从而进一步获得合作伙伴认同,共同为游客创造良好的体验和服务。本书认为外部利益相关者对企业的多元认同建立在企业的向外拓展的多元企业身份基础上,多元企业身份包含了企业的价值观、标准、目的和独特性,代表了企业的外在形象。而企业大部分的工作或行为都是为了塑造引人关注的外在形象,因为外部利益相关者在与企业合作的时候,信任是最大的成本,他们需要花费时间去了解企业。兰(2012)指出了多元身份的概念,他认为市场主体具有多元身份,这里的市场主体

泛指企业、品牌、个体等市场参与主体。研究表明,同时拥有多元身份的企业可以满足不同利益相关者的需求,更能适应外部环境的变化。在本节研究中,以旅游供应链上旅行社企业为核心,关注其与供应链上外部利益相关者间的认同关系。梅塞尔等(Meixell 等,2015)提到企业利益相关者类型应该结合研究的供应链领域考虑,因此本书选取案例企业所在旅游供应链上的多个外部利益相关者(消费者、中间商、供应商、影响者等)为研究对象,将多个外部利益相关者对企业的认同称为多元利益相关者—企业认同,简称为多元企业认同。

以旅游供应链上特定旅行社企业为案例,对其具体运作机制进行探讨,从供应链的整体角度考虑旅行社企业与多个外部利益相关者的合作关系,探究多个外部利益相关者对旅行社企业的认同形成过程。本节就是在旅游供应链的背景下,研究旅行社企业与其上下游外部利益相关者的认同形成过程。

二、供应链视角下多元企业认同形成过程的相关概念

(一)旅游供应链相关研究

旅游供应链由整个旅游活动过程中提供旅游产品、服务的所有供应商和旅游经营商等构成,具体包括旅游活动中交通通信业、旅游餐饮业、观赏娱乐业、住宿业以及购物业等相关企业。达斯等(Das 等,2012)认为,旅游供应链是所有旅游服务与战略行为的共同体。也有研究从价值链角度出发,韦尔梅尔和克劳斯(Weiermair 和 Klaus,2006)认为,旅游供应链由旅游产品预定、旅游六要素供应商以及旅游相关的一系列售后服务构成,提出了位于上游的旅游服务供应商和位于下游的游客共同组成旅游供应链。包曾婷(2017)认为旅游供应链是由供应商、核心企业、游客三者共同作用而形成的一种网状结构,其目的是满足游客的需求。

国外关于旅游供应链的研究强调了核心企业的地位,因为大部分研究比较关注旅游供应链与环境的和谐相处,并实现可持续发展。旅行社对供应链上下游的供应商和游客有着重要影响,会影响供应链在环保方

面的可持续发展(Tepelus,2005)。施瓦兹等(Schwartz 等,2008)针对旅行社企业进行可持续供应链管理进行了分析。国内学者也围绕旅行社进行了许多研究,代葆屏(2002)讨论了围绕旅行社实施供应链管理的可行性和必要性。李万立等(2007)讨论了现有供应链模式并非旅游业可持续发展产生问题的主要原因,进行了以旅行社为核心的供应链模式促进旅游业可持续发展的实证分析。何佳梅(2007)指出出境旅游供应链应该以国内旅行社为核心进行管理。潘翰增(2007)认为,以旅行社为核心可以进行有效的供应链管理,但旅行社虽然处于供应链的核心位置,其核心地位却并不明显,因为旅行社本身不具备任何旅游资源,所以应该强化旅行社的核心地位。

因此,为了进一步保证旅游供应链的可持续发展,需要围绕核心地位的旅行社企业打开其旅游供应链管理模式,分析具体实施、运作过程以及与供应链上合作伙伴间的关系管理等细节,只有这样才能真正发现企业管理过程中存在的问题,并给出针对性的解决方案。

(二)多元身份相关研究

1. 多元企业身份相关研究

企业身份代表的是外部利益相关者对企业的观点和态度,即企业形象等。

巴塔查里亚和森(2003)指出,消费者与企业相关的一系列因素的认同构成了企业的身份。这个身份可能包括反映企业的核心价值特征,这些核心价值体现在其经营原则、使命和领导力中,还包括一些人口统计特征。斯科特和莱恩(Scott 和 Lane 等,2000)建立了一个企业身份构建模型,认为企业身份是在管理者、组织成员和其他利益相关者之间复杂、动态和互惠的互动中产生的。菲奥尔(Fiol,2002)提出了一种身份转换模型,随着时间的推移,来解释个体和企业层面的身份相互作用的过程。李纯青等(2018)指出,企业的多元身份源于多个外部利益相关者的自我定义需要,为了使外部利益相关者和企业保持稳定的合作关系,企业需要构建不同外部利益相关者认同的多元企业身份。

多元企业身份是"我们是谁"这个问题的答案,在日益复杂的利益相关者网络中,企业需要同时面对多个外部利益相关者的不同诉求,而企业拥有多元身份也会更具有竞争优势。因为建立多元企业身份就是面向不同受众群体提供良好的外在形象,促使多个合作伙伴与企业保持深厚的友谊,从而促进目标消费者去体验和购买公司的产品和服务,提高公司的效益。因此,多元企业身份能够有针对性地满足多个外部利益相关者的期望和需要,能够帮助企业快速有效地获得竞争优势。

2. 多元企业身份的协同作用相关研究

在角色理论中,当两个不同的角色互相影响时,人们可以从它们彼此影响的方式、内容、情绪和经验中获益。普拉特和福尔曼(Pratt 和 Foreman,2000)认为组织各个身份之间存在协同作用,互相影响。"身份协同"是企业对"多元化"身份的回应,组织身份管理是对不同身份的分类、删除、整合和聚合。研究证明了营销人员可以利用消费者的多种社会角色(例如,父母、环保主义者、教授)来建立和加强与公司的关系,并引入了"身份协同"的概念,认为当个人与组织的参与有助于他们追求其他重要的社会身份时,就会发生身份协同作用。

同样,对于企业的外部利益相关者来说,他们在与企业合作的过程中,对企业外在形象认同的外部利益相关者会促进其他外部利益相关者对企业形象的认可。企业与某个外部利益相关者之间的合作关系很大程度上需要其他外部利益相关者的支持,外部利益相关者之间存在直接或间接的联系,特定的某一身份会为其追求自己的重要社会身份提供机会。当一些受众群体意识到其他群体认同某一企业身份时,他们很可能会感觉到该企业也会实现他们的身份,可以帮助他们探索和成长,进而实现对身份地位的追求。因此,多元企业身份之间是一个动态的平衡,其处于协同和共生的状态。企业管理者需要挖掘多个外部利益相关者的自我定义需要,针对多个外部利益相关者的能力和紧迫程度,利用身份协同作用分阶段地构建多元企业身份。

(三)多元认同相关研究

1. 消费者—企业认同

消费者—企业认同的理论基础是社会认同理论和身份理论,社会认同理论主要用于解释群体过程和群体之间的相互关系,而身份理论主要用于解释个体角色行为。关于认同的研究,无论是基于品牌还是企业,都是以社会认同理论为基础(Lam,2012;Wolter 和 Cronin,2016)。霍恩西(Hornsey,2008)以社会心理学为支撑,解释了企业如何借助认同企业的成员为企业谋取利益。

已有学者认为,稳定的消费者和企业关系的前提是消费者对企业的认同,这种认同会导致消费者有意愿地支持或不支持企业活动,并指出企业通过满足消费者的自我定义需要从而获得消费者心理上的认同,并指出消费者认同企业的驱动是自我提升、自我区别和自我连续三个自我定义需要。例如,陈才和卢昌崇(2011)提出,旅游体验中的认同从外在的目的地认同,到对旅游者角色认同,再到文化认同,最后到自我认同,呈现出层次性和多样性。韦俊峰和明庆忠(2019)以马克客栈中的打工度假旅游者为主体,关注其实践流动性的方式、内容和体验,还探讨了其身份认同的构建。在旅游背景下大部分研究是围绕游客和景区、景点等旅游目的地的认同,很少有研究围绕消费者和旅行社企业之间的认同关系展开讨论。

2. 多个外部利益相关者——企业认同

泰弗尔(Tajfel 等,1986)提出认同的本质是身份认同。兰(2012)提出认同的对象可能存在多元身份,换句话说就是被认同的目标对象可以拥有多个身份,而多元认同就是受众对目标主体,可以是个体、品牌或企业的认同。利益相关者认同是指利益相关者如何通过企业来定义自己,这会决定他们对一家企业的态度(Majdenic 等,2017)。瓦埃等(Voyer 等,2017)认为,企业管理者面对复杂的营销环境,必须从品牌、消费者和多方利益相关者的角度理解文化差异如何影响身份发展和共同构建,因此提出了一个新的概念框架和一系列命题,并讨论了文化差异如何影响这种互惠的共同创造过程。弗里茨等(Fritz 等,2018)认为,传统的利益相关者研究通常脱离以企业为中心或以问题为中心的方法,而使用这些方法识别利益相关者,缺乏严谨性和全面性。因此,从供应链视角揭示了企业直接利益相关者和间接利益相关者的影响,研究了它们之间的相互关系,并清楚地显示每个组成部分在利益相关者关系中的作用。李纯青等(2018)将外部利益相关者(消费者、中间商、影响者、供应商等)对企业的认同称为多元企业认同。

可以发现,目前大部分关于外部利益相关者对企业认同的研究都是将企业多个外部利益相关者逐个进行处理,分开研究,例如,讨论消费者和企业的关系、供应商和企业的关系。而本书将外部利益相关者(消费者、中间商、影响者、供应商等)对企业的认同称为多元企业认同,从整体角度同时探究企业与多个外部利益相关者的认同关系。

三、基于供应链视角的多元企业身份构建研究设计

(一)研究方法

首先,因为本书的研究内容"旅游供应链上旅行社的多元认同形成研究"是一个动态发展的过程,属于"怎么样"和"为什么"的问题,所以采用案例研究方法(李高勇和毛基业,2015);其次,本书所涉及利益相关者营销和多元认同概念比较抽象和模糊,需要围绕丰富的案例现象针对概念进行系统的分析和挖掘,而运用单案例研究方法可以对特定问题进行有针对性的描述和分析,可以达到对概念的深度概括和挖掘;最后,案例研究方法可以围绕企业活动和行为做深层次的描述和理论解释,这有利于对企业发展过程背后的动态演化抽象机理进行总结和提炼。因此,本书采用的 SPS 案例研究方法,包含结构化(Structured)、实用化(Pragmatic)、情景化(Situational),是由澳洲新南威尔士大学商学院潘善琳教授开创的,具体形成过程见图 3-8。

针对本节拟解决的关键问题,首先,强调旅游服务企业合作伙伴的重要性,归纳总结出旅游供应链上的利益相关者营销思维;其次,通过旅游企业与旅游供应链上外部利益相关者合作发展过程分析多个外部利益相关者的自我定义需要,挖掘多元企业身份的构成要素,根据企业识别和管理不同利益相关者需求的过程打开了多元企业身份的构建过程;最后,讨论多个外部利益相关者对多元企业身份的感知过程,打开旅游企业与其供应链上下游外部利益相关者的多元认同形成过程。

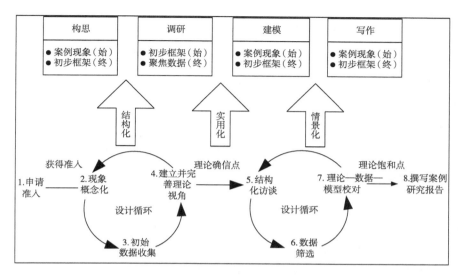

图 3-8　研究具体步骤的过程

（二）案例企业选择

旅游产品通常植根于某一特定领土,它们往往与目的地和当地市场息息相关,企业的旅游产品或服务也常常涉及车行、酒店以及政府机构的广泛参与,因此,旅游供应链上利益相关者数量与其产品的特征密切相关。研究选择 H 企业为案例企业主要有以下三点原因:

1. 案例典型性

案例企业在多元认同的实践方面具有典型性。首先,H 企业作为境外旅游地接社,需要国旅、中青旅等组团社作为中间商来提供客源,并且不可避免地需要与意大利政府机构打交道,这丰富了所在旅游供应链的成员数量。其次,H 企业定位意大利单团地接,强调个性化的定制服务,而这种的服务或产品更需要旅游供应链上下游合作伙伴的共同完善。由于旅游业众多利益相关者之间存在复杂的相互作用,他们的目标和范围不同,旅行社自身地位和外部关系管理尤为重要。H 企业从最初企业产品无人问津发展到后来"意大利时尚古国"产品广受好评,一跃成为意大利旅游行业的领导者,也从侧面反映了多个外部利益相关者对 H 企业的认可。

2. 数据完整性

笔者所在的研究团队对 H 企业持续关注,已经积累了 100 多万字的访谈记录,具有充足的数据资料。除了对 H 企业内部人员和 H 企业外部合作伙伴的访谈外,我们还进行了大量现场观察。除此之外,企业相关官方网站和微信公众号,以及其他合作企业的官方网站等都保证了研究数据的多样性和完整性。

3. 数据可靠性

笔者所在的研究团队与 H 企业已经保持了多年的研究合作关系。H企业中高层领导乃至企业员工对研究团队的数据采集也给予了大力支持,非常愿意接受访谈并配合研究者提供相关数据,并在后期帮助研究团队对多元企业认同及身份构建研究做验证性分析。

因此,笔者选择 H 企业作为本书的案例企业。

(三)数据收集

在研究过程中,我们对案例企业 H 企业高层领导、员工、政府工作人员、导游和顾客等多次进行深度访谈,并且围绕 H 企业进行了多次现场观察,不断搜集和完善一手数据。一手数据主要从访谈和现场观察等方式搜集而来;此外,本书通过企业内部文件、企业杂志刊物、旅游手册、企业官方网站、企业官方微信公众号平台、旅游行业相关杂志和新闻媒体报道等渠道收集整理了大量二手数据。二手数据主要通过官方网站、新闻媒体报道以及杂志刊物等方面收集,在收集数据的同时,也尽力确保数据的真实性和全面性,保证增加研究的可信度。

1. 一手数据

从 2010 年 12 月至 2019 年 12 月的时间里,我们对案例企业领导人、管理层和员工、合作伙伴等先后进行了多次访谈,已整理得到相关资料100 多万字。研究小组会在访谈前与受访者进行交流,对访谈内容进行简要说明,并确定访谈时间和方式。研究小组会在访谈中,针对访谈内容进行详细记录,同时对整个过程进行录音,并在访谈结束后整理成相关文档。为了降低和避免受访者口误提供的错误信息,我们尤其注重对受访者给出的观点和现象进行追问,此外,研究小组一直与 H 企业保持密切联系,对于研究发现的新问题都会尽可能地再次对相关联系人进行回访。为了确保一手数据的准确性,研究小组也多次围绕案例企业展开现场观察,通过现场观察收集的数据和访谈数据不断进行对比,补充数据的缺口,进一步保证数据资料的完整性和准确性。

2. 二手数据

研究小组从多个渠道搜集了二手数据,如企业内部文件、企业杂志刊物、旅游手册、企业官方网站、企业官方微信公众号平台、旅游行业相关杂志和新闻媒体报道等。

(四)数据处理与分析

数据编码过程如下:由组内成员对搜集的一手数据和二手数据进行初步筛选,去除掉重复的或与研究主题无关的内容,整理成数据文献筐,接着对选择的数据进行编码,一手数据中企业管理者编码为 M、政府机构人员为 G、中间商编码为 B、供应商编码为 S、消费者编码为 C,二手数据中得到的相关网站资料、新闻报道和评论、企业内部报告和手册等被分别标号为 N。然后两名成员分别进行编码分析,首先对每一部分原始数据进行一级编码,归纳为概念,然后将相近的概念进行整理和分类,通过挖掘其内部的关联性提炼出相应的二级编码。在这些基础上,对构念间的内在逻辑进行分析,最终归纳成三级编码。整个过程由研究小组的两位成员协同完成,共同核对后达成一致。如果存在分歧,则再进行三人以上的讨论,重新核对,直到达成一致。

依据分析逻辑,从案例现象入手,收集整理数据并进行实证概括,最终提炼出理论构念,通过数据与理论不断对比构建研究模型(Yin,2013)。我们在与受访者进行采访交流时,为了降低和避免数据偏差,尽可能多地从不同渠道收集来自不同源头的数据,确保案例数据之间可以互相印证,从而提升研究结论的说服力。

编码过程中,分别对旅游供应链上企业的利益相关者营销思维、旅游供应链上多元企业身份、旅游供应链上多元企业认同形成过程进行了数据编码,见表3-3,以旅游供应链上企业的利益相关者营销思维数据编码为例。

表3-3　部分旅游供应链上企业的利益相关者营销思维数据编码表

三级编码	二级编码	来源	引用举例
"求同"思维	需求相似	M1	游客希望体验定制化的旅行,深入了解意大利文化
		N1	意大利欢迎更多的中国游客去体验意大利文化
		S1	酒店更喜欢一些高素质、懂得欣赏意大利美的游客
	借力推广	M1	H企业通过与意大利旅游局共同宣传意大利文化,传递了单团地接是最适合体验意大利文化的出行方式
		M1	H企业推出的意大利"时尚古国之旅"既帮助意大利旅游局深入解读了意大利文化,又满足了游客需求
"存异"思维	矛盾冲突	M1	消费者和组团社、车行的司机和导游等实际上会经常产生矛盾
		M1	思维方式和价值观念在指导我们以什么样的方式和合作伙伴相处,特别是遇到冲突的时候更为明显
		M1	游客购物会有提成,这些钱是给导游的,然后导游分部分钱给司机,司机就会担心导游没有说实话

四、H企业基于供应链视角的多元企业身份构建过程

(一)企业背景

H企业在中国市场最先提出"意大利单团地接"的业务模式,明确将意大利地接市场划分为单团和散拼团,推广可以满足游客个性化旅游需求的单团模式,与无法满足游客个性化旅游需求的散拼团模式形成鲜明对比。迄今为止,H企业的业务类型分为:会议单团、奖励单团、公商务单团、展览单团、小型私家团和一些签证服务办理等,目前已形成专业的产品流程和具有国际化标准的服务团队,在中国旅游市场已经成为意大利旅游的领导者。

(二)旅游供应链上H企业的合作伙伴

整个旅游供应链当中,本书以案例企业H企业为研究对象,而H企业的合作伙伴包括提供境外旅游资源的中间商(中青旅、国旅这样的组团社)、提供境外旅游资源的供应商(车行、导游和酒店等)、意大利政府机构(意大利旅游局、意大利驻华大使馆、意大利签证中心等)以及终端

游客。H 企业业务见图 3-9,H 企业作为境外旅游地接社,一方面仍主要依赖国内各大组团社提供游客,另一方面因为从事涉外业务,需要经常与意大利签证处、意大利大使馆、意大利国家旅游局驻中国代表处等机构打交道,并且需要导游、车行和酒店配合,为游客提供良好的产品和服务。

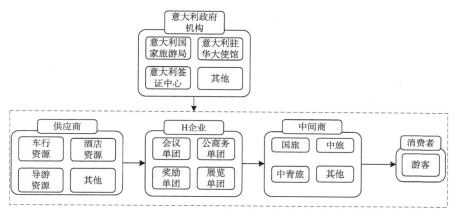

图 3-9　H 企业业务图

(三)H 企业与旅游供应链上合作伙伴的关系发展过程

本书在案例梳理过程中,通过 H 企业与旅游供应链上合作伙伴合作发展过程的分析,将 H 企业与外部利益相关者的合作发展过程分成了三个不同的阶段。

1. H 企业业务推广受阻,与意大利政府机构合作

(1)H 企业定位"可控"的单团地接业务模式

"单团地接"的业务模式最早由 H 企业开创,而单团又最早来自政府的公务团。政府的公务团一般由五六人组成,因为政府有商务活动和公务拜访,所以不能参加散拼团。但工作结束之后偶尔想旅游,H 企业就需要帮助设计和规划旅游路线,之后部分小团体游客也参与其中,逐渐演变出了单团这个概念,之后 H 企业对其业务类型进行了扩展,先后推出了公务单团、商务单团、会奖单团、展会单团和小型旅游单团等业务。H 企业通过对连续几年旅游从业经历的总结,得出"可控"是旅行社和游客的需求。游客愿意参加单团实际上就是想要体验个性化的旅行方式,而国

内的旅行社最担心的就是对境外的环节无法掌控,而 H 企业敏锐地捕捉到这一需求。H 企业作为境外地接旅行社,宗旨就是为参加单团的游客提供能够满足其需求的优质服务,提供定制化的旅游行程,达到"可控"的业务标准。

2. 意大利政府机构逐渐认可 H 企业

H 企业发展初期属于 B2B 的业务模式,单团地接的业务类型就是面向组团社提出的,但虽然 H 企业初期发展聚焦于与组团社合作,却收效甚微。因为 H 企业在建立之初,自身规模较小,资金实力不够,在行业也没有影响力,无法有效地参与竞争,与中青旅和国旅等组团社以及境外的车行、导游和酒店缺乏合作,这些外部利益相关者对 H 企业的认识也十分模糊。H 企业因为从事涉外业务,需要经常与意大利签证处、意大利大使馆、意大利国家旅游局驻中国代表处等机构打交道,H 企业发现与这些意大利政府机构的共同之处就是"意大利旅游"。H 企业想要更多的中国人去意大利旅游,使自己带领的团队能够很好地生存和发展下去;而意大利的相关政府机构也希望通过各种渠道或方式在中国境内宣传意大利、推广意大利,并在中国人心目中树立良好的意大利形象,使更多的中国人对意大利产生向往,进而去意大利旅游,因此 H 企业决定想办法通过和意大利政府机构合作增加曝光度和公信力。

2013 年 H 企业与意大利政府机构进行了首次合作,邀请意大利国家旅游局一起共享 108 平方米展位资源,共同宣传意大利旅游资源,获得了意大利国家旅游局好评。2013 年 8 月底,意大利国家旅游局邀请了 H 企业共同在中国举办"发现新意大利"的巡展。因为意大利国家旅游局对于在中国举办这么大型的巡展没有多少经验,所以整个活动过程中 H 企业负责场地的预订、人员的招募、代表意大利国家旅游局与当地机构交涉、与意大利驻各地使馆联系。巡展举办得非常成功,在媒体采访环节,意大利国家旅游局代表当着所有媒体的面称赞 H 企业"This is the best Italia travel agency!"活动结束后,H 企业接着以"Discover a New Italy"为主题拍摄了一组 DVD,通过中国旅游卫视采访大使、采访签证官、采访 H 企业、采访意大利旅游局,然后在中国百度和土豆网发放,塑造 H 企业专业的外在形象。自此之后,凡是有合作机会,H企业必定会拉上意大利旅游局或意大利大使馆一起宣传意大利,而意大利政府机构也乐于与H企业一起推广意大利文化。

3. 意大利政府机构助力,H企业赢得合作伙伴关注

(1)合作伙伴组团社逐渐认可H企业

H企业通过数次与意大利旅游局的合作,早已等同于意大利旅游局和意大利大使馆的左膀右臂,无论是意大利美食摄影大赛,还是时尚古国创意大赛等意大利大使馆或旅游局举办的活动,总少不了H企业的身影。H企业在得到意大利政府机构的认可之后,借助意大利政府机构的影响力,在组团社和游客的认知中建立了专业、可信的形象。而H企业也利用意大利国家旅游局在境外资源方面的特权,例如,办理签证的绿色通道和热门旅游景点的免排队服务等获得了游客的广泛好评。

一方面,H企业的品牌定位"意大利单团地接"就是H企业的核心竞争力;另一方面,意大利官方机构的很多支持也使H企业得到了认可。如从意大利出境的时候,很多人由于买了特别多的东西需要退税,H企业会帮助办理绿色通道,可以不排队或者少排队来退税。并且组团社交给H企业的旅游团在一些景点拥有绿色通道,无须排队等候,而且H企业地接的旅行团也可以接触到一些稀有资源,这一切使游客对组团社有了良好的反馈,因此组团社也逐渐认可了H企业。

(2)合作伙伴供应商逐渐认可H企业

H企业认真负责和诚信的态度逐渐得到车行、酒店和导游的认可,再加上H企业与政府机构合作共同不断传递专业、高端旅行这一认知,他们也更乐意与H企业一起合作。在酒店方面,很多酒店很愿意作为H企业的长期合作伙伴,因为一方面H企业每年提供的消费者团量比较可观;另一方面是H企业提供的大部分客人是单团,个人素质方面都会稍微强一些。因为欧洲的一些酒店非常希望游客尊重当地的文化和习俗。而酒店在与H企业合作的时候,也认为H企业能够提供一些高素质的客人,因此更愿意和H企业合作。H企业的司机和导游也非常喜欢帮H企业做一些宣传推广。访谈中一名导游提到,H企业绝对不会押车行款的,

他跟一些其他大巴车公司合作过,他说韩国的一个团,或者是一个公司,欠他们半年钱没有给,而这种情况在 H 企业是出现不了的。H 企业这方面认真、负责的态度让大部分车行很愿意选择 H 企业跟它合作,而且一旦选择之后,就会逐渐形成一个固定的合作关系。此外,很多的旅行社会向客人收取司机和导游的一个餐费,但为了实现利益最大化,他们旅行社会扣下这笔费用。但是 H 企业明文规定,必须把费用都补贴给司机和导游,甚至分为西餐的餐补和中餐的餐补,价格是不一样的,中餐是一个标准,西餐又是一个更高的标准,所以一些司机也非常愿意和 H 企业合作。

4. H 企业产品服务升级,吸引终端游客

(1)H 企业与合作伙伴共同面向游客进行旅游产品升级

H 企业的消费者主要都是中国的一些旅行社,跟旅行社合作的时候,整体属于 B2B 的业务,H 企业品牌无法在 C 端游客眼中显露出来。然而随着互联网越来越发达、市场越来越透明,互联网经济也更加注重方便和效率,H 企业想通过一款标准的产品来承载 H 企业品牌,想把这样一款标准的产品和服务认知植入到 C 端游客的心中,让 H 企业成为意大利旅游的首选品牌。H 企业思考了为什么人们选择意大利这个国家作为旅游目的地,意大利这个国家的定位优势是什么? H 企业通过对意大利的深入解读分析出了意大利作为一个旅游目的地国家的核心价值——古老而时尚。

2015 年 10 月,H 企业在意大利罗马古城召开"意大利时尚古国之旅"发布会,发布会上 H 企业分别与"一带一路"万里行组委会、"正奇会"及罗马 LUISS 大学签署战略合作意向。会议期间 H 企业负责人向来宾诠释了意大利旅游的精髓——古老而时尚,意大利拥有 51 项世界文化遗产,居全球首位,所以全球游客来到意大利想的就是和古老的历史来连接、来对话、来挖掘智慧,与此同时,意大利又有特别多的品牌引领世界时尚的潮流。如果用中国的传统文化太极图,就是一个黑,一个白,古老和时尚是阴阳的一个对立,意大利的古老和时尚也是一个对立的统一,它蕴含了无限神秘的美,这个概念在现场引起了现场学者、工作人员和游客的共鸣。

H 企业为了保证将意大利的特色融入旅游产品和服务,不断激发员工的热情,在员工的心中植入对意大利文化的热爱。H 企业每年都会派

员工去意大利实地考察,每个部门的员工大概每年都会参加一次这样的培训,培训他们了解和熟悉意大利。在产品和服务研发的过程中,H企业负责人会亲身体验产品和服务,并不断与研发团队成员讨论和完善新产品的路线和服务体验方式,以求游客可以更好地体验意大利的景点和文化。并且H企业对服务流程细节尽力做到精益求精,对消费者的照顾做到无微不至,致力于为每一位游客带来价值,H企业"古老而时尚"的产品和服务体现在方方面面,真正从细节上做到细致入微。例如,H企业首先对合作的导游进行培养,以为游客提供高质量的服务为标准,注重培养导游优质的服务意识和能力。对整个旅游线路从语言角度进行引导,因为虽然很多境外的导游一直在介绍意大利,但是他并没有从古老和时尚做切入点,H企业让导游通过了解和学习从古老和时尚的点来切入介绍。其次H企业与酒店和景区合作,尽可能地为游客安排市中心的特色酒店,当导游下班后,游客可以自由出去闲逛,同时也会安排游客去一些特色酒庄品尝,体验纯正的意大利风味。

(2)C端游客逐渐认可H企业

H企业认为游客更加关注的是产品和服务给他每时每刻的体验,很多游客在境外旅游很容易缺乏安全感,而H企业在异地的这种环境和氛围里,与意大利政府机构合作,通过权威的形象能够消除游客的紧张感和陌生感,并且与一些专业的导游和具有特色的酒店合作,可以为游客营造一种时尚而古老的氛围,激发了游客内心对文化的追求、对自身的探索。比如,H企业安排游客在斗兽场晚上夜游,在斗兽场旁边喝红酒,游客就会感到很兴奋,感受到不同的旅游体验。2013—2017年,H企业已经组织了18052个中国游客去意大利,累计在意大利度过45727个夜间,引导中国游客开启发现美的眼睛,通过小团的方式,前往意大利深度旅行,去发现意大利原汁原味的文化,体验对美和品质执着的追求。

2018年至今,H企业逐渐面向C端消费者推出自由行,包括一些碎片化的旅游服务,比如一张门票、一个接机、一个送机、一个博物馆的半日游、一个城际的交通等,H企业希望将自身塑造成为游客去意大利旅行的首选品牌。H企业目前也在多个互联网平台上面向游客推出了产品,例如,马蜂窝(自营)、携程(自营)、穷游(自营)、飞猪(外包)。自 2015 年 H 企业正式提出古老而时尚的意大利以来,通过四年的积累,广大中国游客对"时尚古国意大利"这个定位高度认可,连续两年发起的"时尚古国创意大赛""时尚古国游记大赛"均得到了全社会的认可和参与,同时"时尚古国意大利"这个市场推广品牌和项目也得到了意大利驻华大使馆的认可和赞誉,2018 年"时尚古国游记大赛"于 2017 年 9 月 28 日在意大利驻华大使馆文化处礼堂启动至今,仍在进行中,目前这个项目的主办方为:意大利驻华使馆文化处、意大利国家旅游局中国代表处、H 企业旅游文化产业发展(北京)有限公司。H 企业经过几年来和合作伙伴的共同努力,推出的产品和服务让意大利受到众多游客的热爱,而 H 企业旅游的宗旨和目标正是希望和意大利政府机构以及各大资源提供商形成紧密战略合作伙伴关系,以更专业的方式、更明确的身份在中国推广意大利旅游,实践高品质的旅行方式。

(四)构建旅游供应链上企业的利益相关者营销思维

旅游供应链伴随游客的旅游活动客观存在,随着国内外旅游市场竞争的日益激烈,供应链已成为大部分旅游企业提升市场核心竞争力的新途径。旅游业内针对游客需求,以旅行社为核心,联系其他外部利益相关者,共同安排旅游活动的旅游服务模式,实际上就是一条服务于游客的旅游供应链。在旅游供应链的背景下,单个旅游企业不能独自提供旅游产品和服务,需要上下游合作伙伴共同完成,因此在多元的环境下,企业首先需要培养相应的利益相关者营销思维。

在案例描述的基础上,对每一阶段的现象进行提炼,发现 H 企业的营销思维经历了从企业和组团社的二元关系到企业与多个外部利益相关者合作的多元关系的转变。希勒布兰德等(Hillebrand 等,2015)认为,企业必须考虑多个利益相关者的价值观念,消费者并不一定被视为重要的利益相关者群体,利益相关者营销强调企业需要具备三种能力:系统思维、悖论思维和民主思维。系统思维指出企业与利益相关者之间的合作关系很大程度上影响或需要其他利益相关者的支持。民主思维指出企业可以与众多利益相关者共享和控制营销决策的能力。悖论思维指出企业的利益相关者网络存在高度明确的张力,利益相关者之间存在紧张关系。由于中外文化的差异,我们认为中国企业在处理自身与外部利益相关者关系时更偏向一种"统筹兼顾"的思维方式,即通过将不同外部利益相关者的需求进行区分和融合来形成对立中的统一和动态中的平衡,阴阳平衡的思想也是东方思维方式中独特的思维框架。而在对案例企业 H 企业的分析过程中,研究发现中国道家的阴阳思想不仅支撑了利益相关者营销理论的内涵,也更容易被中国本土企业所理解和借鉴。在构建模型的过程中,我们认为供应链上企业利益相关者应该具备"求同和存异"的思维方式。所以在研究供应链上企业的利益相关者营销思维模型中,借鉴了中国的阴阳思想。道家的阴阳思想是中国重要的思想框架(Bai 和 Roberts,2011),并且阴阳思想在国内已取得了不错的结果,在企业战略管理中得到了广泛应用(杜荣,2010;李自杰,2016)。

　　笔者认为,在当今复杂的利益相关者网络中,企业的思维方式应该从敌对的利益取舍思维转变为互相对立而又相互影响的利益相关者营销思维,只有实现企业这种思维模式的转变,才可能为企业吸引拥有一致价值观、共享的愿景,以及实现共赢的外部利益相关者。因此,本书借助道家阴阳思想,提出包含两种相反因素且在更高层次实现互补的利益相关者营销思维,见图 3-10,该模型的左边是"求同"思维,以互相促进为主,其逻辑是强调企业的不同外部利益相关者需求之间存在关联性。该模型右边是"存异"思维,以寻求差异为主,其逻辑是强调企业的不同外部利益相关者需求之间存在对立冲突,两部分相互作用,相互包含。

　　1."求同"思维

　　"求同"思维指在利益相关者网络中,企业挖掘和识别外部利益相关者需求之间的关联性的能力。在一些简单的利益相关者网络中,企业只需要满足消费者的需求,在这种情况下,二元关系中每个利益相关者都不依赖于其他利益相关者。然而在价值交换高度复杂的今天,一次只观察一个二元关系,并不能准确地理解一个利益相关者群体的处理如何影响企业与其他利益相关者群体的交换关系。如今,产品创新的来源是多种多样的,它们包括消费者、供应商、政府、竞争者、非政府组织和许多其他

图 3-10 基于旅游供应链的企业利益相关者营销思维模型

特殊利益群体。创新网络中的所有活动节点,都会为企业创新补充知识和经验。旅游供应链上产品或服务的价值创造是与众多外部利益相关者一起发生的,而价值的创造不能通过单独关注一个外部利益相关者而被准确理解。

"求同"思维包括理解企业外部利益相关者之间如何相互联系,即谁以何种方式影响了谁,谁又依赖于谁,从而更好地与多个外部利益相关者进行合作。采用这种思维的企业并不是简单地对每个利益相关者单独作出回应,还需要对整个利益相关者群体的相互作用作出回应。例如,虽然初期阶段 H 企业与意大利政府机构有过业务往来,但它只关注组团社的利益,没有意识到组团社的需求并不是独立于意大利政府机构的需求之外的。并且 H 企业初期推广意大利单团旅游模式时,由于名不见经传,无法吸引组团社关注。当 H 企业意识到与意大利政府机构的合作空间,他们都想要推广意大利文化,吸引更多中国游客。2013 年 2 月底,在广州国际旅游展览会(GITF),H 企业与意大利政府机构进行了首次合作,提出最适合体验意大利文化的新旅游方式——单团地接,并获得意大利政府官员称赞,而且这种全新的旅行方式让媒体觉得它有足够的新闻价值来进行广泛报道。这次合作为 H 企业开辟了一个思路,即与意大利政府机构合作宣传意大利文化。因为 H 企业可以从双方合作中获得声誉，吸引更多合作伙伴。H 企业不断与意大利政府机构在媒体和公众面前亮相，让一些利益相关者感觉不支持 H 企业，就好像不支持意大利一样。H 企业从系统角度考虑，认识到政府机构的公信力十分重要，只有通过与政府机构合作增加曝光度，让中青旅、国旅等大型旅行社认可 H 企业的专业性，再通过组团社优质客源与车行、酒店保持长期稳定的合作，最终共同给消费者提供可控的定制化旅游服务。

2."存异"思维

"存异"思维指在利益相关者网络中，企业挖掘和识别外部利益者需求之间存在区别冲突的能力。传统营销将消费者这个外部利益相关者群体孤立起来，并假定这个群体的利益和价值观念占据主导地位，通过优先考虑消费者需求，外部利益相关者之间的紧张关系被淡化或忽视。而在供应链中，外部利益相关者之间的紧张利益关系变得更加明确，在这种情况下，需要一种能够认识到多个利益相关者的需求存在差异性的思维。

H 企业负责人在访谈中提到，H 企业在与合作伙伴合作过程中，一直有一种"和"的思想，其实 H 企业一开始在与合作伙伴合作的过程当，也经过了一些磨合，特别是当我们遇到冲突的时候，大家既考虑自己，也能站在对方的角度来面对冲突，共同建立起来这种"和"的思维。境外旅游过程中司机是经常和导游有矛盾的，因为很多企业大部分的利益来自游客购物消费，并且游客购物会有返佣，返佣金钱是给导游的，但导游又必须分部分钱给司机，而司机就会一直担心导游有没有说实话。所以司机就会抱怨找茬，或者是走错路，或者是跟导游发生争吵，或者是超时，互相斤斤计较。但 H 企业注重游客服务体验，要求司机给大家拎行礼，景点尽可能停得近一点，司机跟导游配合得好点，不要迷路。H 企业主打服务，因此给司机和导游的小费和工资都不会少。并且万一司机要是迷路了呢，也不会有太多指责，司机是能感受到 H 企业对合作伙伴的体恤之情的。如果导游和客人出现冲突，客人会扣 H 企业的钱，H 企业不会扣导游的钱，H 企业自己支付这部分金额，但 H 企业会把客人的邮件转发给导游，让导游自己反思，逐渐导游就会有触动，就会觉得有点歉意，从而约束自己,慢慢地接受 H 企业,为游客提供可控的意大利境外地接服务,形成规范化的导游团队。

传统营销通过忽略或压制紧张关系,将解决消费者问题作为企业运营的唯一最重要的标准。因为在传统营销中,推崇顾客至上,而"求同和存异"思维认为,企业首先应该接受和承认外部利益相关者之间存在的紧张关系,这意味着企业必须承认多个"事实",这种紧张关系为企业提供了一个学习的机会,因为企业需要针对不同外部利益相关者需求之间的紧张关系,提高接受和学习的能力,而不是忽视或压制这种紧张关系。复杂的对立关系会刺激企业从多个角度看待问题,从而改变公司现有的思维模式,帮助企业发现需求之间的新联系。

(五)旅游供应链上多元企业身份构建过程

本节结合境外旅行地接社所在的旅游供应链,将旅行社作为一个有机整体进行考虑,选择当地政府机构、供应商、中间商和消费者作为旅行社企业的外部利益相关者进行研究。企业身份代表外部利益相关者对公司的看法,即企业形象或名望等(Hatch 和 Schultz,1997)。企业身份管理的目标是与利益相关者建立良好的关系,使企业拥有良好的声誉。而在复杂的利益相关者网络中,本书认为构建多元企业身份是外部利益相关者对企业多元认同的基础,而多元企业身份需要同时满足多个外部利益相关者的期望。斯科特和莱恩(2000)认为,企业身份是由企业和其他利益相关者之间在复杂、动态的合作过程中由一系列的事件所组成的。

如图 3-11 所示,企业会受利益相关者营销思维的影响,开始面向多个外部利益相关者构建多元企业身份。企业成立初期管理层就会通过企业核心价值观塑造企业核心身份,然后企业围绕多个外部利益相关者的自我定义需要挖掘出多个外部利益相关者的身份主张,并按照多个外部利益相关者的紧迫程度和重要性,逐次扩大企业身份的框架以包括其他利益相关者,最终形成多元企业身份。本书将多元企业身份构建过程划分为三个阶段:(1)构建面向权威影响者的企业身份;(2)构建面向合作企业的企业身份;(3)构建面向消费者的企业身份。多元企业身份构建在本质上是动态的,它包括多个外部利益相关者和企业在合作中的互动,是企业管理层对企业外在形象的渴望和对外部利益相关者反馈认知的结合。因为通过合作活动,企业给它们的利益相关者留下了渴望的形象,使公众知道企业对相关受众来说什么是特别的、唯一的或与众不同的,最终企业根据受众身份的自我定义需要以及自身的核心身份不断丰富和夯实企业身份,逐渐形成多元企业身份,并且这种多元企业身份处于协同和共生的状态。

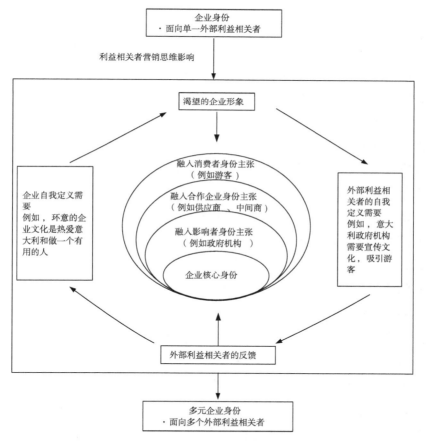

图3-11　旅游供应链上多元企业身份构建过程模型

1. 企业核心身份

艾伯特和惠滕(Albert 和 Whetten,1985)将组织身份定义为一个组织的核心的、持久的和独有的特征。我们认为企业必须先构建核心企业身份,然后再随着企业发展包含其他多个外部利益相关者。在很多情境下,认同传递的过程是一个感性的过程,企业可以通过逻辑和策略提升业务能力,然而当一个企业想影响外部利益相关者,并让他们认同自己的时候,只有逻辑是不够的,需要将企业文化和价值观融入合作中。特别对于旅游服务产品来说,企业更需要与外部利益相关者在文化和价值观方面产生交集才会获得认同。斯科特和莱恩(2000)认为,企业目标、使命、实践、价值观和行动(或缺乏行动)对塑造企业身份都有贡献,因为它们可以通过高层管理者和利益相关者的眼光来区分一个组织与另一个组织,并指出企业身份包含核心价值观(Core Values):经营原则(Operating principles)、组织使命(Oragnizational mission)、领导力(Leadership)。因此,本书认为,企业身份由经营原则、组织使命和领导力构成。

企业的价值观相当于"人格魅力",是一种区别于其他企业的特质。科斯滕(2011)指出,因为供应商通过支持买方的价值观和信念的方式思考和行动,会与买家在合作关系中建立信任,而且由于目标、价值和信念的重叠,他们会主动告知买方消费者预期的或意料外的事件。最终指出双方认同的驱动因素将集中在共同的价值观上,比如对技术的承诺、对精益原则的承诺。H企业从负责人到员工一直秉承的信念是热爱意大利文化,做有用的人。H企业的员工表示:"公司高层希望通过公司把意大利美好的体验传递给中国游客。"H企业负责人多次表示,"我办这家公司的主要目的,就是想把意大利那些美好的东西与大家分享,同时不赔钱,保证长久地提升我们的产品和服务,再与顾客分享美好的东西,形成循环"。H企业作为一家旅游地接社,经常在公开场合宣传意大利文化,甚至遭到同行的诽谤,觉得H企业比较特立独行。但H企业不断深耕意大利文化,对文化解读和传播的使命感感染了很多合作伙伴。H企业挖掘和提炼出的意大利时尚和古老的特点被意大利政府机构所认可,被多个媒体争先报道。此外,H企业负责人认为,中国高端旅游市场还处于培育阶段,中国的游客对于定制化旅游还比较陌生,H企业希望通过在中国宣传意大利旅游资源和意大利文化使更多中国游客选择意大利作为出国旅游目的地,虽然大范围宣传意大利文化对H企业自身业务推广受益甚微,但H企业秉承的是"利他"的经营原则,希望做一个对他人和对社会有帮助的企业。

2. 外部利益相关者身份主张

（1）影响者的身份主张

旅游供应链上旅行社的一些重要影响者，例如，当地政府机构、旅游景区等在合法性、权力和紧迫性等方面的影响最为显著，而政府机构与企业身份地位是不对等的，很多情况下都是企业需要不计成本地投入资源才能迎合政府机构的需要，但是构建面向政府机构的企业身份尤为关键，冯珍（2014）认为，政府对旅游供应链上游的供应商有监控作用，因此政府机构应该被引入到旅游供应链中，它也可以调控旅游企业更加稳定有序地发展。H企业发展初期将组团社视为上帝，致力于为组团社提供更可控的意大利地接服务。但因为自身规模较小，资金实力都不够，无法有效地参与竞争，又与其他外部利益相关者缺乏合作，知名度低，无法有效地在组团社面前塑造"诚信、可控"的身份认知。之后，H企业因为从事涉外业务，经常与意大利签证处、意大利大使馆、意大利国家旅游局驻中国代表处等机构进行业务往来，逐渐发现意大利这些政府机构也尝试通过各种渠道或方式在中国境内宣传意大利、推广意大利，吸引更多的中国人去意大利旅游。并且在与这些意大利政府机构打交道的过程中，H企业负责人发现，这些意大利政府机构在中国境内推广意大利文化和旅游资源的时候，由于文化与思维的差异，经常使其处于一种有心无力的尴尬局面中。H企业通过准确分析意大利国家旅游局及驻华大使馆等意大利政府机构身份的自我定义需要，帮助意大利国家政府机构在中国推广意大利旅游及其文化，促进中意文化交流，为意大利输送优质游客，从而成为意大利国家旅游局的左膀右臂。H企业与意大利国家旅游局和意大利驻华大使馆共同亮相活动，借助意大利这些政府机构的公信力给合作伙伴塑造专业、可靠的外在形象。因此，我们认为旅游供应链上主要影响者意大利政府机构的身份主张是宣传意大利文化。

（2）合作企业的身份主张

H企业是连接供应商与中间商的纽带，H企业的上游是提供酒店、车行等服务的供应商和下游提供客源的组团社。早期H企业在旅游市场没有标准产品,基本都是按照组团社的要求提供服务,为单团游客定制每个团的旅游路线。H 企业由于米斯特拉时期的积累,团队一直遵守了"诚信、专业"的服务态度,同时发现组团社真正关注的是游客在境外的旅游体验是否得到保障,于是 H 企业在创立之后就聚焦"可控"的境外服务形象。并且,H 企业频繁和意大利政府机构合作曝光,加深自身专业感和权威感,并且依托于意大利国家旅游局绿色签证等服务优势,逐渐在国内知名组团社国旅、中青旅等面前形成 H 企业就是意大利政府机构的左膀右臂的认知,满足了组团社"诚信、可控"需求。因此,本书认为旅游供应链上中间商的身份主张是专业、可控的境外服务。

此外,一方面,H 企业诚信的经营原则得到了导游、车行和酒店等供应商的一致好评;另一方面,H 企业与政府机构共同曝光使他们愿意了解并与 H 企业合作。H 企业的业务定位属于中高端旅游,宣传推广有一定难度,而与政府机构共同合作可以给酒店塑造专业、高端的印象。欧洲的一些酒店也认为 H 企业能够提供一些比较可靠的客人,H 企业的消费者比较尊重当地的文化和习俗,因此更愿意和 H 企业合作。H 企业负责人认为导游是一个非常崇高的行业,她将导游视为 H 企业的品牌代言人,向导游传递自身是意大利文化的传播者,站在文化旅游的一个高度,因此 H 企业的导游也愿意与高素质的人打交道。因此,旅游供应链上供应商的身份主张是诚信、高素质的客源。

(3)消费者的身份主张

随着经济发展,旅游产品和服务越来越趋向于个性化和定制化,即旅游的路线、交通车辆、食宿等都需要满足游客的意愿,而旅行社负责落实游客的要求。这种定制化的过程需要大量的精力去尽力与游客和资源沟通安排,时间成本、经济成本都较高,因此旅行社必须与这些外部利益相关者保持良好的合作关系。H 企业面向多个外部利益相关者的身份认知都会给消费者造成影响,形成 H 企业是相对权威、专业和有一定境外资源的旅行社,而这些在一定程度上满足了消费者希望通过定制之旅给自己带来惊喜并彰显身份地位。H 企业发现在很多散拼团里,很多游客既不是没有钱,又不是缺少时间,但是他却不知道用其他什么方式出国。游客可能并不想走那么多景点,他们想在每个景点多待一会,像真的外国人一样,想把自己当成主人,把风景当成背景。而不是那种为了多逛几个景点,走马观花的旅行社方式。随着一些游客尝到甜头,游客们认为 H 企业虽然价格贵了点,但是这种体验让他们觉得不虚此行。因此,旅游供应链上消费者的身份主张是个性化的深度旅游体验。

3. 旅游供应链上多元企业认同形成过程

利益相关者认同指利益相关者如何通过企业来定义自己,这会决定他们对一家企业的态度(Majdenic 等,2017)。已有研究将消费者—企业身份相似性作为消费者—企业认同的主要驱动力。本书认为,与消费者相比,对于外部利益相关者来说,他们对自己身份与相关企业身份的相似性方面的认知也会促进他们与企业的认同过程。科斯滕等(2011)认为,供应商对买方的认同是供应商企业与买方企业的感知同一性,包含将买方成功与失败的经验(例如,以别人的表扬或批评的形式)视为供应商自己的,而当供应商意识到他们的自我身份和买方身份之间存在重叠时,他们就会认同买方。

多元企业认同是企业多个外部利益相关者通过与企业接触,进而确定与企业相应身份相似的过程。多元企业认同的起点是外部利益相关者与企业的一些接触点(例如,企业官方网站、产品推荐会等),并给出多元企业认同形成的五条路径:顿悟、模仿、探索、协同和共生,如图 3-12 所示。在多元企业认同过程中,企业多个外部利益相关者可以通过五种不同的途径:顿悟、模仿、探索、协同和共生感知身份重叠而形成认同。外部利益相关者通过与企业首次接触,感受到了他们自己和企业之间的相似性,这种超出预期的满足感会导致顿悟。模仿指外部利益相关者对企业身份产生兴趣并采用企业价值观的过程。在探索过程中,外部利益相关者通过对企业身份的感知,权衡他们所经历的感受,以此寻找更深层的生活意义和身份。协同指某一外部利益相关者对企业身份的肯定会促进其他外部利益相关者对企业身份的肯定。共生指外部利益相关者与企业通过深入互动内化企业身份,与企业互相依存,形成共享价值观。

普雷斯和阿尔努(Press 和 Arnould,2011)丰富了消费者—企业认同

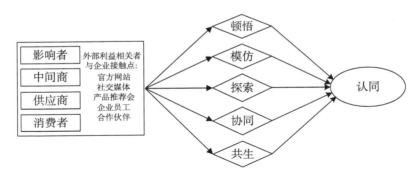

图 3-12 旅游供应链上多元企业认同形成过程模型

过程,他们认为,消费者和企业员工可以通过两个正式和非正式渠道与企业互动,并通过顿悟、模仿和探索三个路径形成认同。其中正式渠道和非正式渠道是认同促进的渠道,正式渠道是企业内部的一些活动(例如,员工培训、企业网站信息),而非正式渠道是企业外部的一些活动(例如,企业员工和消费者的随意接触与学习)。多元企业身份构建的过程包含了多个外部利益相关者与企业的互动过程,多元企业认同只讨论外部利益相关者如何感知企业身份,因此多元企业认同始于外部利益相关者和企业的一些接触点,此外补充了协同和共生两条认同路径。

(1)顿悟

通过数据整理,发现有 26 条数据证明外部利益相关者会在首次与 H 企业接触时,觉得 H 企业的表现超过自己的期望,进而认同 H 企业。顿悟是瞬间发生的,外部利益相关者通过与企业首次接触,感受到了他们自己和企业之间的相似性,这种超出预期的满足感会导致顿悟。正如阿什福思等(2008)提出,受众在与企业接触时自己与组织之间的相似性得到了确认,可能会导致暂时的认同。

所有的外部利益相关者在与企业初次接触时,都可能通过顿悟形成认同。例如,意大利旅游局在与 H 企业首次合作中,H 企业对意大利的专注和利他的经营原则超过了政府工作人员的预期,因此他们通过顿悟可能形成认同。H 企业负责人在访谈中提到,2013 年广州博览会,意大利旅游局首席代表发现 H 企业负责人是在发自内心地宣传意大利,她感受到了 H 企业对意大利的专注和热爱,之后她就表示很喜欢 H 企业负责人在,H 企业负责人也感受到了首代对 H 企业态度的转变。意大利国家旅游局人员表示,通常 H 企业邀请旅游局做推荐会的时候,旅游局每次都比较配合,他们比较认同 H 企业的服务态度和对意大利旅游的热情。而 H 企业的很多消费者在初次体验过 H 企业定制化的旅游路线后,纷纷对 H 企业的产品赞不绝口,表示会向朋友推荐 H 企业。这些游客认同 H 企业的路线设计和服务,认为不仅整个行程风景优美,而且领略了地方特色文化,这些都超出了他们的预期。

（2）模仿

通过数据整理,发现有 11 条数据证明,外部利益相关者会在与 H 企业接触中受 H 企业的价值观吸引,学习 H 企业的文化和理念。模仿是指外部利益相关者通过与企业合作,受企业身份吸引,逐渐适应和采用企业的价值观。模仿是一个循序渐进的过程,在这个过程中个体逐渐采用企业价值观。

旅游资源供应商和消费者更可能在与 H 企业的接触中,受 H 企业吸引,理解和学习 H 企业的价值观和文化。一方面,H 企业负责人提到,H 企业在围绕更可控这个概念进行服务运营的时候,最关键的就是规范和培养境外的一些资源,例如,导游和车行的司机,要求他们理解和学习 H 企业的文化和行为准则。而 H 企业的导游也表示 H 企业分工非常精细,H 企业每次给他的资料都非常齐全,感觉 H 企业整体很认真和专注。另一方面,H 企业这种单团定制化的高端旅游体验,会影响消费者的理念,因为它是区别于散拼团走马观花的旅游方式,更突出深层次的旅游体验。H 企业的消费者也表示,自己想要学习 H 企业的价值观和提倡的生活方式,他觉得自己借着 H 企业这个平台收获了很多。

（3）探索

通过数据整理,发现有 31 条数据证明,外部利益相关者会在与 H 企业多次合作后,衡量 H 企业与其他合作伙伴的区别,提升对 H 企业的认同。探索指外部利益相关者通过对企业身份的感知,权衡他们所经历的感受,以此寻找更深层的生活意义和身份。在探索过程中,利益相关者将企业模式和关系作为寻找更深层的生活意义和身份镜头,他们认为认同通常不是一种静态的统一,而是不断调整的(Sillince 和 Golant,2018)。

所有的外部利益相关者通过与企业多次合作后,都可能会通过探索加深认同。H 企业不断对意大利文化的提炼,创新性地提出"古老而时尚"这一概念也获得了意大利政府机构的肯定。访谈中意大利国家旅游局人员提到,一般旅游公司就是以产品为主,但是 H 企业是针对整个意大利的文化在做宣传,H 企业对意大利的理解是一个古老而时尚的国家,这个观点非常精准。政府机构人员认可 H 企业的产品设计理念,觉得 H 企业在对意大利的景点理解方面比其他的旅行社有深度,H 企业可以提供当地最原汁原味的产品。因为官方可能需要告诉游客哪些地方更加值得去探索,但 H 企业已经在这方面起到了积极的引导作用。对于导游来说,他觉得 H 企业非常靠谱,H 企业并没有和其他旅行社一样把他们视为一个临时雇员,而是当成了公司一员,比其他旅行社更尊重和照顾他们的感受。对消费者来说,有人觉得 H 企业把旅行社的这种工作上升到一种精神层面,感受更多的是 H 企业有使命感,整个体验过程感动很多,她很认同 H 企业,觉得 H 企业在每一个环节都让人有不同的收获和感动,觉得 H 企业用心做到了极致。

(4)协同

通过数据整理,发现有 27 条数据证明,一些外部利益相关者与企业的关系会受到其他外部利益相关者的影响。协同指某一外部利益相关者对企业身份的肯定会促进其他外部利益相关者对企业身份的肯定。在复杂的利益相关者网络中,外部利益相关者与企业的关系不仅由双方互相影响所决定,外部利益相关者之间存在直接或间接的联系,企业与某个外部利益相关者之间的合作关系,在很大程度上需要其他外部利益相关者的支持,解决特定利益相关者的需求可能同时影响企业与其他利益相关者的关系。

在旅游供应链上,政府机构对 H 企业的肯定和称赞,促进了 H 企业的中间商、供应商和消费者对 H 企业的认同。H 企业负责人提及 H 企业和组团社的良好关系就相当于一个附加条件,意大利政府认可我们,可能会导致组团社和消费者更加信任我们,借助政府权公信力让别人觉得 H 企业是一个值得信赖的企业。对于给 H 企业提供游客的各大组团社,他们最注重服务质量,他们在乎游客在境外的服务是否能够得到保障,而 H 企业最初无法有效向组团社传递这"可控的境外服务"这一身份认知。但在后来,H 企业面向意大利政府机构构建的是"意大利文化宣传大使",而这一身份认知加深了组团社、游客对 H 企业产品和服务专业的认知,H 企业与意大利政府机构共同曝光和合作促进了他们对 H 企业的认同形成。而组团社人员也提及除了认同 H 企业酒店采购和服务外,最认同的就是 H 企业和意大利使馆的关系。我们在意大利国家旅游局人员的访谈中也验证了这个观点,"我觉得我对 H 企业的认同,首先是对 H 企业知名度的一个提高,还有就是会对他们的业务产生影响,大家可能会认为他们的企业更加权威,更多的人会愿意体验 H 企业的产品。我也会将 H 企业推荐给亲朋好友和一些来咨询的消费者"。

（5）共生

通过数据整理,发现有 15 条数据证明,外部利益相关者会在与 H 企业深入了解之后,愿意与 H 企业捆绑成互相依存的关系。共生是指外部利益相关者与企业通过深入互动内化为企业身份,与企业互相依存,形成共享价值观。本书认为中间商、供应商这些企业更容易在企业文化、价值观念等方面与企业形成美好体验,进而共同形成彼此依存的共生链。H 企业也一直积极主动地和意大利政府机构以及各大资源提供商保持紧密合作的战略伙伴关系,希望以更专业的方式、更明确的身份在中国推广高品质的意大利旅游产品。

很多组团社,例如,在中国的中旅、国旅和中青旅,这些组团社其实都和 H 企业有合作,H 企业目前已经成为意大利定制旅游的一个行业标杆,只要消费者有需求,他们肯定会选择 H 企业,因为消费者对 H 企业的反馈都特别好。H 企业导游提到在罗马有一家车行,是不接其他旅行团的,只接 H 企业一家旅行社的客人,因为 H 企业比较厚道,名誉度和诚信度非常高。有的导游只接 H 企业的团,其他的团都不太接,他觉得 H 企业整体非常温暖,更像一个家庭,会给予他们人性化的关怀,并且对于 H

企业过来的这些客人,他会加倍认真对待,他觉得认同 H 企业就必须要帮着 H 企业去守着他的口碑。

综上所述,顿悟、模仿、探索、协同、共生这些认同路径并不相互排斥,每个外部利益相关者可能经历一个或多个与企业感知到的相似身份,从而形成认同。我们认为首先所有外部利益相关者都能通过顿悟形成认同,然后通过探索加深认同。其次,供应商和消费者容易适应和学习企业价值观,通过模仿形成认同。再次,供应商、中间商和消费者容易受企业与影响者的正面关系影响,通过协同形成认同。最后,中间商和供应商等企业容易通过与企业深入了解之后,彼此依存互利,通过共生加深认同。

五、供应链视角下多元企业认同形成过程的研究发现

(一)供应链视角下多元企业认同形成过程的研究结论

结论包括旅游供应链上企业的利益相关者思维、多元企业身份构建以及多元企业认同形成过程,所以有以下三个结论:

第一,旅行社在与供应链上下游外部利益相关者合作中应培养"求同和存异"的利益相关者的营销思维。旅游产品综合性的特点决定旅行社企业需要与旅游供应链上多个外部利益相关者共同合作,因此,在消费者需求市场不断变化、愈加复杂以及不断呈现多样化的趋势下,旅行社企业的营销思维需要从传统营销思维到利益相关者营销思维的转变。考虑到中西方文化的差异,借助中国道家阴阳思想,提炼出"求同和存异"的思维。"求同"思维以多个外部利益相关者互相促进为主,其逻辑是强调企业的不同外部利益相关者需求之间存在关联性。"存异"思维以寻求外部利益相关者需求的差异为主,其逻辑是强调企业的不同外部利益相关者需求之间存在对立冲突。

第二,旅行社在塑造企业核心价值观的基础上,不断融入和夯实多个外部利益相关者的身份主张,逐渐形成多元企业身份。企业在成立初期通常不会带有现成的身份,企业管理层通过企业核心价值观(经营原则、组织使命和领导力)凝炼形成企业核心身份,随着利益相关者营销思维的影响,企业必须丰富企业身份内涵以包括其他利益相关者。考虑到主

要影响者政府机构的权威形象和旅游资源的特权优势,首先,企业必须尽可能地融入权威影响者的身份主张,构建面向权威影响者的企业身份。而企业上下游合作伙伴都可以为旅游产品的创新提供和补充知识,企业面向这些外部利益相关者的身份认知都会最终影响消费者。其次,构建面向合作企业的企业身份。最后,再构建面向消费者的企业身份,多个身份互相嵌套与重叠形成多元企业身份。

第三,多元企业认同可以通过顿悟、模仿、探索、协同和共生五条路径形成。旅行社企业的外部利益相关者可以通过这五条路径确认自身身份和旅行社企业身份互相重叠。外部利益相关者通过与企业初次接触,感受到他们自己和企业之间的相似性,这种超出预期的满足感会导致顿悟。模仿发生在外部利益相关者对企业身份产生兴趣,逐渐适应和采用企业的价值观。探索是指外部利益相关者通过对企业身份的感知,权衡他们所经历的感受,以此寻找更深层次的意义和价值。协同是指某一外部利益相关者对企业身份的肯定会促进其他外部利益相关者对企业身份的肯定。共生是指外部利益相关者与企业通过深入互动内化企业身份,共同成长形成了共享价值观,彼此互利依存导致深层次的认同。

(二)供应链视角下多元企业认同形成过程研究的理论贡献

企业在与多个外部利益相关者构形成认同关系时,需要先培养利益相关者营销思维,然后构建多元企业身份,多个外部利益相关者通过感知自身身份与企业身份的同一性形成多元企业认同,因此主要理论贡献有三点:

第一,弥补了国内利益相关者营销研究的不足。一方面,虽然目前学者认为利益相关者营销可以导致可持续的供应链管理,很少围绕旅游背景分析旅行社利益相关者导向的旅游供应链管理;另一方面,目前企业利益相关者营销的研究多集中在国外,希勒布兰德等(Hillebrand 等,2015)认为利益相关者营销强调企业需要具备三种能力:系统思维、悖论思维和民主思维。国内缺乏这方面研究,结合中外文化的差异,研究发现中国旅行社在处理自身与外部利益相关者关系时更偏向一种"统筹兼顾"的思维方式,因此构建了"求同和存异"的利益相关者营销,丰富了利益相关者营销相关理论。

第二,完善了旅游供应链上旅行社外部利益相关者认同的企业身份构建过程。企业传统面向消费者的身份只是直接构建满足消费者身份自我定义需要的身份,从身份理论视角,挖掘了多元企业身份的构成要素,并打开了多元企业身份的构建过程。斯科特和和莱恩(2000)将企业身份构建过程描述为企业管理者和利益相关者进行的一系列合作活动和事件,认为企业身份构建本质上是动态的、互惠的和反复的,但没有讨论在面对多个外部利益相关者的时候,企业如何进行合作和构建身份,而本书填补了这方面的理论不足,分阶段打开了企业身份构建过程,丰富了企业身份构建相关理论。

第三,填补了旅游供应链上旅行社外部利益相关者对企业的认同过程。目前对认同形成过程的研究很少,并且很少有文献研究组织与组织间的认同关系,现有认同形成过程的研究也只局限在 B2C 情境下。本节在 B2B 和 B2C 的情境下提出多元企业认同通过顿悟、模仿、探索、协同和共生等过程实现,对认同和关系营销进行了理论完善。研究打开旅游供应链上多个外部利益相关者和旅行社的认同形成过程,扩展了消费者—企业认同形成过程相关理论。

(三)供应链视角下多元企业认同形成过程研究的管理启示

首先,在旅游供应链的背景下,旅行社必须与外部利益相关者保持良好的合作关系,以保持其可持续的竞争优势。因为一个旅行社无法独自提供旅游产品和服务,需要食物、住房、交通、旅游、购物和娱乐等六大旅游要素的合作伙伴共同提供。因此,在多元化的环境下,旅游服务企业的营销思想必须从传统的营销思想转变为利益相关者的营销思想,企业的管理需要"求同和存异"的思维方式,即要求企业探索利益相关者之间的需求冲突,而不是忽视和抑制这些紧张关系。多个外部利益相关者之间的复杂协同关系会促使企业从不同角度审视问题,从而帮助企业改变传统营销思维模式,进一步发现多个外部利益相关者需求之间的联系。

其次,企业需要依靠与合作伙伴的稳定关系来提高服务质量,在这个过程中,企业身份起着重要的中介作用,有意义和有吸引力的企业身份是企业吸引多个外部利益相关者的基础,因此建立多元企业身份是旅游服务企业与合作伙伴保持稳定合作的关键。此外,在旅游业中,由于地方政府机构的权威形象和旅游资源的特权优势,首先旅行社需要尽可能地获得地方政府机构的认可。而带有文化和故事的旅游产品和服务更容易被合作伙伴认可,并引起消费者的情感共鸣,所以旅行社越来越需要提供具有文化内涵的旅游产品和服务以保持竞争力。

最后,如今产品创新的来源是多种多样的,企业的合作伙伴可以为企业产品创新提供知识和经验,为消费者提供独特和定制化的旅游产品在很大程度上需要企业上下游合作伙伴的共同创造,因此企业需要尽可能地与合作伙伴保持深层次的认同合作关系。研究认为,随着消费市场的不断变化,旅行社需要以消费者需求为核心进行旅游供应链管理。旅行社可以通过互联网与目标消费者和合作伙伴建立合作往来,完善"按需定制"的思想,这种服务会促使旅行社与供应链上境外资源进行深层次互动,努力使整个供应链管理达到最优化。

（四）供应链视角下多元企业认同形成过程研究的局限与展望

研究选取的案例对象是旅行社,具有一定程度上的行业特殊性。首先,旅游服务是具有明显属地性质的文化产物,因此,强调文化这一因素在多元企业身份构建过程中的重要性,但对于其他行业有待进一步研究与验证。其次,不同服务行业所在供应链上的合作伙伴是动态变化的。一方面,外部利益相关者的数量会伴随企业发展而变化;另一方面,不同外部利益相关者的权重也会随着企业发展而变化,因此,其他行业企业的多元身份构建以及多元企业认同过程仍需进一步讨论。

第三节　基于互动视角的多元企业认同形成过程

一、互动视角下多元企业认同形成过程的研究现状

希勒布兰德(Hillebrand 等,2015)研究表明,企业与外部利益相关者

关系的重要性以及管理这些关系的潜在可能性越来越受到营销学者重视。关系营销关注点早已从"具有明确开端、短暂过程及明显结束"的离散交易，转向"与以前合约相关、持续过程较长、反映正在进行的交易过程"的关系交易，旨在建立、发展和保持成功的关系交换。李纯青等（2018）众多学者指出，为应对乌卡（VUCA）商业环境，在复杂的利益相关者网络中实现可持续的价值创造，企业需要与外部利益相关者建立长期、深厚、有意义的关系。

自巴塔查里亚和森（2003）开创性地将"认同"概念引入营销领域，提出消费者—企业认同是帮助营销人员与消费者建立深厚、承诺、有意义关系的首要心理基础。营销学者已经将组织认同研究对象从企业内部的正式成员扩展到企业外部的符号性成员（如粉丝、会员、消费者、供应商等）。消费者—企业认同、供应商—买方认同等相关研究已经从心理学和社会构建的角度研究了企业与利益相关者之间的关系，为企业与利益相关者之间的长期关系建设奠定了理论基础。在此基础上，李纯青等发现，一个利益相关者认同的企业身份在企业与利益相关者保持关系的过程中扮演着重要角色，提出多元企业认同（消费者、中间商、影响者、供应商等外部利益相关者对企业的认同）促进企业与外部利益相关者保持长期、和谐、多赢的关系。多元企业认同意味着多方外部利益相关者从心理上依附并关心组织，促使外部利益相关者致力于实现企业目标、愿意为企业的利益而努力、与企业价值共创和风险共担，甚至激发利益相关者的利他行为。因此，多元企业认同有助于企业在复杂和动荡的商业环境中实现可持续的价值创造，是企业在复杂商业环境中维系利益相关者关系的有效策略选择，也是乌卡时代背景下企业竞争优势的来源。

与广泛的认同前因和结果研究形成鲜明对比的是，现有研究对认同的形成过程理解不足。普雷斯和阿尔努（Press 和 Arnould，2011）基于消费者行为视角分析发现，消费者和员工对组织的认同通过顿悟、模仿和探索三条路径形成；也有学者将认同视为在组织内部和外部通过连续地、努力地、动态地建立联系的一种修辞构造的过程，研究发现了表演、工具、交互和互惠四种建立联系的过程（Sllince 和 Golant，2018）；李纯青等的研究构想界定了多元企业认同的概念,提出了多元企业认同研究的理论框架,但并未对认同形成过程展开研究。贝德纳(Bednar 等,2020)从较长的时间范围研究了成员与组织的关系,发现随着时间的推移,个体对组织的认同具有不同的轨迹,认同轨迹的动态发展产生了不同行为倾向。既有研究尚未对多元企业认同形成过程和机制展开直接研究。

鉴于此,本节围绕"多元企业认同的形成过程和机制"问题,从互动视角分析外部利益相关者对企业认同的过程,借鉴互动仪式链理论对情境的维度划分和互动的目的导向,从业务、社会和人际三种情境互动探索外部利益相关者与企业的交互过程。采用扎根理论分析方法,分析情境互动如何促发外部利益相关者对企业的认同、不同情境互动对外部利益相关者的企业认同的影响及其差异。研究具有以下贡献:理论方面,研究深化了情境与认同关系的认识,发现了不同情境的认同形成机制和认同差异,为情境与认同关系研究提供了理论支撑;揭示了认同不同维度的形成机制,打开了外部利益相关者对企业的认同过程;构建了多元企业认同的动态形成模型,填补了多元企业认同动态性研究的缺口,推动了多元企业认同的演化研究。实践方面,研究从具体情境、互动过程以及利益相关者与企业关系发展的生命周期分析了外部利益相关者对企业的认同过程,为企业在不同情境下识别外部利益相关者诉求、设计和执行互动策略提供了实践指导;为企业实施多元企业认同战略、企业与外部利益相关者的长期、深厚、有意义的关系建设提供了实践参考。

二、互动视角下多元企业认同形成过程的相关概念

(一)多元企业认同的理论基础

多元企业认同的学术研究源于组织认同和消费者—企业认同研究。组织认同是组织成员根据其与组织的同一性来定义自己的程度。自巴塔查里亚和森(2003)提出顾客是企业的符号性成员,将组织认同概念引入市场营销研究领域并对消费者—企业认同进行理论研究后,营销学者利用身份和认同概念对顾客与企业、顾客与品牌、供应商与买方等二元关系进行了大量研究。李纯青等将消费者—企业认同扩展到多方外部利益相

关者对企业的认同,即多元企业认同。多元企业认同将多种二元营销关系纳入研究中,属于身份驱动的营销关系的研究范畴,认同对象是企业,认同受众是外部利益相关者。

关于认同的维度构成,学术界具有不同观点。社会认同理论将认同划分为认知(当个体具有成员意识时形成认知)、评价(当个体的成员意识与某些价值内涵有关时形成评价)以及情感(个体对成员意识和评价的情感融入),其中认知与评价是认同的必要组成部分,而情感则经常与前两者关联。认同概念引入组织和营销研究领域后,社会认同理论的维度划分并未被研究人员直接采纳。早期研究者把认同概念化为纯粹的认知问题,即认同是自我归类的认知状态(Bergami、Bagozzi 和 Ahearne,2000)。自我归类到组织定义的类别是身份构建(即"我是谁")过程的基础。随着认同研究的深入,研究人员发现自我相关的态度与情感密切相关。莱恩和斯科特(Lane 和 Scott,2015)把组织认同划分为认知认同和情感评价认同两个维度,其中情感评价认同整合了情感认同和评价认同,认知认同是自我分类、组织身份的函数,情感评价认同是基于组织的自尊和对组织的态度的函数。约翰逊(Johnson 等,2012)认为,认知认同是将自己归类为一个群体成员,情感认同是个体与群体融为一体的积极感受。沃尔特和克罗宁(2016)发现消费者—企业认同的认知和情感维度具有不同的驱动动机,研究将认知认同定义为组织与个人之间的认知联系,用于反映个人自我分类(消费者有意识地选择与某个企业产生联系)与概念重叠(消费者的观念与某个企业的理念相类似),情感认同定义为组织认知和评估在情感上的积极联系,消费者利用情感认同来反映积极的自我情绪。情感认同在一些文献中还被定义为情感承诺,某组织的情感意义以及情感涉入。巴戈齐等(2012)采用情感反应、认知反应和评价反应来描述个体与组织关系,其中情感指两个集体之间的情感纽带,认知指个体的自我与集体形象的重叠,评价指集体或组织的自尊,用于反映组织成员的重要性。尽管一些研究提出引入其他认同维度,但相关研究尚未被广泛接受。现有的概念化研究表明,认同的多维概念化优于一维概念化,能够解释认同的实证研究产生的不同结果,有助于理解认同的不同维度引发的结果差异,提高认同维度对结果的预测。因此,研究借鉴现有成熟研究,接受认同多重维度观点,即多元企业认同包括认知、情感和评价三个维度。

(二)认同的形成过程和影响因素

自斯科特等(2000)提出认同是一种新身份形成的动态过程以来,认同的动态性研究主要从组织身份构建、身份形成过程进行分析。这些基于身份的认同形成过程研究过于关注认同的初始阶段和短期的意义构建和意义赋予,忽略了利益相关者在更长时间跨度中认同的动态性,并且过于关注形象和象征性行动而非互动和产品使用水平对利益相关者的影响。且研究已经开始关注认同形成过程中更广泛的互动情境(Sillince 和 Golant,2018)。

关于认同形成过程的影响因素,阿什福思的一系列研究发现情境线索能够触发成员对集体的情境认同,即暂时的和不稳定的归属感;个体与集体之间更根本的联系(如改变的自我模式、自我之间的一致性)则产生深层结构的认同。斯拉斯(Sluss 等,2012)发现关系情境影响组织认同,新成员对其领导的关系认同通过情感转移、社会影响、行为的意义构建三种中介机制影响新成员的组织认同。沃夫(Vough,2012)研究发现个体对组织的熟悉和理解程度、个体与组织的共同点、组织为个体提供的好处以及个体对组织的投入均影响员工对组织的认同,提出了熟悉、相似、收益、投资四种认同逻辑。一些研究还发现员工感知的外部声望和内部尊重影响组织认同过程,文化和价值观、企业社会责任、利益相关者期望(Nason 等,2018)等因素也会影响利益相关者对企业的认同。

多元企业认同涉及消费者、供应商、中间商、影响者等利益相关者,关于个体对组织层面的认同过程研究比较丰富,但是组织间认同的形成过程研究则较少。有研究认为,组织之间的认同是通过跨界人员(boundary-spanners,如销售人员)头脑中的过程、活动和事件发展起来的。虽然随着时间发展,跨界人员可能来来去去,但组织的价值观和信仰是稳定和持久的,因此当新的跨界人员进入企业间关系时,他们熟悉那些导致前辈认同的价值观和信念,通过去个性化和制度化的过程,个人认同与组织间认同逐渐趋同。这些研究表明,为了实现外部利益相关者对企业的认同,企业必须制定具体的、持续的、深入的、有意义的利益相关者—企业互动策略,将利益相关者融入组织中。因此,考虑到现有研究主要关注单一利益相关者认同形成过程,以及企业和利益相关者跨时间、情境交互的基于身份构建的认同形成过程研究的不足,本节认为从互动角度,通过跨时间的情境分析,能够进一步揭示多方利益相关者对企业的认同形成过程,进而揭示多元企业认同形成机制。

(三)互动理论

以戈夫曼(Goffman,1963)为代表的情境互动论认为,情境先于互动,情境定义影响着个体的行动取向,即情境与个体阐释之间形成了一种相互构建关系,互动在它所发生的情境里获得具体意义。在戈夫曼的社会学思想基础上,柯林斯(Collins)的互动仪式链理论进一步强调了"一切互动都发生在一定的情境中",并系统阐述了互动的一般过程(即互动仪式模型)。与戈夫曼的情境定义相似,柯林斯(2013)也认为情境是参与者在物理空间的共在。所不同的是,柯林斯强调在情境中参与者注意力集中在共同的对象或活动上,分享共同的情绪或情感体验。参与者的情感与关注点的相互连带产生了共享的情感或认知体验,这是互动仪式的关键过程。共同的行动或事件、短暂的情感刺激是触发互动仪式的重要因素。互动仪式的结果是产生认同、情感能量、代表群体的符号以及道德感。现实中,互动情境沿着相互关注的程度和参与者之间情感连带的程度两个维度发生变化,并以此对互动进行分层。

互动的社会学理论为认同的形成过程分析提供了理论基础,借鉴情境互动论和互动仪式链理论,本书将情境视为个体或组织互动所面对的情况或场景。互动受情境的限制,情境是充满符号的场域,符号的建立和接收建立在意义共享的基础上,情境互动依赖于符号载体完成。姚琦和乐国安指出,符号互动是在双方间产生共同意义和理解的任何互动,是建立意义与事件、惯例和程序之间关联的主要途径。认同是建立联系的话语构建过程,联系需要行动、沟通、交互来建立。因此,"从互动视角研究多元企业认同的形成过程和机制"的问题就转化为"研究不同情境互动下利益相关者如何进行意义或叙事构建"的问题。普雷斯和阿尔努（2011）等已有文献分析了单一利益相关者与企业互动形成认同的过程。然而，关于多方利益相关者与企业的情境互动缺乏深入系统的分析，不同情境互动产生的结果是否相同以及不同利益相关者认同形成的情境来源是否相同等问题都需要进一步深入分析。

三、基于互动视角的多元企业认同的研究设计

（一）研究方法与样本选择

多元企业认同的形成过程和机制研究需要深入分析核心企业在较长时间跨度、不同情境下，与不同利益相关者互动的真实情境。探索性案例研究方法适用于分析尚未被充分理解的现象，特别是存在时间维度的情境中，某个现象往往随着时间的推移而发生变化，采用案例研究十分有效。

并非所有企业都能从超越利益相关者基本实用需求以进一步满足其高层次自我定义需求中受益，清晰的成本收益分析是追求认同的根本前提。因此，案例企业的管理者需要有意识地追求认同、重视与利益相关者的关系建设。在此基础上，根据多元企业认同的概念内涵，案例企业还需要满足以下条件：（1）企业至少具有明确的四类外部利益相关者（消费者、供应商、经销商、影响者等），并与主要外部利益相关者保持了长期稳定的伙伴关系；（2）企业高层有意识地通过企业身份构建满足多方外部利益相关者的诉求，并注重与利益相关者在不同场景的互动；（3）企业已经从多方外部利益相关者认同中获利。

根据案例研究稀少且独特、启发性、代表性的"理论抽样"原则，本书选择 H 企业作为案例企业。H 企业符合案例企业选择的要求，理由如下：（1）H 企业业务开展依赖供应链上的合作伙伴（利益相关者）支持，具有消费者、组团社（即中间商）、境外资源方（即供应商）和政府机构（即影响者）四类外部利益相关者。（2）H 企业创始人重视企业身份定位，企业成立后几经探索确立了单团地接的核心身份，通过不断满足中间商、影响者、供应商的诉求，形成了以单团地接为核心的多元企业身份，成为意大

利单团地接领域的领导者。管理者重视与外部利益相关者不同渠道、场景的互动,与消费者以外的其他三类利益相关者保持了长期稳定的伙伴关系。(3)在其在线商城成立之前,C 端和 B 端消费者主要来自利益相关者的推荐和行业口碑吸引,截止到 2019 年,营业额持续增长,被誉为"小而美"企业代表。(4)通过跟踪研究、深度访谈、现场观察等不同形式调查发现,绝大部分外部利益相关者认为该企业是单团地接领域的标杆企业,能够满足其核心利益诉求,如果不能与 H 企业合作会感到惋惜,对 H 企业未来发展寄予厚望。外部利益相关者的访谈数据体现出了与企业的身份相似性、企业价值观的吸引和共享,以及与企业荣辱与共的感觉。因此,可以认为案例企业实现了多元企业认同,并且已经从多元企业认同中获利。

(二)数据收集

研究通过专题访谈、历史资料收集、媒体报道及学术发表三种途径进行数据收集。通过专题访谈获取多元企业认同的一手资料,通过历史资料收集、媒体报道和学术发表资料收集获取认同形成过程的数据资料。对于不确定的信息,通过追加访谈进行信息验证或补充。具体数据资料收集过程如下:

(1)专题访谈。2019 年 7—11 月进行多元企业认同的半结构化访谈。被访者包括案例企业内部高管、经理、员工、政府、供应商、经销商、顾客等内外部利益相关者。根据企业提供的利益相关者名单,在每类利益相关者中随机选取被访谈对象,访谈通过录音记录,之后将录音转化成文本,并对文本数据进行人工校正。除不可抗因素,最终访谈了 19 名内外部利益相关者,被访谈者基本信息见表 3-4。

表 3-4　被访谈人员信息表

人员编码	利益相关者	职务	工作时间	访谈字数	访谈方式	访谈原因	时间
H1	H 企业创始人	负责战略和运营	20 年	17531	电话、视频	首访、追访	2019 年 7 月、2021 年 5 月

续表

人员编码	利益相关者	职务	工作时间	访谈字数	访谈方式	访谈原因	时间
H2	H 企业经理 A	负责运营和签证	10 年	5659	电话	首访	2019 年 7 月
H3	H 企业员工 A	负责境外资源采购	1 年	9212	面对面	首访	2019 年 7 月
H4	H 企业员工 B	负责新媒体运营	1 年	9192	面对面	首访	2019 年 7 月
H5	H 企业经理 B	负责境外酒店合作	8 年	6076	电话	追加	2019 年 8 月
H6	H 企业经理 C	负责境外导游、餐厅与特色项目	4 年	10020	电话	追加	2019 年 8 月
J1	境外导游 A	意大利导游	4 年	13698	电话	首访	2019 年 7 月
J2	境外导游 B	意大利导游	3 年	30320	电话	追加	2019 年 8 月
Z1	组团社消费者 A	部长（负责业务对接）	10 年	5907	电话	首访、追访	2019 年 7 月
Z2	组团社消费者 B	经理（负责采购）	9 年	4078	电话	首访	2019 年 7 月
Y1	意大利国家旅游局工作人员 A	负责媒体和市场推广	5 年	4440	电话	首访	2019 年 7 月
Y2	意大利国家旅游局工作人员 B	负责媒体和旅行社	4 年	6161	电话	首访	2019 年 7 月
C1	H 企业 C 端消费者 A	婚纱摄影企业老总	—	4511	电话	首访	2017 年 10 月
C2	H 企业 C 端消费者 B	投资者	—	4488	电话	首访	2017 年 10 月
C3	H 企业 C 端消费者 C	文创企业老总	—	918	电话	首访	2017 年 10 月
C4	H 企业 C 端消费者 D	餐饮企业老总	—	4072	电话	首访	2017 年 10 月
C5	H 企业 C 端消费者 E	电信行业经理	—	5878	电话	追加	2019 年 8 月

续表

人员编码	利益相关者	职务	工作时间	访谈字数	访谈方式	访谈原因	时间
C6	H企业C端消费者F	房地产行业经理	—	7173	电话	追加	2019年8月
C7	H企业C端消费者G	银行职员	—	6753	电话	追加	2019年8月

注:被访者编码采用所属利益相关者类型的首字母加序号的方式命名,如H企业内部利益相关者编码为H,外部利益相关者中境外导游编码为J、组团社消费者编码为Z、意大利国家旅游局工作人员编码为Y、C端消费者编码为C。

（2）历史资料收集。研究团队自2010年开始对案例企业进行追踪研究,累计形成了130多万字的访谈文档,访谈对象涉及企业内部高管、部门经理、员工,企业外部合作伙伴、消费者等各种类型的利益相关者,访谈主题涉及企业内部运营、市场定位、管理模式等多主题,访谈形式包括面对面访谈、焦点小组访谈、电话访谈等形式,访谈均通过录音保存,然后整理成文字。由于追踪访谈资料不是专门针对研究主题的访谈,因此,历史追踪资料的使用需要特别注意话语情境。历史资料收集是从访谈资料中提取事件、活动、选择、行为等客观事实,然后根据时间顺序排列,得到认同形成过程的数据资料。

（3）媒体报道和学术发表资料收集。目前案例企业已经成为意大利单团地接领域的领导者,企业创始人一直致力于在中国境内推广和宣传单团、小包团等自由旅行方式,得到了旅游行业媒体、杂志、电视媒体的多次报道,获得了中国旅游行业、意大利驻华大使馆、意大利国家旅游局等国内外权威机构的认可,多次被公开授予荣誉称号。媒体报道和行业评价作为本书的数据来源,为相关信息提供了佐证。此外,案例企业也受到一些营销、管理专家学者的关注,在中国知网可以检索到基于本案例的相关研究,丰富了本书的数据资料。

（三）数据分析

借鉴道奇森（Dodgson等,2013）的案例研究方法,数据分析分为三个步骤。第一步,将企业与四类外部利益相关者互动的档案资料和专题访谈资料按年代整理成"互动数据库",按照互动发生的情境,互动数据库划分为业务情境、社会情境和人际情境三个子数据库。第二步,采用毛基业(2020)及焦亚等(Gioia 等,2013)的结构化数据分析方法理论方法,对每一类情境互动的数据资料分别进行一阶编码、二阶编码和聚合构念编码。编码得到的构念间关系见图 3-13。为保证编码的可靠性和可信度,编码过程由两位博士研究生进行背对背编码,每一编码阶段结束后先在两位编码人员内部进行校对、讨论分析,之后再由三位研究领域专家(一位教授、两位副教授)进行评估,评估合格后进入下一个编码阶段。实际

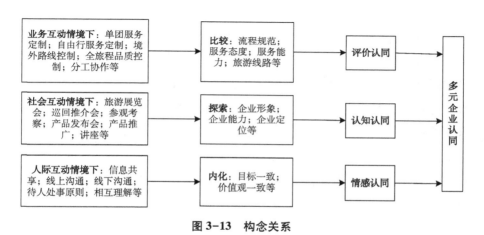

图 3-13 构念关系

数据编码过程是一个不断迭代的过程,即编码人员根据编码中存在的问题或专家建议在一阶编码、二阶编码和聚合构念编码持续往返,直至编码人员和研究人员对数据编码达成共识。第三步,数据分析。在数据资料、涌现类别、现有理论和学术文献中循环往复,搜寻并识别概念类别之间的关系和概念本身的变化,直至探索出的精练、稳定的多元企业认同形成机制理论模型。

数据分析与数据收集是紧密结合的过程。数据分析过程中如发现不确定信息,或某些利益相关者表现出来的现象,而其他利益相关者没有体现出来的现象,则追踪相应的访谈资料,直到围绕核心研究问题没有新的概念涌现,即达到理论饱和后停止补充数据。数据分析的信度通过以下

几个方面保证:首先,数据分析遵循"三角验证"原则,不同来源、不同阶段的数据进行对比,确保"三角验证";其次,数据编码由熟悉研究主题的团队成员分别进行独立分析,然后进行对比讨论,最后由研究领域专家进行质量评估,确保编码准确表征数据内容;最后,访谈资料、数据分析程序和采用标准向团队成员和案例企业公开,确保系统还原不同外部利益相关者与企业的互动过程,识别多元企业认同的形成机制。

四、H 企业基于互动视角的多元企业认同

(一)互动情境划分

曼格斯等(Mangus 等,2020)近期研究已经注意到互动情境分析的必要性。本书借鉴互动仪式链理论中互动情境划分的两个维度(参与者之间的相互关注和情感连带)和利益相关者与企业互动的目的导向,识别出利益相关者与企业互动的三种情境:业务情境、社交情境和人际情境。业务情境中利益相关者与企业相互关注的程度高,彼此之间的情感连带程度低,互动的目的性强;社会情境中利益相关者与企业相互关注的程度低,彼此之间的情感连带程度一般,互动的目的性一般;人际情境中利益相关者与企业相互关注的程度高,彼此之间的情感连带程度高,互动的目的性弱。

研究对发生在不同情境的互动进行以下界定:(1)业务互动发生在业务情境,是企业与外部利益相关者之间直接的交互,商业活动、业务流程是维系彼此间互动的纽带,业务互动以达成交易为目标。业务互动中合法、规范、严谨的合作流程是企业与利益相关方彼此期望的,在业务互动中利益相关方的利益诉求明确,企业需要紧密关注并满足利益相关者的诉求,才能实现与利益相关方关系的连续性。(2)社会互动发生在社会情境,是企业与利益相关者之间直接或间接的交互,社会互动发生在商业活动、业务流程之外,不以达成直接业务交易、建立个人层面的关系为目的。社会互动是企业对外部利益相关者施加影响,改变利益相关者对企业的负面理解,强化利益相关者对企业身份认知的途径。社会互动包括但不限于营销事件、媒体报道、社会选择等形式,企业通过这些事件、活

动、选择吸引外部利益相关者的注意力,鼓励外部利益相关者参与企业的产品(服务)提升、价值创造活动。(3)人际互动发生在人际情境,是企业和外部利益相关方的业务人员在个人层面上的交互。曼格斯等(2020)指出,人际互动源于企业和外部利益相关方的参与者在彼此职业角色外的交互,如共同的爱好、个人魅力、价值观吸引等,他们彼此关心个人而不是在业务关系中的角色,通过人际互动建立了更深层次的关系。下面将具体分析三种情境中企业与不同外部利益相关者互动的内容,以及每种情境互动产生的行为和结果。

1. 利益相关者与企业的业务互动

组团社、政府机构、境外资源方和消费者四类外部利益相关者都与 H 企业有直接业务互动。

组团社根据其产品、服务和定制需求,通过企业网站、服务平台向地接社进行询价,地接社根据组团社的需求进行个性化地接流程定制、向组团社提供报价,双方确定地接方案后签订合同。之后是服务交付,即组团社消费者到达境外目的地后,由地接社开展地接服务。在境外旅程中,组团社消费者如需要变更消费者行程,则由组团社与地接社沟通,协商如何满足消费者需求,流程控制主要靠地接社保障。消费者通过微信商城、携程、马蜂窝等渠道进行在线询价,H 企业通过后台服务系统提供方案、制定预算,提供即时报价。消费者购买 H 企业自由行产品或服务后,在服务交付过程中双方通过微信、网站客服等在线渠道进行沟通、协调境外旅行路线、酒店、餐厅等资源问题。

境外资源方与 H 企业的业务互动主要体现在资源采购方面,即 H 企业作为买方,为车行、酒店、餐厅、导游提供高素质、大流量的顾客。在资源采购过程中,买卖双方都看重交易质量,对彼此的合法性、规范性和专业性进行评估。如果境外资源方提供的报价满足 H 企业的预期,则双方达成交易。意大利国家旅游局等政府机构在中国境内的意大利文化和旅游资源的宣传推广活动需要企业帮助落地实施,因此,H 企业有机会与政府机构合作,通过投标参与意大利国家旅游局的正式旅游推广项目。这些旅游推广项目虽然费用不多,但对合作企业的合法性、专业性和规范性要求很高,与意大利政府机构难得的业务互动在很大程度上提升了 H 企业在业界的知名度和公信力。

正式交易后,外部利益相关者对交易的评价是常见现象,围绕其利益诉求,利益相关者对企业的产品、服务、价格、资源等方面进行评价,评价结果影响利益相关者与企业之间的后续交易。图 3-14 展示了外部利益相关者与企业业务互动的内容、行为和结果。

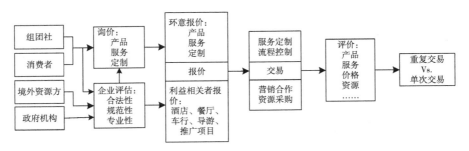

图 3-14 利益相关者与企业的业务互动过程

注:图中线条粗细表示业务互动的重要性或影响的程度。

图 3-15 展示了利益相关者与 H 企业业务互动的数据资料,编码分析得到 32 个一阶概念范畴、13 个二阶主题、3 个聚合构念。其中聚合构念"业务互动"包括 13 个一阶编码、4 个二阶主题。聚合构念"比较"包括 12 个一阶概念范畴、4 个二阶主题。聚合构念"评价认同"包括 9 个一阶概念范畴、5 个二阶主题。对编码内容、构念之间的时间顺序和逻辑关系分析发现,"比较"是外部利益相关者与企业在业务互动情境下反复出现的过程,外部利益相关者通过对企业的合法性、服务、资源、价格的不断比较,形成了"资源评价""服务评价""合作评价""关系评价""体验评价"这些评价认同结果。这表明聚合构念"比较"和"评价认同"之间具有因果逻辑关系,业务互动引发了利益相关者对 H 企业的比较过程,比较的结果是形成了评价认同。

2. 利益相关者与企业的社会互动

社会互动是企业对利益相关者施加影响、改变或强化利益相关者方认知的重要途径。从 H 企业的发展历程发现,H 企业非常重视与利益相

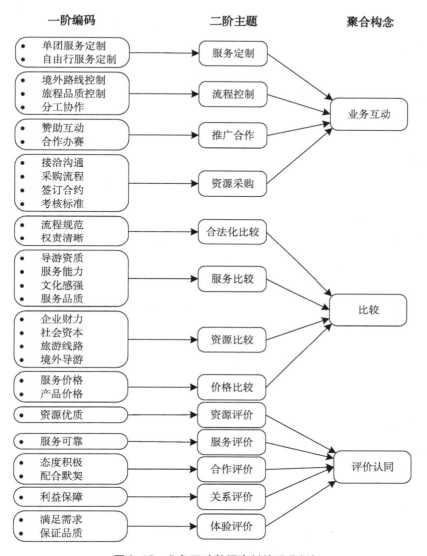

一阶编码　　　　二阶主题　　　　聚合构念

图3-15　业务互动数据资料编码分析

关者在业务之外的互动,是一家善于抓住机会、利用事件和高势能机构进行社会营销的企业。利益相关者通过线下、线上渠道与 H 企业进行直接和间接的社会互动。在线下渠道,利益相关者与 H 企业通过旅游行业年会、展会、推介会等活动进行直接互动,如 2015 年,H 企业邀请旅游业、社会团体、学术界、政府机构代表出席在意大利罗马古城召开"意大利时尚古国之旅"新产品发布会。除公开活动外,H企业也积极帮助利益相关者解决困难,如在签证、消费者境外行程方面遇到的问题。

在线上渠道,随着产品和服务的迭代更新,H企业持续优化公司网站,利用网站传播信息、宣传企业。通过在杂志发表文章、在线社区发表旅游攻略、参加媒体访谈,H企业创始人将H企业的服务理念、特色和优势传递给受众。2015年H企业完成了EPR、同步通信系统、社交媒体等多种数字化工具的整合,实现了内外部利益相关者之间顺畅的线上沟通(Li等,2018)。如在微博平台与意大利国家旅游局共同举办意大利旅游、摄影、征文等活动,在微信朋友圈、公众号发布高质量、有价值的推文、短视频,社交媒体的广泛使用增加了H企业与利益相关者的社会接触(Li等,2019)。在旅游行业领域,H企业自成立以来一直保持着正面媒体形象和行业口碑。2020年以来,境外旅游行业受疫情影响几乎陷入停滞状态,H企业通过社交媒体互动、境外直播方式持续不断向消费者、组团社等利益相关者宣传意大利文化、美食、自然景观,受到业界赞誉。图3-16展示了外部利益相关者与企业社会互动的渠道、活动及其结果。

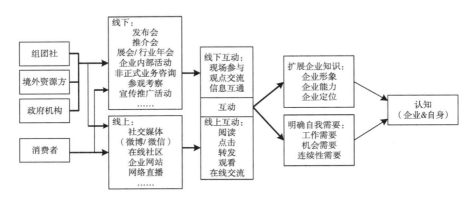

图3-16 利益相关者与企业的社会互动过程

注:图中线条粗细表示社会互动的重要性或影响的程度。

图3-17展示利益相关者与H企业的社会互动数据资料,编码分析得到31个一阶概念范畴、13个二阶主题、3个聚合构念。其中聚合构念"社会互动"包括11个一阶概念范畴、3个二阶主题。聚合构念"探索"包

括 16 个一阶概念范畴、6 个二阶主题。聚合构念"认知认同"4 个一阶概念范畴、4 个二阶主题。对编码内容、构念之间的时间顺序和逻辑关系分析发现，"探索"是外部利益相关者与企业在社会互动情境下反复出现的

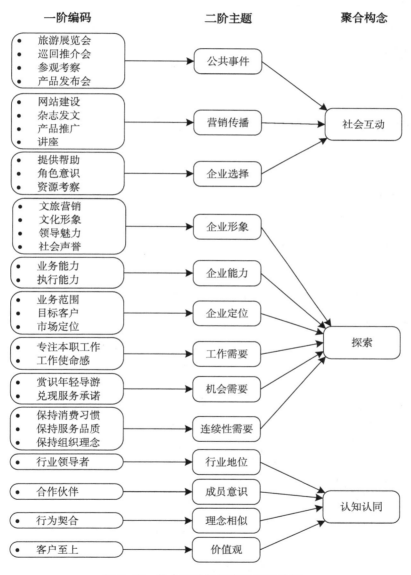

图 3-17　社会互动数据资料编码分析

过程,基于对与企业相关的"企业形象""企业能力""企业定位"的探索和与自身相关的"工作需要""机会需要"和"连续性需要"的探索,外部利益相关者形成了"行业地位""成员意识""理念相似""价值观"这些认知认同结果,这表明聚合构念"探索"和"认知认同"之间具有因果逻辑关系,社会互动引发了利益相关者对 H 企业的认知和自我需要认知的探索,进而形成了认知认同。

3. 利益相关者与企业的人际互动

H 企业的核心团队具有二十多年旅游服务经验,会奖、旅游、展览和公商务团部门负责人都是企业的老员工,人员稳定为企业和利益相关者在个人层面的关系建设提供了条件。随着组团社、政府机构和境外资源方与 H 企业的长期合作,外部利益相关者与 H 企业的工作人员之间存在个人层面的人际互动。与 H 企业长期合作的组团社负责人回忆其与 H 企业工作人员的交互时提及,"在跟他们员工交往的过程中,发现员工做人做得也比较厚道、比较仗义"。导游感受到 H 企业员工对其生活的关怀,如"和我对接的几个这个操作,对我个人而言是非常的关怀,生活中他们也会去做一些事情,感动您"。从导游的表述间接地了解到,境外酒店、餐厅、车行与 H 企业相关负责人之间也存在线上和线下的人际沟通。图 3-18 展示了外部利益相关者与企业人际互动的渠道、活动及其结果。

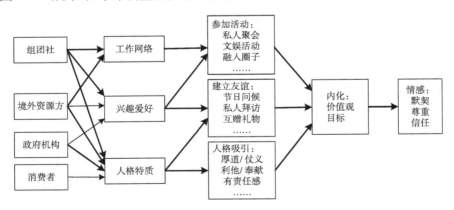

图 3-18 利益相关者与企业的人际互动过程

注:图中线条粗细表示人际互动的重要性或影响的程度。

图 3-19 展示了利益相关者和 H 企业的业务人员之间的人际互动资料,编码分析得到 22 个一阶概念范畴、8 个二阶主题、3 个聚合构念。其中聚合构念"人际互动"包括 9 个一阶概念范畴、3 个二阶主题,这些概念范畴展示了外部利益相关者与 H 企业之间的人际互动。聚合构念"内化"包括 6 个一阶概念范畴、2 个二阶主题。聚合构念"情感认同"包括 7 个一阶概念范畴、3 个二阶主题。对编码内容、构念之间的时间顺序和逻辑关系分析发现,"内化"是外部利益相关者与企业在人际互动情境下持续发生的过程,基于"目标一致""价值观一致"的持续影响,最终形成了"默契""尊重""信任"的情感认同结果,这表明聚合构念"内化"和"情感认同"之间具有因果逻辑关系,人际互动导致了外部利益相关者对 H 企业的内化,内化形成了情感认同。

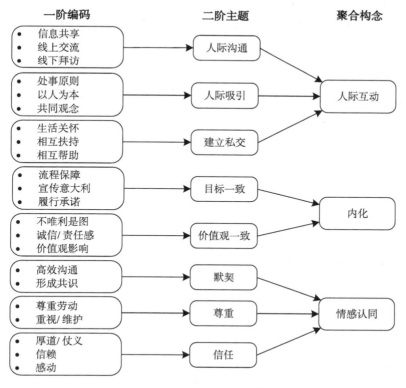

图 3-19 人际互动数据资料编码分析

（二）互动情境的认同形成机制分析

多元企业认同形成于利益相关者与目标企业的互动过程中，先前研究笼统分析了利益相关者与企业之间的直接关系（direct ties）、间接关系（indirect ties）和符号关系（symbolic ties），忽视了情境互动的特征和目的之间的本质差异，以及数字经济背景下多种应用场景的线上交互带来的影响。本书深入分析了企业与利益相关者之间的互动，根据互动目的、互动过程中参与者之间相互关注和情感连带程度，识别出业务互动、社会互动和人际互动三种互动情境。下面具体分析不同互动情境下的认同形成机制。

1. 比较机制

外部利益相关者与企业业务互动的数据分析表明，比较在业务互动到关系形成过程中发挥着重要作用。比较在社会领域和管理领域具有重要作用。社会比较影响组织的采购行为，当社会比较带来优势感时，对购买者效用产生积极影响，不平等、厌恶使购买者产生强烈的社会遗憾、劣势感，对其效用产生负面影响（Avcı 等，2014）。社会比较也发生在企业之间，研究表明通过与更有信誉的竞争对手相比较以及避免与低信誉的竞争对手相比较，都能增加企业的销售额（Kim 和 Tsai，2012）。社会比较是一个强大的动机，特别是在数字经济背景下，个体和组织信息获取的渠道多样、成本更低，信息处理更加快速、智能，个体和组织自然而然地通过将自己与他人（或同行）进行比较而获得效用。

业务互动以达成交易为目标，而满足自身的利益需求是利益相关者与企业达成交易的潜在动机和根本驱动力。高目的性和利益需求驱动利益相关者的比较，不管是消费者对企业的服务能力、服务品质、产品价格、执业资质的比较，组团社对企业的服务能力、服务价格、社会资本、境外资源的比较，政府机构对目标企业的服务态度、财力状况的比较，还是境外资源方对目标企业的合法性、执业资质、消费者素质、客流量的比较，其本质都是将自身与他人或同行进行社会比较从而获得效用，通过比较产生优势感或劣势感，其中优势感增加了外部利益相关者对自身重要性和企业重视程度的感知，导致了对目标企业的积极评价，劣势感则产生相反的结果。因此,业务互动通过比较机制形成了评价认同,图3-20解释了比较机制过程。比较机制也影响外部利益相关者对未来交易的预期,积极的预期,特别是对持续的期望增加了利益相关者对关系、合作、协调和信任的相互投资,同时减少了互动角色的不确定性(Poppo 等,2008;Ren 等,2010)。

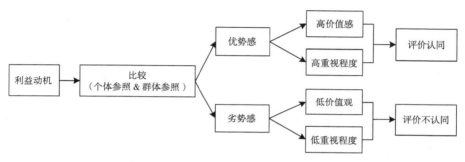

图3-20 多元企业认同形成的比较机制

2. 探索机制

外部利益相关者与社会互动的数据分析表明,探索在社会互动到关系形成过程中扮演着重要作用。企业和利益相关者对他们面临的环境中的事件、问题和活动进行理解和解释,这个过程也被研究者称之为意义构建(sensemaking)(Maitlis,2005)。在社会互动中,利益相关者从企业位置、历史和个人背景等方面获取信息进行意义构建,从而创建不同参考框架,并使他们在意义构建中扮演不同的角色。社会互动的意义构建影响、改变甚至强化了利益相关者对企业的理解和认知,帮助利益相关者明确了自我需要。沃尔特和克罗宁及科斯滕等(2016)认为,这些认知来源于利益相关者与企业社会互动中理解、意识到的其自我分类和概念重叠,属于认同的认知维度。普雷斯和阿尔努(2011)将利益相关者利用组织模型和关系的透镜来理解更深层生活意义和身份的过程称之为探索,这与利益相关者利用社会互动的意义构建来理解企业身份和自我需要的过程一致。

社会互动以传播身份、影响参与者对企业身份的认知为目的,自我不确定性是社会互动的潜在动机。不明确的目的性和自我不确定性驱动利益相关者进行探索,如利益相关者对企业的形象、能力和定位,对自我的工作需要、机会需要、连续性需要具有更深入的理解和解释。探索机制解释了利益相关者主动或被动的社会互动如何减少其在交易、关系以及角色方面的自我不确定性,进而形成认同。图3-21解释了探索机制过程。这与认同形成动机研究文献结论一致,即自我不确定性驱动了认知认同。关系动态性相关研究表明,学习和记忆更新、知识共享过程以及企业间信息共享的速度影响买方—供应商关系。外部利益相关者正是通过探索机制实现了对目标企业的企业形象、企业特征、企业文化等方面的学习,不断更新其对目标企业的认知,进而产生认知认同。普雷斯和阿尔努(2011)发现,探索与个体对组织的认同密切相关,将探索作为个体对组织认同的一条路径。本书扩展了普雷斯和阿尔努的研究,研究表明探索机制不仅存在于个体对组织的认同中,也发生在企业间认同形成过程中。

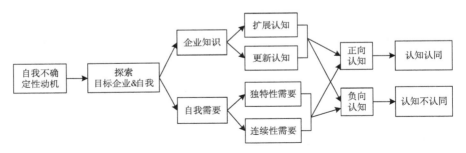

图3-21 多元企业认同形成的探索机制

3. 内化机制

外部利益相关者与企业人际互动的数据分析表明,内化在人际互动到关系形成过程中扮演着重要作用。内化(internalization)是社会和心理领域的术语,泛指个人通过社会化接受一系列由他人建立的规范和价值观。斯科特将内化描述为一个隐喻,其中某些事物(如思想、观念、行为)从外部迁移到思想(mind)或人格(personality)内部。米德(Mead)认为,通过思维和自我的构建,阐明了个体的内化受外部规范的影响。当看到某个人尊重某人并认可一套特定的规范时,那么这个人很有可能准备接受这些规范,并因此将其内化,内化的结果是认同。阿什福思等(2016)指出,个体之间通过期望特征、职业发展和社会心理支持的内化实现个体间认同。先前研究发现,个体对组织心理依恋程度从低到高可以分为顺从、内化和认同三种,其中内化是个体通过个人价值观与组织所体现的价值观之间的一致性来接受组织的影响力和对目标的依恋。范登堡(Vandenberg 等,1994)认为,认同刻画了个体对组织影响力和组织依恋的接受,其目的是维持与组织成员的满意关系。研究发现,消费者在消费过程中存在自反性,即个体身份与组织身份进行对比,通过递归自反性实现模仿、提升、想象、协调,进而促进身份演化(Akaka 和 Schau,2019)。

人际互动通常因共同兴趣爱好、际遇活动而发生,以关心个人(而非业务关系中的角色)为目的,自我提升是人际互动的潜在动机。人际互动情境下,低目的性和自我提升动机驱动利益相关方成员的内化。通过内化机制,一方面利益相关者和企业的业务人员形成一致价值观,价值观一致性使业务人员之间相互尊重、产生信任感;另一方面,利益相关者和企业的业务人员形成一致性目标,目标一致性使业务人员之间沟通更高效、更容易达成共识,彼此之间具有默契、相互依赖。如组团社对 H 企业的目标(履行承诺)和价值观(不唯利是图)的内化导致其对 H 企业的默契(高效沟通)和信任(厚道/仗义、信赖)。政府机构对 H 企业的目标(宣传意大利)的内化导致其对 H 企业的信任(通过持续的感动形成)。境外资源方对 H 企业的目标(流程保障)和价值(价值观影响)的内化导致其对 H 企业的默契(形成共识)、尊重(尊重劳动、重视/维护)。消费者对 H 企业的价值观(诚信/责任感、价值观影响)的内化导致其对 H 企业的信任。这些利益相关者与群体融为一体的积极感受,反映了利益相关者积极的自我情绪,这与既有约翰逊等(2012)研究中情感认同的内涵一致,因此称之为情感认同。图 3-22 解释了内化机制过程。先前研究发现,顿悟和模仿也是认同形成的路径,内化机制不仅涵盖这两种行为,而且解释了为什么人际互动能够产生情感认同。

(三)多元企业认同的动态形成

基于业务、社会和人际三种情境互动中认同形成的机制分析,提出了

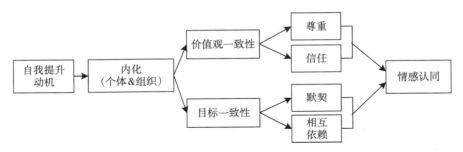

图 3-22　多元企业认同形成的内化机制

如图 3-23 所示的多元企业认同动态形成模型。图 3-23 表明,情境互动是多元企业认同形成的前提,为利益相关者与企业关系形成提供了实践支撑。在不同情境下,利益相关者与企业互动的内容不同,互动通过不同机制形成认同。

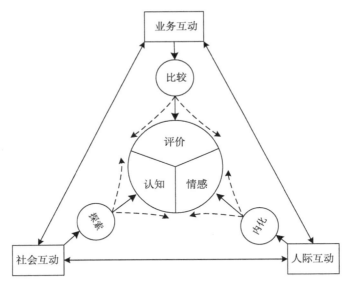

图 3-23　多元企业认同的动态形成模型

注:图中实线表示主要影响、虚线表示次要影响。

业务互动情境主要触发外部利益相关者的利益动机,利益动机通过比较机制影响评价认同的形成,即利益相关者通过合作感知到自身重要性和企业的重视程度。比较的社会化过程也可能形成认知和情感维度的认同,如境外资源方通过比较发现 H 企业保障利益相关者利益,对其与企业的关系作出积极评价,感受到自身重要性和企业的重视(即评价认同),也通过比较过程发现企业与自身的行为契合("大家其实现在只做这个旅游,而不会去考虑其他乱七八糟这个事情"),从而认为企业与自身具有相似理念,此时就形成了与概念重叠相关的认知认同。考虑到旅游行业普遍存在延期支付、导游工作时间计算不规范的现状,H 企业这样一家小企业能够切实保障利益相关者的权益,很难不让外部利益相关者尊重,即形成情感认同。但是业务互动下达成交易这一强烈的目的导向会限制利益相关者对企业的行动取向,且业务互动能够为利益相关者提供的企业整体信息有限,因此业务互动并非认知认同和情感认同形成的主要情境。因此,图 3-23 中比较机制对评价维度的影响用实线表示,对认知和情感维度的影响用虚线表示。

社会互动情境主要触发外部利益相关者的自我不确定性动机,自我不确定性动机通过探索机制影响认知认同的形成,即利益相关者通过社会互动形成作为组织成员的自我分类和感知到的与企业的概念重叠。社会互动为利益相关者深入理解企业和自我提供了多种渠道和场景,多重信息帮助利益相关者从整体上理解企业身份、判断企业身份的可信度、发现企业与其自身的相似性,因此形成认知认同。探索的社会化过程也可能形成情感和评价维度的认同,例如,成功的营销传播、公关事件、企业选择能够让外部利益相关者产生积极的自我情绪,形成情感认同,在尚未存在业务联系时就能感受到企业对其的重视,形成评价认同。考虑到那些真正能够触动外部利益相关者内心的公关事件、营销传播活动数量少、发生频率低,社会互动带来的评价认同和情感认同有限。因此,图 3-23 中探索机制对认知维度的影响用实线表示,对评价和情感维度的影响用虚线表示。

人际互动情境主要触发外部利益相关者的自我提升动机,自我提升动机通过内化机制影响情感认同的形成,即利益相关者通过人际互动形成与企业融为一体的积极感受。人际互动为利益相关者与企业建立深层次关系提供了机会,随着人际互动的增加,H 企业的目标和价值观逐渐被外部利益相关者接纳和认可,进而内化为自身的目标和价值观,目标和价值观的一致性使利益相关者与企业之间形成情感纽带,因此形成情感认同。内化过程也可能形成认知认同和评价认同,因为对企业思想、观念、行为的内化意味着利益相关者对企业更深入的认知,人际互动高度的相互关注和情感连带也容易使利益相关者感受到企业的重视。此外,作为发展深层次关系的互动,人际互动需要评价认同和认知认同的支持,没有一定的认知联系和重要性评估,利益相关者参与人际互动的可能性会减少。因此,如图3-23中内化机制对情感维度的影响用实线表示,对认知和评价维度的影响用虚线表示。

在多重情境嵌套的混合情境下,外部利益相关者的角色与互动动机、互动行为及结果密切相关。例如,当利益相关者作为紧迫的产品或服务购买者时,利益相关者的利益动机将占据主导地位,更容易促发比较机制,即业务情境下的认同形成过程;当利益相关者近期没有产品或服务购买需求时,利益相关者的自我不确定性动机或自我提升动机可能占据主导地位,此时互动是引发探索机制还是内化机制,可能取决于利益相关者与企业之间交互的紧密性。频繁的互动更容易引发内化机制,而离散不确定性的互动更容易引发探索机制。因此,在多重情境嵌套的混合情境下不能完全割裂地看待每种情境与认同路径之间的关系,需要注意图3-23中最外层的互动情境的转化,在单一情境与认同关系的基础上,将利益相关者角色、需求、社会联结等因素纳入分析范畴。多元企业认同的动态形成模型为外部利益相关者与企业混合情境下的复杂互动提供了一个基本的理论分析框架。

除外部利益相关者与企业的互动之外,外部利益相关者之间在业务、社会和人际三种情境下的互动也值得注意。外部利益相关者之间的互动加速了比较、探索和内化机制,但是产生的结果需要具体情况具体分析。例如,业务互动中,组团社、境外资源方和消费者三类利益相关者在案例企业的服务交付过程中存在多方互动,在该情境下的多方互动为外部利益相关者的比较(即服务、资源和合法化比较)提供了更多的个体参照或群体参照,加速了比较的过程,最终是否形成认同取决于比较结果导致了优势感还是劣势感。社会互动中,组团社、境外资源方和政府机构在旅游展会、推介会等活动中也存在多方互动,在该情境下的多方互动为外部利益相关者了解目标企业和自我需要提供了更多的信息,从而加速了探索的过程,最终是否形成认同取决于探索的结果是正向认知还是负向认知。对案例企业的外部利益相关者访谈和历史数据分析发现,外部利益相关者之间没有直接的人际互动。考虑到不同利益相关者之间的人际互动涉及相关方的隐私,获取全面、真实的信息比较困难,因此没有追加相关访谈。基于业务和社会情境下利益相关者之间的互动对认同影响的分析,可以推断,如果利益相关者之间的人际互动帮助利益相关者了解到其自身与企业之间价值观和目标的一致性,则会加速内化的过程,最终形成情感认同;反之,则不然。因此,图3-23所示的多元企业认同的动态形成模型也可以将外部利益相关者之间的互动纳入分析范围。

五、互动视角下多元企业认同形成过程的研究发现

(一)互动视角下多元企业认同形成过程的研究结论

多元企业认同对企业在动荡环境中获取利益相关者支持,维系与利益相关者的长期关系具有重要的理论和现实意义。本节围绕"多元企业认同的形成过程和机制"这一核心问题,采用互动理论视角,通过对典型企业的探索性案例研究,得出以下研究结论:

(1)多元企业认同的情境、互动的区分与界定。基于情境的互动理论,根据互动的目的导向、互动过程中相互关注的程度和参与者之间情感连带的程度识别出业务、社会和人际三种利益相关者与企业互动的情境,并界定了发生在不同情境中的三种互动。其中业务互动由商业活动、业务流程维系,以达成业务交易为目的的互动,业务互动中利益相关者与企业相关关注的程度高,但彼此之间的情感连带程度低;社会互动是发生在商业活动、业务流程之外,不以直接达成交易、建立个人层面和企业层面的关系为目的,是企业对外部相关者施加影响,改变、强化利益相关者对企业认知的途径,社会互动中利益相关者与企业相关关注的程度低,彼此之间的情感连带程度一般;人际互动是外部利益相关者和企业的业务人

员在彼此职业角色外的个人层面的交互,即参与者彼此关心的是个人,而非业务关系中的角色,人际互动中利益相关者与企业相互关注的程度高,彼此之间的情感连带程度高。

(2)不同情境互动的认同形成机制和认同类型。业务互动通过比较机制形成评价认同。业务互动中利益相关者与企业彼此高度关注,经由业务互动,利益动机驱动了利益相关者对企业的服务、资源、价格等方面与同行业企业的比较,当比较结果满足利益相关者的利益需求时产生优势感,优势感增加了利益相关者的自尊和对自身重要性的感知,进而形成评价认同,评价认同体现了外部利益相关者感知到的自身重要性和企业的重视程度。社会互动通过探索机制形成认知认同。社会互动中企业吸引利益相关者的关注和参与,经由社会互动,自我不确定性动机驱动了利益相关者对企业形象、企业能力、企业定位方面和自我需要的探索,探索结果拓展了利益相关者对企业的认知或明确了自我需要,促进了利益相关者的自我分类及其与企业的概念重叠,进而形成认知认同,认知认同体现了外部利益相关者的自我分类、与企业的概念重叠。人际互动通过内化机制形成情感认同。人际互动中利益相关者与企业的人员之间吸引彼此的关注和参与,经由人际互动,自我提升动机驱动了外部利益相关者业务人员将企业的目标、价值观内化为其自身的目标、价值观,内化为利益相关者带来与群体融为一体的积极感受,进而形成了情感认同,情感认同体现了外部利益相关者与企业融为一体的积极感受、对企业的情感涉入。

(3)多元企业认同的动态形成机制。多元企业认同在外部利益相关者与企业的多重情境互动中动态形成,情境互动为多元企业认同提供了实践支撑和形成机制。业务互动影响利益相关者与企业之间的关系连续性,业务互动通过比较机制主要形成评价认同。社会互动通过传递新的见解、共享信息数量和速度影响利益相关者与企业之间的关系学习,社会互动通过探索机制主要形成认知认同。人际互动影响利益相关者与企业之间的关系质量,人际互动通过内化机制主要形成情感认同。尽管一种情境互动主要形成了某一认同维度,但并不排斥其他两个认同维度。因为不同情境互动的独特性导致了某种认同维度的凸显,掩盖了利益相关者对其他认同维度的表达,如业务互动后的评价比认知和情感更加紧迫,社会互动后的认知比评价和情感更加紧迫,人际互动后的情感比评价和认知更加紧迫。从企业与外部利益相关者关系建立的生命周期来看,业务互动、社会互动和人际互动如同三角形的三个顶点,缺一不可,三者分别通过比较、探索和内化机制共同促进了多元企业认同的动态形成。

（二）互动视角下多元企业认同形成过程研究的理论贡献

现有研究在企业认同概念化、企业认同的前因和结果、企业身份构建等方面形成了丰富的研究成果,在这些研究基础上,研究的理论贡献主要体现在以下三个方面。

（1）深化了情境与认同关系的认识,为情境与认同关系研究提供了理论支撑。由于身份对于认同的重要性,以往研究主要关注身份与认同形成的关系,从身份构建、身份发展、身份维护、身份改变等视角研究认同。在基于身份这种深层结构的认同之外,还存在更广泛的情境认同,即由情境线索触发的对集体暂时和不稳定的归属感。考虑到深层结构的认同涉及个体和集体之间的更根本的联系,关于情境认同如何转化为深层认同的研究具有重要理论和实践意义。然而,目前相关研究比较匮乏。研究从情境互动视角探讨了认同形成过程,发现了不同情境下认同的形成机制,深化了情境与认同关系的认知,拓展了认同形成过程中研究的视角,丰富了认同动态性的理论研究文献。研究区分的三种情境互动涵盖企业与外部利益相关者、外部利益相关者之间交互的大部分场景,为基于情境的认同形成过程研究提供了有效的情境分析单元,为进一步探讨情境认同向深层结构认同的转化研究提供了理论支撑。

（2）探索了多方外部利益相关者的企业认同形成过程和机制,弥补了组织认同研究文献对外部利益相关者关注的不足,扩展了关系营销研究中单一外部利益相关者对企业认同的研究,丰富了管理领域认同研究文献。组织认同研究文献主要关注内部利益相关者（如员工、管理者、股东）对企业的认同,大部分研究认为,内部利益相关者通过组织身份和自我身份的比较、构建身份叙事等身份工作,以组织成员的身份定义自己,与组织在心理上相统一,并对组织产生归属和共命运的感知,即内部利益相关者对企业的认同。沃夫（2012）从意义构建视角提出了相似性、熟悉度、收益和投资四种认同逻辑；也有学者从叙事视角提出了绩效、工具、交互、互惠四种员工组织认同逻辑（Sillince和Golant，2018）。在关系营销领域中，外部利益相关者对企业的认同形成过程研究更加匮乏，代表性研究如巴塔查里亚和森（2003）从身份角度提出的消费者—企业认同理论模型；基于消费者视角从企业的正式、非正式行为渠道出发，发现的顿悟、模仿和探索三条认同路径。在此背景下，本书对多方外部利益相关者企业认同形成过程和机制的探讨弥补了组织认同研究文献的不足，拓展了关系营销研究内容。

相对于内部利益相关者，外部利益相关者与企业的关系具有更多的不确定性，特别是一些没有稳定契约关系的外部利益相关者，缺少持续参与、融入企业的现实情境，导致基于身份的意义构建动机较弱，难以掌握外部利益相关者的意义构建活动以及对身份叙事的组织和个体之间的传递。研究从情境互动视角分析外部利益相关者与企业之间离散、不稳定的交互活动，发现了情境互动触发认同的形成机制，即通过比较、探索和内化的社会化过程实现企业认同。这表明，内、外部利益相关者的认同形成机制或路径存在差异，为利益相关者企业认同形成过程研究提供了新见解（Bhattacharya和Sen，2003；Sillince和Golant，2018；Bednar等，2020）。

（3）揭示了认同不同维度的形成机制，拓展了认同动态性的理论研究，构建了多元企业认同的动态形成模型，推动了多元企业认同的演化研究。目前，大部分研究将认同作为一种状态而非一个过程展开研究，少数研究注意到认同不同维度的驱动动机差异、认同不同维度对消费者行为影响的差异以及不同认同轨迹产生的结果差异，但尚未深入分析从驱动动机到认同形成的过程以及认同不同维度的形成过程是否存在差异。本节发现，不同情境互动触发了外部利益相关者的不同动机，进而驱动了不同社会化过程，形成了不同认同维度。这一发现打开了驱动动机到认同之间的黑箱，揭示了认同不同维度的形成机制，为认同动态性研究提供了理论启发，即将企业认同作为一个整体构念研究认同形成过程可能会掩盖认同不同维度的重要性。因此拓展了认同动态性的理论研究。本节提出的多元企业认同动态形成模型为涉及个体和组织的认同形成过程分析提供了理论分析框架,该框架允许研究者将多方外部利益相关者与企业的交互、多方外部利益相关者之间的交互纳入分析范畴,同时也为混合情境的复杂利益相关者企业互动分析提供了理论基础,这有助于推动多元企业认同的演化研究,也响应了近期关于动态视角认同研究的呼吁。

(三)互动视角下多元企业认同形成过程研究的管理启示

本节对企业追求、实施多元企业认同具有以下实践启示:首先,不同于内部利益相关者与企业互动的持续性和融入性,直接吸引外部利益相关者参与企业的身份工作从而形成认同具有挑战性。根据本书发现的互动视角的多元企业认同形成逻辑,情境影响外部利益相关者的行动取向,企业可以通过与外部利益相关者的情境互动实现认同。因此,企业应该重视与外部利益相关者在不同情境下的交互。

其次,为增加情境互动形成认同的可能性,建议企业在不同互动情境下采取不同策略以促进外部利益相关者认同。例如,在业务情境互动下企业尽可能地从利益相关者的利益诉求出发,帮助利益相关者分析企业为其带来的经济利益,进而触发外部利益相关者的比较过程;在社会情境互动下避免宣传企业能够为外部利益相关者带来的经济利益,而是为外部利益相关者提供更多自我提升的机会、帮助外部利益相关者确定其自我定义需要,提升外部利益相关者探索的兴趣和范围,重视企业媒体形象塑造和第三方口碑对利益相关者认知的影响。在人际互动情境下,重视跨界员工与外部利益相关方员工之间的人际互动,提升企业跨界人员的组织认同和发挥企业高管的影响力,将企业文化、价值观通过人际互动传递给外部利益相关者,促进外部利益相关者的内化。

最后,为了将基于情境的、暂时的、不稳定的认同转化为深层结构的认同,企业需要重视与外部利益相关者的长期关系建设,重视企业的合法性、规范性和一致性。如果企业在某种情境互动下为了赢得某一个利益相关者的认同而采取额外的行为,对其他利益相关者来说可能是负面影响,甚至导致利益相关者对企业身份的质疑,这将阻碍利益相关者对企业身份的意义构建,即阻碍利益相关者对企业深层结构的认同。考虑到短暂的认同对利益相关者积极行为的有限影响,企业或许不能从这种认同中获利。因此企业在争取外部利益相关者的认同时,应注意企业自身的合法性和规范性,一致性要求企业与利益相关者的长期互动过程中具有稳定的业务范围、流程规范、企业文化和价值观,从长期来看,企业一致性有助于多元企业认同程度的提升。

(四)互动视角下多元企业认同形成过程研究的局限与展望

尽管通过案例研究得到了一些有价值的结论,但仍存在一些不足和未来可以深入研究的地方。首先,多元企业认同形成的时间跨度较长,本节通过多元企业认同的专题访谈分析得出外部利益相关者对企业的认同,使用历史访谈资料分析了认同形成过程逻辑,历史访谈资料的访谈主题与研究主题不完全匹配是研究的不足之处。其次,基于服务型企业分析得到的研究结论是否适用于其他行业领域有待进一步验证。如鸿星尔克、白象、华为等制造企业的火爆与消费者企业认同密切相关,表明认同对制造企业的影响不容小觑。在数字转型背景下,多元企业认同,这一身份驱动的营销关系在制造企业的生态系统关系建设方面的应用前景也值得关注。未来有必要在制造领域、新兴服务领域以及数字经济背景下开展更广泛的研究。最后,本书基于质性研究发现提出了多元企业认同的动态形成模型,是一个基于服务领域的单案例研究提出的理论模型,单案例研究本身具有外部效度偏弱的问题,未来研究可扩展案例数量,以提升研究的外部效度。此外,理论模型得到质性研究充分验证、完善后,未来可进一步开展定量实证研究,从而为多元企业认同形成过程、认同动态性研究提供理论和实证支持。建议定量实证研究先检验多元企业认同的动态形成模型中的三条认同形成路径是否显著,然后进一步检验外部利益相关者之间的互动作为调节效应是否显著。定量研究需要注意的是,"业务互动""社会互动""人际互动""比较""探索"和"内化"等构念的操作化和测量问题,如果找不到合适的量表,需要研究者开发新的量表。

第四章　多元企业认同的企业身份张力调和机理

　　企业多元身份在复杂环境中为企业带来优势,满足了多方外部利益相关者的自我定义需要和利益诉求的同时,也由于企业资源的有限性,多个身份间对有限资源的竞争会给企业带来冲突和混乱,也即由此带来身份张力的问题,目前尚未得到广泛关注。因此,本章首先向读者介绍了如何通过资源杠杆逻辑,引入外部资源,扩大企业资源基础,从而调和由于资源短缺造成的企业多元身份张力。其次,从身份理论的视角探索了多元企业身份张力的调和机制,并基于利他理论、身份管理理论等开展了多元企业身份张力调和过程。

第一节　基于资源管理视角的多元企业身份张力调和机理研究

一、资源管理视角下多元企业身份张力调和的研究现状

　　管理企业的多个身份是企业经理人的基本职能,也是企业经理人面临的重大挑战。在网络技术发达,人工智能兴起的今天,企业的经营环境被重新塑造,企业与消费者的交互愈加便利和频繁,无处不在的移动应用以及社交媒体改变了市场实体间彼此交换信息和互动的方式,处在变化着的新的经营环境中的市场实体间的联系和交互越来越紧密,这种交互技术的变革带来的环境改变在使企业与其他市场实体共创价值更为便利的同时,也为市场实体带来了全新的挑战,市场环境愈加复杂多变。

在面对复杂的组织环境时,组织需要适应环境并对之作出响应,具有"双重"身份的组织要比单一身份的组织更有优势(Albert 和 Whetten,1985)。因此,那些以多种方式定义自己的组织可能更吸引那些有多元需求和利益诉求的外部利益相关者。众多研究表明,企业同时拥有多个身份,这有助于企业应对复杂环境变化以及不同利益相关者需求。企业身份作为企业与各利益相关者沟通的载体,在企业与利益相关者沟通的过程中发挥着重要的作用。首先,企业身份必须清晰地向外界传达企业的使命、价值观、业务范围等一系列企业特质,并保持其身份特质,从而使利益相关者可以将企业与其他企业区别开来,识别出企业独特的价值创造能力,从而体现其存在于市场的独特价值。其次,企业身份作为企业开展业务的辅助工具,必须能够获得各利益相关者的认同,这是企业与利益相关者建立业务关系的前提,企业经营者需要确保企业多个身份对于利益相关者是有意义且有吸引力的,从而企业能够更好地适应环境。如何管理多个企业身份,使企业每一个身份对于利益相关者来说都是有意义和有吸引力的,从而获得利益相关者认同成为现代企业经营管理人员必须面对的问题。

然而,要使企业多个身份对于不同利益相关者来说都是有意义且有吸引力并不是一件容易的工作,非常具有挑战性,这是因为,企业的每一个身份只有在企业为这一身份配置足够的资源,从而将该身份的内涵通过经营管理实践来对外显化出来,才能充分且有力地向利益相关者表述该身份,否则,该身份对于利益相关者来说只存在于思维的范畴,是无意义或无吸引力的。而通常来说,企业资源都是有限的或稀缺的,尤其是中小企业,资源的稀缺使这些企业在身份管理上捉襟见肘。因而,多个身份会对有限的企业资源展开竞争,导致企业多个身份产生张力。没有足够资源支撑的企业多个身份虚有其表,是无意义和没有吸引力的,从而无法有效吸引利益相关者。因此,如何调和企业多个身份之间的张力已经成为现代经理人面临的重大挑战之一。通过企业多元身份应对不同利益相关者需要,应对复杂环境,并与利益相关者保持深层次的、坚定和有意义的关系,吸引利益相关者参与到企业的生产运营中,共创价值,成为学术界和业界的关注焦点。

有关企业身份的研究非常丰富,按照企业身份研究的侧重不同划分,现有研究可以大致分为三部分:一是企业身份构成要素的相关研究;二是企业身份构建过程的相关研究;三是企业身份传播的相关研究。对于多个企业身份的研究还较为少见。关于张力调和方面的研究非常丰富。塔什曼和奥莱利(Tushman 和 O'Reilly,1996)指出,组织双元理论认为企业在发展历程中,面临竞争和生存的压力,企业必须同时具有两种创新能力,即对已有知识和能力的开发和对新知识和能力的探索,只有很好地平衡两种能力,企业才能够在竞争中获得优势,开发和探索这对相互冲突的能力导致了张力的产生,组织双元是指企业管理这种张力的能力。在组织双元理论的基础上,贝弗兰登等(Beverland 等,2015)对品牌双元展开了研究,作者指出,品牌双元是维持强势品牌的关键,因为它指出了创新的途径。作者认为,品牌必须保持其身份的一致性,同时,品牌必须兼顾身份的"相关性",并提出设计思维主导逻辑作为调和品牌身份一致性和相关性张力的机制。关于企业身份张力方面的研究还较为少见,多个企业身份的张力调和在已有研究中也较为少见,但是已有研究为我们调和企业身份张力提供了理论依据和可借鉴的模式。

兰(2012)提出了多元身份(multiple identities)和多元认同(multiple identification)的概念,作者认为,市场主体具有多重身份,并且多重身份具有显著性,即在特定情境下,市场主体的某一个身份最为显著。这里的市场主体泛指组织、品牌、个体等市场参与主体。多元认同指市场主体的多重身份被利益相关者认同。在本书中,作者将市场主体聚焦于企业,并且主要关注企业与外部利益相关者间的认同关系。因此,我们借鉴兰(2012)的多元身份和多元认同概念,将企业的多个身份称为企业多元身份,多个外部利益相关者(消费者、中间商、影响者、供应商等)对企业的认同称为多元利益相关者—企业认同,也简称为多元企业认同,其基础是消费者—企业认同。邓肯(Duncan,1976)认为,消费者—企业认同是消费者与企业之间深层次的、坚定和有意义的关系,是企业身份满足消费者自我定义需要后形成的认同关系。

已有研究提供些有益的理论基础和启示,尽管管理企业多元身份的重要性已成为学术界和企业界的共识,然而,企业和经理人如何应对企业多元身份的相关研究还较为少见,针对企业多元身份及其张力调和的系统性研究仍然匮乏。此外,尽管在个体层面,如何管理多元身份以及应对多元身份冲突方面研究众多,但是在组织层面,相关研究依然较少,因此,本节通过对案例企业的研究,揭示调和企业多元身份张力的机制。这不仅具有重要的理论价值,也对企业塑造健康的企业身份有着重要的实践指导意义。

二、资源管理视角下多元企业身份张力调和的相关概念

(一)企业多元身份及其张力

身份在个体层面就是关于"我是谁?"的问题,在群体层面,就是关于"我们是谁?"的问题(Pratt 和 Foreman,2000)。而关于这一问题的答案却并非是唯一的。相反,对于任意一个实体来说,对于这一问题都存在多个答案,即多个身份。在个体层面,心理学和社会学领域的学者认为对于同一个体来说,存在多个身份,而多个身份可能会相互冲突,因此,必须被"管理"。同样,在群体层面,学者们认为,组织也存在多个身份,并且多个组织身份可以而且应该被很好地管理。兰(2012)认为,市场主体(如组织、个体或品牌等)可以有多元身份(multiple identities),并且个体认同的对象也可以不同。从现有研究来看,多元认同(multiple identification)存在的原因至少有两个:首先,个体存在多个身份,各方面是不相同的;其次,由于市场主体各不相同,一个以上的不同身份更能应对不同需要,并且多个身份不同不代表身份间不兼容。因此,可以肯定的是组织可以而且确实有多个身份。普拉特和福尔曼(Pratt 和 Foreman,2000)提出组织多元身份的概念,即关于组织核心的、独特的、持久方面的不同定义。

本节关注的主要是群体层面的多个身份的问题,并且聚焦于组织的外部利益相关者。在此需要澄清一组概念的区别,即组织身份和企业身

份。从利益相关者角度对组织身份与企业身份进行对比,组织身份是从内部利益相关者角度(例如员工)对企业进行定义;企业身份是从外部利益相关者角度(例如消费者)对企业进行定义(Hatch 和 Schultz,1997)。认为内部利益相关者与外部利益相关者互动的增强以及企业运营透明度的增加会使内外部利益相关者对企业的定义趋于一致,差异最终消失(Hatch 和 Schultz,1997)。鉴于我们的关注点是外部利益相关者,因此,为确保一致性,我们只使用"企业身份"一词。

在企业的多个身份中,首先应该是企业自身对企业的核心价值观以及人口统计变量的回答,即企业自身感知到的企业核心的、独特的、持久的一些特征。核心价值观主要体现在其经营原则、使命和领导力中(Whetten 和 Godfrey,1998),而人口统计变量,包括如行业、规模、年龄、市场地位、原始国、地点及其领导和/或雇员的典型概貌等。这可以归纳为企业在面对自己的时候对"我们是谁?"这一问题的回答;企业的其他身份是在不同情境下面对不同外部利益相关者(消费者、中间商、影响者、供应商等)时对"我们是谁?"问题的不同回答。由此,在艾伯特和惠滕等(Albert 和 Whetten 等,1985)关于组织身份概念理解的基础上,我们可以得出企业多元身份的概念,即不同外部利益相关者对企业核心的、独特的、持久的特征的不同感知和概念化。

管理良好的多个身份使无论是个体还是组织在应对不同需求和复杂环境时更加具有优势。在个体层面,普拉特和福尔曼(2000)认为,拥有多元身份的个体通常有能力满足更广泛的期望和要求,相对于单一身份的实体来说更有优势。例如,在个人层面上,拥有多元身份的人能够更好地应对各种情况,因为他们可以利用更广泛的自我定义框架(Hoelter,1985)。与之相反的是,较少身份的个体在应对复杂情境时灵活性受到限制。在组织层面,同样有学者指出,在面对复杂环境时,拥有多个身份的组织比单一身份组织更有优势。企业身份管理的目标是与利益相关者建立良好的关系,使企业拥有良好的声誉,从而使这些利益相关者能够倾向于购买该组织的产品和服务,为其工作或投资于该企业。有证据表明,良好的企业声誉能够给企业带来竞争优势。因此,遵循这一逻辑,我们认为,一个管理良好的企业的多元身份使其能够满足多个外部利益相关者的需求和期望。特别是,在企业经营环境变化迅速的当代,能够有效管理多元身份的企业可能有一种明显的竞争优势。

企业的多个身份有助于企业应对各外部利益相关者的需求,特别是这些需求发生冲突的时候。但是,企业多元身份需要企业内部相应的资源支撑,企业多元身份才能够满足利益相关者需要。但事实是拥有多元身份的组织会造成内部的冲突和资源的内耗。面对资源的限制,组织会很难或者不愿意去满足被置于多元身份上的竞争性需求。大多数企业由于资源的有限,企业无法有效对多个身份进行管理,从而使企业多元身份对于利益相关者缺乏吸引力和意义。利益相关者对于企业的认同是基于利益相关者如何通过企业来定义自己(Balmer,2017)。如果企业的多元身份不能够满足利益相关者定义自我的需要,那么利益相关者对企业的身份会产生模糊的态度或不认同的态度,而这会导致利益相关者对企业的负面行为,如不支持、负面口碑等。在本节中,我们将由于资源限制导致的企业多元身份间的冲突称为企业多元身份张力。有关企业多元身份张力调和的研究较为少见,而企业多元身份张力给企业带来的负面影响不容忽视,因此,如何调和企业多元身份张力是本书的研究问题。

(二)杠杆资源理论

杠杆是物理学中的概念。完整的杠杆系统由支点、杠杆、动力和阻力组成。通过对杠杆的动力臂端施加力,在支点的支撑下,力可以通过杠杆传递到杠杆阻力臂端,克服阻力,从而撬动施加阻力的物体。通过省力杠杆,人们可以以很小的力撬动质量很大的物体。这种"以小博大"的现象不只在物理学中存在,还存在于其他学科领域。事实上,在商业或政治谈判中使用杠杆是常见的。例如,在财务管理领域,以一定较小的成本融资来增加企业的资本,追求更大的收益,就是财务杠杆。莱勒(Lele,1992)提出战略杠杆理论,将企业的战略杠杆定义为策略乘以回报。我们所说的策略,是指公司可以相对于竞争对手自由地改变其在市场中的地位。回报指的是收入、市场份额或两者的变化,这些变化都是由这种策略造成的。如果一家公司能够改变其地位,而市场为这种变化提供了巨大的回报,那么根据我们的定义,该公司的战略杠杆率很高,否则就很低。公司可以在五个主要维度中的任意一个方面改变其在市场中的相对位置,即目标市场、产品、地点(或渠道)、促销或价格。然而,在实践中,一个公司有多大的自由取决于特定市场的结构和公司的地位。战略杠杆的概念为管理者提供了一种新的强大工具,可以充分利用企业在任何市场中的机会。它还向管理者展示了如何通过改变竞争地位甚至产业本身的结构来创造新的机会。

企业的竞争优势不仅体现在其在市场上的主导地位,而且体现在其不断提高资源杠杆的利用能力上。资源杠杆是指企业利用外部资源来寻求机会,而不论这些资源是否为企业所有。资源杠杆是企业以创造性的方式利用外部资源和关系获得竞争优势的资源运作模式。能够用尽可能小的代价获取资源的企业在竞争中更加具有优势(Elfring 和 Hulsink,2003)。资源杠杆正是企业通过付出较小的代价将不属于企业的外部资源利用起来增强企业竞争力的,其寻求的收益远远大于实现收益所使用的资源,这是资源杠杆的关键内涵。在利用资源杠杆的过程中,利用资源杠杆获取的收益与获取资源所付出的成本比值越大,说明企业对于资源杠杆的利用效率越高(Coff,2009)。

巴内(Barney,1991)指出,企业持续竞争优势源自稀有的宝贵的企业资源。如果一家企业的资源在一组竞争者或潜在竞争者中是独一无二的,那么这些资源会产生竞争优势,并有可能产生持续的竞争优势。事实上,拥有这些资源的公司往往会成为战略创新者,因为它们将能够开展其他公司要么无法想象,要么无法实施,或两者兼而有之的企业活动,因为这些公司缺乏相关的公司资源,具有资源优势的企业具有先发优势。且企业利用资源杠杆获取资源具有不可模仿性,这是因为资源杠杆依赖于独特的历史条件,且资源杠杆与企业持续竞争优势间的因果关系具有模糊性(Jarillo,1989)。由于资源杠杆独特的历史条件以及与竞争优势间的因果关系模糊,竞争对手不知道他们应该采取什么行动来复制具有持续竞争优势的公司的战略。因此,能够有效利用资源杠杆的企业能够获得持续的难以被竞争对手复制的竞争优势。

赵海峰等(2003)指出,战略杠杆实施的关键是企业必须具有独特的核心资源。即企业必须依托于自身的独特资源或能力,这些资源或能力是外部利益相关者所需要的或看重的。王迎军(1997)指出,企业能够高效地依托和利用外部资源为企业带来竞争优势,不能局限于企业自身拥有的资源。赵道致和张靓(2006)认为,资源杠杆是企业依托自有资源,通过与外部资源交互,借助外部资源,获得竞争优势。近年来,一些学者也提出了"资源杠杆"的概念。借助资源杠杆的作用,企业可以缩小资源与战略意图之间的差距,击败市场上的竞争对手。在本书中,我们将企业高层管理者利用自身有限资源来获取外部优势资源能力的一整套思维模式和应对问题、解决问题的行为模式定义为资源杠杆逻辑。

企业多元身份之所以存在张力,是因为资源的稀缺性,从资源管理的角度,我们试图打开张力调和的过程。已有研究打开了动态环境中以创造价值为目的的企业资源管理过程"黑箱",并提出一个资源管理模型,该框架包括构建资源组合、捆绑资源以发展能力、平衡能力三个过程,最终达到为消费者提供价值、获得竞争优势和为所有者创造财富等目的(Sirmon等,2007)。

这三个过程中的每一个都有三个子过程。构建涉及获取、积累和剥离资源,形成公司的资源组合。捆绑指将资源整合以形成能力,有三个子流程:(1)稳定或对现有能力进行轻微的渐进改进;(2)丰富,扩展当前的能力;(3)开创性,创造新的能力。平衡这一过程涉及一系列子过程,以利用公司的能力并利用其优势识别市场机会;它包括:(1)动员,它提供一个计划或形成必要能力配置所需能力的愿景;(2)协调,涉及集成能力配置;(3)部署,利用资源优势,市场机会或创业策略来开发由协调子流程形成的能力配置。

综上所述,本节探讨的企业多元身份张力调和机理是基于个体企业的。因此,本节将从企业自身背景出发,结合企业的资源杠杆逻辑来探究企业多元身份张力调和背后的机理,试图在系统性过程分析的基础上,打开企业多元身份张力调和的过程。

三、资源管理视角下多元企业身份张力调和机理研究设计

本节研究的基本问题——多元企业认同的形成和企业多元身份张力的调和机理,属于"How"和"Why"的问题,企业多元身份张力调和是一个动态发展的过程,且研究所涉及资源杠杆逻辑和多元企业认同是笔者基于文献和案例现象提出的概念,较为抽象,因此,需要将概念还原到案例中,用翔实的数据对概念做注解,这样有助于对本书所涉及的概念做深入系统的理解。综合考量,笔者运用了探索性单案例研究方法,通过案例描述和理论剖析,能够对典型案例企业的实践活动作出理论解释。

(一)样本选择

根据 H 企业发展历程,笔者绘制了 H 企业的业务关系,如图 4-1 所示。

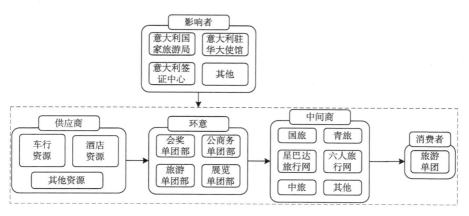

图 4-1　H 企业业务关系示意图

选择 H 企业作为样本的原因如下:(1)H 企业在实际经营活动中善于以小博大,利用外部资源。(2)H 企业在实际经营过程中成功管理多元企业身份,获得利益相关者的认可。(3)具有 10 年以上的经营历史。(4)创始人愿意接受访谈和提供相应的信息数据,并配合研究者提供相

关数据。(5)研究团队对 H 企业持续跟踪近 7 年,积累了丰富翔实的数据资料。

(二)数据收集

在开展企业多元身份张力调和机理研究过程中,笔者主要运用了深度访谈方法和实地观察方法来收集大量一手数据,并通过多种渠道收集多个源头的二手资料。通过对案例企业 H 企业的长期追踪,对 H 企业高层领导,中层领导以及员工和顾客等深度访谈,并且通过多次对 H 企业的实地观察,进一步补充数据,采集了大量一手数据,并通过对 H 企业内部刊物、年度报告、会议记录、手册以及 H 企业官方网站和 H 企业官方微信公众号以及其他渠道收集整理了大量二手数据。具体数据收集过程见表4-1。

表 4-1　数据收集

数据类别	具体来源	数量	编码
深度访谈	企业创始人以及中层管理者运营总监、营销总监、境外负责人等	31	FM
	H 企业的游客	13	FC
现场观察	6 次现场观察	6	FF
二手数据	H 企业内部文献;官方网站、H 企业微信平台	17	SI
	媒体新闻报道、相关行业杂志对 H 企业的专访	12	SM
	H 企业合作伙伴官方网站相关报道等	11	SC
	中国知网以"环意旅行社"为关键词差异化数据	9	SS

1. 深度访谈

从 2011 年 3 月至 2018 年 7 月的 7 年多的时间里,研究团队对企业创始人以及中层管理者运营总监、营销总监、境外负责人等先后进行过31 次访谈。在正式访谈之前,访谈者首先介绍研究目的,并按照事先准备好的访谈提纲进行访谈,尽量不打断受访者的谈话,以发现并补充访谈提纲遗漏的内容。访谈采用录音和团队成员的记录予以补充,并在访谈结束后将录音整理成文字资料予以保存。此外,在研究的过程中,对发现的新问题都会直接和相关负责人联系并进行访谈,对企业的整体运营一直进行企业跟踪,且企业随时分享其相关活动资料(见表4-2)。

表4-2　访谈数据来源

序号	职位	访谈内容	频次	字数
1	H企业负责人	怎样借力来构建企业生命力;杠杆理论;B2B2C战略;品牌势能	11	140322
2	H企业中层管理者	借意大利旅游局的力,通过在展会上宣传意大利来吸引更多的组团社消费者,并推出意大利艺术之旅	1	44541
3	13名H企业消费者	面向消费者多元企业认同结构	1	58948
4	定制一部总监	员工企业认同,公司情况	1	7168
5	定制二部总监	员工企业认同,公司情况	1	6760
6	高级消费者经理	员工企业认同,公司情况	1	5600
7	文化参赞	意大利大使馆举办的《环意沙龙:去意大利旅行,邂逅艺术》活动	1	3614
8	骑士勋章刘导演	意大利大使馆举办的《环意沙龙:去意大利旅行,邂逅艺术》活动	1	4748
9	奥特莱斯老总	意大利大使馆举办的《环意沙龙:去意大利旅行,邂逅艺术》活动	1	12009

2. 二手资料

包括H企业内部文献(内部刊物、年度报告、会议记录、手册);官方网站、H企业及意大利国家旅游局中文微信平台、媒体新闻报道、相关行业杂志(如《榜中榜》和《旅行社》等)对H企业的专访、H企业合作伙伴官方网站(如视频中国、意大利旅游局、新浪旅游等)相关报道等。在中国知网以"环意旅行社"为关键词进行搜索,找出差异化数据作为补充(见表4-3)。

表4-3　二手数据来源

资料来源	内容简介
广州旅游展	最具魅力旅游线路奖
今日头条	一起去寻找意大利的美
H企业官网、微信公众号、微博	意大利有多老？意大利有多时尚？意大利怎么玩？为什么选择H企业？
《中国日报》	古老与时尚闪耀意大利
《环球时报》	灵感与思考触碰时尚古国意大利：H企业"意大利时尚古国之旅"发布会于意大利罗马古城罗斯皮利奥斯宫雕塑厅召开
《羊城晚报》	"慢"旅行，深体验，提起意大利，您会想起什么
《京华时报》	魔幻派的意大利之旅
《环球时报》	左手时尚右手古老，用心游意国
中国国际广播电台	边走边看，让我们享受"意游未尽"
中国旅游新闻网	意大利国家旅游局与意大利大使馆文化处联合开启"时尚古国创意大赛"

3. 现场观察

研究团队先后于2014年3月10日参加了H企业在广州国际旅游展览会的活动，2015年2月8日，参加了H企业在意大利驻华大使馆举办的"环意·意大利艺术之旅"沙龙活动，2015年3月27日参加了在意大利北京签证中心举办的H企业新产品推介活动。2015年10月15日，在意大利罗马H企业的新产品发布会后，对H企业产品——意大利北部路线进行现场观察与体验。2015年11月10日，H企业创始人来团队进行交流并做深度访谈。2017年7月16—26日团队负责人参加了H企业南部路线的现场观察与体验。

（三）数据分析

案例研究的规范性直接关系到结论的准确性。笔者遵循巴顿（Patton，2002）提出的方法，从案例现象出发，通过收集数据，依据分析推广逻辑，对数据进行实证概括，最终形成理论的思路，采用交互式研究策略，从尽可能多的渠道收集来自不同源头的数据，使数据间能够相互佐证,即满足案例研究数据的"三角验证",从而提升结论的说服力(Yin,2013)。研究的数据编码过程如下:第一阶段,由团队内成员对前期通过深度访谈、实地观察收集的大量一手数据和通过多方渠道从多个源头收集的大量二手资料进行初步筛选,对于直接访谈的数据资料,H企业的管理者编码为M(企业管理者的非直接访谈的数据也按此编码,创始人为1,其他高层管理者为2,中层管理者为3),员工编码为E,供应商编码为S,顾客分别编码为C,同行(竞争对手)编码为D,通过对原始数据研读和分析,识别案例企业H企业多元身份张力存在的动因、H企业为此而采取的措施和最终调和的结果,将相关数据按照"动因—措施—结果"的内在逻辑进行初步整理,分成三大部分数据。然后两组研究人员分别对数据进行分析处理,对每一部分原始数据进行一级编码,归纳为概念,然后将相近的概念归类到一起。第二阶段,对归类好的概念再次进行分析,发现其内部关联和共性,提炼出相应的构念,进行二级编码。第三阶段,在上阶段的基础上,对构念间的内在逻辑进行分析、归纳,形成三级编码。最终形成通过丰富的数据建立证据链,寻找企业多元身份张力调和的内在逻辑。通过研究团队内两组人员的独立编码分析,能够保证数据编码分析的客观,从而提升结论的可靠性和解释性。

四、H企业资源管理视角下的多元企业身份张力调和

(一)"冲突"

H企业建立之初,各种企业资源都很匮乏,可以说体量很小,资金实力都不够,H企业整个规模就30人,而竞争对手Amenda也是一个单团地接社,已经有了三十多年的历史了。"所以我们这个团队肯定不及他们对意大利有那么多的了解"。在与中青旅和国旅等组团社、境外的车行、酒店以及游客的业务关系中,H企业面临着资源短缺和能力不足的问题,而这也直接导致了各业务相关方对H企业的不认可。作为其主要消费者的组团社并不认可H企业,与H企业的关系不稳定,也不平等,H企业的负责人有一个"吃包子理论",在H企业初期,组团社将包子扔地上,H企业得抢着才能拿到吃。而且定好的计划常常说变就变。"那个时候

我们还印了什么日本哪,走了好多弯路啊,这些弯路都是试着求生存的那些弯路,但是都是错的,耗费了时间、人力、物力、财力。""在业务没有聚焦的时候会做全欧洲,你会发现,就像前面说的话,他有很多政策,因为他不是很了解,比如国家旅游局规定你可以有出境旅游送签的资质,但是你说我要做法国,又要做德国,做意大利,你就要跟德国、法国、意大利各个使馆都搞好关系,实际上你是没有这么大能量的,你的能力是不够的。另外,你又不能对签证很熟悉,因为欧洲的签证鼓励中国人去欧洲旅游,他在签证政策上会灵活变化的,可能每个地区,对每个人,它的使馆有个决定权,说我可不可以给你绿色通道,可不可以给你一个特殊政策,可不可以给你某些类型的签证,给你特殊政策,实际上我们是不了解的。"

因此,组团社认为 H 企业并不专业。"对于境外的车行、酒店等,对 H 企业没有一个系统的认识,只是最基本的业务关系,只认为 H 企业有团需要预订酒店,在中国这样的一家公司,可能甚至不知道 H 企业实际上是有意大利身份的,就是在这一块属于比较零散地获知我们公司的一些信息,他跟我们的匹配度不会很高,因为他不认为你是一个很稳定的合作伙伴,或者他是多有前景的合作伙伴。"而意大利政府机构更是对 H 企业没有认知,H 企业只是意大利签证处的服务对象。因此,早期的 H 企业由于企业资源的限制,四面碰壁。

(二)"调和"

作为一个小企业,公信力是最为稀缺的一种资源,缺乏公信力,消费者会对企业产生怀疑,供应商会对企业产生怀疑,所有的利益相关者都会对企业有或多或少的质疑,这在无形中大大增加了企业的经营成本和交易成本。2013 年 3 月 H 企业邀请意大利国家旅游局、意大利世通投资集团、中国意大利商会等知名机构一起共享 108 平方米展位资源,共同宣传意大利旅游资源 H 企业市场部门主要负责会展宣传前期的准备工作,与会展主办方协商展位以及其他参展细节,与受 H 企业邀请来参加会展的合作伙伴沟通具体合作的细节。在 H 企业的精心安排下,展会顺利举办并获得了意大利国家旅游局的认可。

（三）"协同"

通过与意大利政府机构等建立良好的关系,借助意大利政府机构等的资源,H 企业实现了与其他利益相关者建立认同。对于意大利政府旅游局、驻华使馆等来说,H 企业是意大利的好朋友,是中意之间的文化使者,是意大利政府机构在华的好助手。H 企业通过与意大利政府机构的良好关系获得赴意大利签证的快速绿色通道,相比竞争对手,其办理签证的速度占有非常大的优势,并且在旅游资源的获取上也得到意大利政府机构的支持,H 企业甚至可以获取一些不对外开放的旅游资源。对于中青旅、国旅等来说,H 企业是一个提供可控、可靠、专业的境外地接服务的企业。正是因为 H 企业得到了意大利政府机构等优势外部资源的支持,迅速建立起专业高效的企业能力,从而获得组团社的认可,对于境外的车行、酒店 H 企业是一个能够提供稳定的、高质量客源的一家企业。对于去意大利的旅游者,H 企业是一家提供专业的、服务周到的、高品质旅游产品的企业。如图 4-2 所示,H 企业获得了行业的认可。

2011 年	荣获《旅行社》杂志评选的,年度唯一"最佳境外单团地接社"奖。
2012 年	荣获中国意大利商会与中意基金会、意大利驻华大使馆联合颁发的"意大利旅游金熊猫"奖。
2013 年	荣获中国出境游风云榜评选的,年度唯一"最佳意大利单团地接社"奖。
2013 年	意大利国家旅游局主动联合环意做Discovery a New Italy全国巡回推介会。
2013 年	CCTV《空姐新发现》栏目找环意协助拍摄意大利艺术之旅。
2014 年	荣获国家旅游局首批为意大利地接社颁发的"出境旅游优质供应商"资质。
2014 年	在第71届威尼斯电影节上接受新华社的采访。
2014 年	陕西卫视重走丝绸之路,H企业作为地接,接受中国驻意大利大使李瑞宇先生的亲切问候与合影。
2014 年	接待中信旅游集团李克强总理访意代表团。
2014 年	荣获中国出境游风云榜评选的年度"杰出服务地接社奖"。
2014 年	为小包团研发"H企业意大利艺术之旅",荣获旅行社杂志颁发的"旅游目的地产品创新"大奖。
2014 年	成功接待中国贸促会领衔组织的2015米兰世博会前期考察。
2015 年	"H企业意大利艺术之旅"荣获广州国际旅游展览会(GITF)颁发"最具特色旅游线路"奖。
2015 年	联合意大利国家旅游局、米兰世博组委会、意大利驻中国使领馆,共同举办"H企业米兰世博大讲堂"。
2015 年	荣获由北京市参与2015米兰世博会工作协调小组颁发的《2015意大利米兰世博会北京活动周》纪念证书。
2015 年	于意大利罗马古城区举办"意大利时尚古国"大型中外媒体新产品发布会。
2015 年	西安工业大学对H企业品牌成长研究案例荣获全国MBA百优案例大奖。
2016 年	携手意大利国家旅游局在全国开展"时尚古国意大利旅游大讲堂"。
2016 年	携手意大利使馆、意大利国家旅游局举办"时尚古国意大利"创意大赛系列活动。
2016 年	携手凤凰视频前往意大利拍摄"意大利时尚古国之旅"系列视频。
2016 年	H企业负责人代表H企业录制CRI新闻中心和甘肃卫视联合制作的《直通"一带一路"》节目。
2016 年	H企业与Shopping Milano Roma杂志联合推出《意大利时尚古国之旅》杂志。
2016 年	H企业负责人受邀走进中国人民大学商学院、北京航空航天大学知行课堂。
2016 年	H企业在旅行社行业颁奖盛典上荣获"2016意大利时尚古国旅游产品创新大奖"。
2017 年	H企业在2017年广州国际旅游展览上荣获"最具魅力旅游线路奖"。
2019 年	H企业在广州GITF旅游展荣获"最佳境外合作伙伴奖"。

图 4-2　H 企业获得行业认可

（四）案例发现

H企业由于其资源的有限,且在众多身份间资源分配的不合理,造成了其各个身份对各利益相关者来说并没有吸引力,比如H企业早期作为一个几十人的小团队,却经营意大利、法国、韩国、日本等众多国家的旅游业务,众多的身份对H企业来说,H企业在每一个国家的旅游业务上并不专业,因为资源是有限的,无法支撑众多旅游业务,因此众多企业身份是模糊的,也互相冲突。H企业负责人认清了企业存在的问题的本质,那就是H企业体量比较小,资源有限,要想解决H企业身份混乱和冲突的现状,解决资源限制,改善资源配置是关键。"四两拨千斤""以小博大"等是H企业负责人的经营哲学,H企业体量虽小,但是如果能以小博大,借助外部资源,那么H企业就解决了由于资源限制导致的多元身份张力问题。从理论和实践的分析来看,企业多元身份张力是由企业资源的稀缺和资源配置方式不合理导致的。资源稀缺会导致企业在配置资源时陷入两难的境地,造成资源配置的不合理。资源配置的不合理会变相地导致企业资源的稀缺。因此,调和企业多元身份张力的关键在于:如何有效扩大企业资源基础?如何合理配置资源?通过对H企业案例的研究观察,我们发现在资源杠杆逻辑的指导下,借用企业外部资源并将资源聚焦使用可以有效地解决上述两个问题。为了分析基于资源杠杆逻辑的H企业多元身份张力调和机制,且由于篇幅所限,仅选取H企业发展历程中一件关键事件进行描述。但是总体的数据分析是基于完整数据进行的,见表4-4。

表4-4　相关构念及典型证据援引

形成基础	一级编码	二级编码	三级编码	频次
动因	企业多元身份张力	资源有限	可以说体量很小,资金实力都不够	34
		配置不合理	我们的旅游业务包括法国、德国……总之都做,都做不好	25
		身份冲突	要做法国,又要做德国……您就要跟德国、法国、意大利各个使馆都搞好关系,您的能力是不够的	58
		身份模糊	原来在境外是隐姓埋名了,我们从来不敢提我们是H企业	26

续表

形成基础	一级编码	二级编码	三级编码	频次
行为	构建	利他	永远要做一个为社会创造价值的企业	215
		获取	在意大利驻华使馆举办活动	153
		积累	市场上对H企业的认可和赞扬是特别高的,很多大的集团、酒店都纷纷主动找上我们,然后包括意大利一些的特色酒店,包括很多导游也是慕名而来……	89
	捆绑	创造	CCTV《发现之旅》找H企业协助拍摄	76
		激活	H企业与意大利政府沟通,像那个杜莫大教堂顶层、安波罗修图书馆、达芬奇密码手稿原件,没有国家安排是进不去的	68
		转化	CCTV《发现之旅》上最后都有一个鸣谢H企业,意大利定制旅游专家	72
	利用	评估	我们有一个法国团,你们能做吗? 我们说法国不专业。意大利是专业的	56
		对焦	经过了一年,我们才这么咬着牙坚持下来,我们就做意大利	43
		投入	所有资源都围绕意大利展开,只做意大利旅游	72
结果	企业多元身份协同	消费者—企业认同	满意程度10分的话,我应该能给它打8、9分吧	13
		供应商—企业认同	H企业的游客素质高,他会觉得您给这家酒店增添了光彩	15
		经销商—企业认同	这个活动之后,居然之家找到我们了,另外一家公司也过来了,跟我们签H企业意大利艺术之旅的子产品"金婚"。广州国旅也找我们要合作了	12
		影响者—企业认同	意大利国家旅游局把H企业当成了"左膀右臂"	21

1. 构建杠杆资源

H企业凭借自身对意大利和中国文化的了解和专业,自发地在中国推广意大利文化,宣传意大利旅游,H企业的这些活动吸引了意大利国家旅游局和意大利驻华大使馆的注意,意大利国家旅游局和驻华大使馆一直追求在华推广意大利文化和吸引中国游客到意大利旅游,无奈自身对中国了解有限,无法有效推进。H 企业为意大利定位"古老而时尚",这一定位是基于中国人对于意大利文化的认识,获得中国游客的广泛认同,这令意大利相关政府机构对 H 企业非常看重,主动联系 H 企业合作推广意大利文化,并提供意大利驻华大使馆作为 H 企业宣传的免费场地。H 企业正是通过利他的活动,才获取到意大利驻华大使馆这种公信力极强的外部资源,H 企业与意大利政府机构人员同台在大使馆亮相,经过媒体的宣传,H 企业将意大利政府机构的公信力转移到了自身,提升了自身在意大利旅游行业的知名度,令行业中的利益相关者对 H 企业刮目相看。

2. 捆绑杠杆资源

H 企业与意大利政府机构建立了良好的合作关系,作为意大利旅游行业的游戏规则制定者和影响者,意大利国家旅游局和驻华大使馆签证处对于行业中的每一个利益相关者的重要性不言而喻,H 企业如何才能将意大利政府机构的公信力和其掌握的资源为自己所用,将其转化为自身的资源? H 企业通过主动创造契机,激活内外部资源,从而将其内化为自身的资源。在 CCTV 拍摄《发现之旅》与意大利政府机构沟通出现障碍时,H 企业主动与 CCTV 合作,利用其与意大利政府机构的良好关系,协助 CCTV 顺利完成拍摄,其中许多国家级的旅游资源本来是不对外开放的,如达·芬奇的手稿,但是 H 企业通过与意大利国家旅游局的沟通,让 CCTV 拍摄了这些珍贵的资源。作为回报,CCTV 免费为 H 企业宣传,并鸣谢 H 企业,这无形中为 H 企业节约了一大笔宣传费用,实现宣传效果最大化,H 企业在行业中的地位和知名度又进一步提升了。

3. 利用杠杆资源

H 企业通过对自身众多身份的评估,认为 H 企业的优势在意大利,对于其他国家,H 企业并不专业,因此,H 企业果断砍掉其他身份,专注于意大利,确定了"中意文化大使"的身份,并获得了意大利政府机构的认同,同时,H 企业也塑造了"意大利旅游专家"的身份,"中高端旅游服务提供商""专业可控的地接社"等身份。众多身份都聚焦意大利,H 企业将全部资源投入其中,使每一个身份对于利益相关者来说都是具有吸引力的,比如中意文化使者这一身份,对于意大利国家机构和中意媒体,以及中国驻意大利的相关政府机构都是有意义和有吸引力的,专业可控的地接社身份对于组团社具有吸引力。

　　H企业通过对杠杆资源的构建、捆绑、利用,使众多身份聚焦于意大利,并为每一身份投入资源,从而使每一个身份对于利益相关者来说都具有意义和吸引力。H企业通过利他活动义务宣传意大利,与意大利政府机构建立良好关系,其中意文化使者的身份得到意大利政府机构的认同,这对于行业中的组团社具有重大影响,H企业有了第三方政府机构的背书,公信力增强,从而H企业与组团社的合作更为顺利,谈判话语权增强,而其与意大利政府机构的良好关系,使其能够更专业地服务组团社,比如组团社交给H企业的旅游团在拥挤的景点拥有绿色通行的便利,无须排队等候,而且H企业地接的旅行团可以接触到稀有的旅游资源,这使组团社对于H企业"专业可控的地接社"身份极为认同,H企业的业务量大增,这使H企业在面对境外旅游资源的供应商如车行和酒店等商家时,议价能力提升,可以要求供应商提供定制化的服务,这增加了游客对H企业"意大利旅游专家"身份的认同。这些身份互相协同、互相促进,围绕意大利,H企业的经营绩效也表现得更加出色。

五、资源管理视角下多元企业身份张力调和的研究发现

(一)资源管理视角下多元企业身份张力调和的研究结论

　　通过对案例的研究,揭示了调和企业多元身份张力的关键是资源杠杆逻辑,因为企业多元身份张力本质上是由于企业资源的有限性和资源配置不合理导致的,而资源杠杆逻辑是通过借用外部资源来扩大企业的资源基础,并将资源整合,形成企业的能力,从而满足利益相关者的自我定义需要。图4-3展示了资源杠杆逻辑调和企业多元身份张力的过程模型。

　　企业实行资源杠杆逻辑的关键是自身与外部资源建立了关系,并且拥有对外部资源所有者有吸引力的资源,而且必须主动将自有的资源向外部资源所有者开放,这种良好的互动能够在企业与利益相关者中间发展出信任和依赖。随着这种互动的加深,企业与利益相关者都能够从这

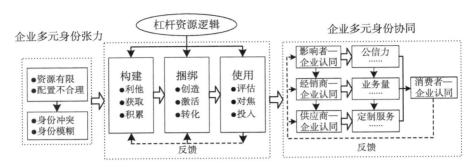

图 4-3　资源杠杆逻辑调和企业多元身份张力的过程模型

种关系中得益。企业与利益相关者互相开放资源,企业可以进入利益相关者的资源,而利益相关者也可以进入企业的资源,达到构建资源杠杆的目的。

　　企业获得外部资源的准入后,面临的问题就是捆绑资源。捆绑是有目的地结合资源来开发新能力(Ranjan 和 Read,2016)。仅仅是占有资源并不能保证企业能够获得竞争优势,只有通过对资源的创造、激活、转化,资源只有在进行有效管理的情况下才能释放出其全部价值并创造竞争优势。汉森(Hansen 等,2004)认为,企业对资源的处理和其对资源的占有同样重要。

　　通过企业的利他行为促使利益相关者对企业开放其资源,企业对这些资源并不拥有所有权,即企业并不占有这些共享的资源,而是获得利益相关者的一种"承诺",即企业在需要的时候,利益相关者会兑现这种承诺,向企业提供资源帮助。而企业对于这种利益相关者共享的资源的使用必须谨慎,因为这种资源会随着"承诺"的兑现而消减,不具有可实验性,即企业不可以通过预排练来演习这种资源的使用,然而,资源的休眠也会造成资源的减损和浪费。因此,企业需要根据对共享资源的梳理来进行规划,合理有效地发挥这些资源的最大效用。一种有效的资源管理方式就是企业要积极主动地去寻求机会和创造机会,激活现有资源(包括内部资源、外部资源),来提升企业独特的竞争优势。通过创造机会,将企业休眠的内部和外部资源重新激活,通过改变对资源的配置方式和配置结构,将企业占有的资源和利益相关者对企业开放的资源进行有机的配置,从而转化为企业拥有的内部资源和新的能力。而能力是公司资源的子集合,它代表"一个组织上嵌入不可转移的企业特有的资源,其目的是提高公司所拥有的其他资源的生产力"(Makadok,2001)。能力是特殊的资源类型,其目的是提高公司所拥有的其他资源的生产力(Makadok,2001)。因此,通过创造独特的机会,企业激活了休眠的内部资源和外部资源,将所有资源进行有机配置后转化为企业内部的资源和能力。

　　企业获得新的资源扩大了企业的资源基础,这使企业在配置资源时拥有更多可以发挥的余地。在配置资源时,企业必须谨慎审视企业的现状,对所有的资源请求进行评估,按照优先等级排序,围绕提升企业核心竞争力这一目标,对资源的使用进行对焦,在提升企业核心竞争力的关键活动中投入资源。企业核心竞争力的强化进一步改善和提升了企业满足利益相关者自我定义需要的能力,这使企业可以根据利益相关者的需要来提供相应的产品和服务,更好地满足利益相关者的需要,获得利益相关者的认可,实现了多元—企业认同,从而获得企业的竞争优势。

　　H企业在与实现多元企业认同的过程中,利用资源杠杆逻辑,集中企业资源,通过准确识别关键利益相关者意大利政府机构等的自我定义需要,利用企业资源来满足,从而建立认同关系,获得意大利政府机构等外部资源的支持,比如办理签证的绿色通道以及意大利政府机构的背书,使H企业在组团社的认知中建立了专业、高效、可信的形象,从而获得组团社的认可,拥有了稳定的客源,而H企业的定位是中高端旅游,因此,为境外车行、酒店输送了高质量的游客,而高端正是境外这些酒店的定位,因此获得了酒店、车行的认同。从而拥有了稳定的更高质量的境外旅游资源,可以对酒店和车行提出个性化的要求。而H企业通过与意大利政府机构、组团社、境外车行、酒店的认同关系,建立了专业、高效、高品质等企业身份形象,H企业通过对旅游产品的精心设计,在意大利政府机构的支持下,一些稀有的旅游资源都能够为H企业所用,比如著名的最后的晚餐、杜莫大教堂顶层、达·芬奇密码手稿原件等,去人满为患的景点,H

企业的团无须排队等候,通过绿色通道直接进入景点,正是这些高品质的服务让游客认同了 H 企业。

(二)资源管理视角下多元企业身份张力调和研究的理论贡献

第一,提出了资源杠杆逻辑作为多元企业身份张力的调和机制。企业身份管理良好时,企业身份可以成为整合企业成功所必需的资源和活动的有力手段。它还可以提供必要的视觉凝聚力,以确保企业所有的沟通表述相互一致,并形成符合企业精神和风貌的身份。通过有效管理其企业身份,企业可以在不同的利益相关者之间建立认知。这可以体现在吸引和留住消费者,实现战略联盟,获得金融市场支持,并产生方向和目的感。企业的经营者需要确保企业身份具有战略意义,反映企业目标和满足利益相关方的需求。企业处在复杂环境中,面临多种有可能互相冲突的需要,拥有多元身份能够帮助企业有效应对这些挑战,同时,企业拥有多元身份也会给企业带来混乱和冲突,这主要是由于企业自身资源的有限性,以及在身份方面的资源配置不合理,难以支撑众多身份,保持每一身份对于利益相关者来说都是有意义、有吸引力的。

通过对已有文献的梳理以及对 H 企业案例的观察分析,笔者提出了资源杠杆逻辑作为企业多元身份张力的调和机制。资源杠杆逻辑主要是通过利用外部资源来弥补自身资源的不足,从而扩大企业的资源基础,从根源上解决企业多元身份张力。

第二,打开了调和企业多元身份张力的过程。企业利用资源杠杆逻辑,从自身拥有的关键资源出发,主动通过为利益相关者实现收益,从而获取利益相关者的资源,从而达到对外部资源的积累。在获得外部资源的准入后,企业要积极主动地去寻求机会和创造机会,激活现有资源(包括内部资源、外部资源),来提升企业的独特竞争优势。通过创造机会,将企业休眠的内部和外部资源重新激活,通过改变对资源的配置方式和配置结构,将企业占有的资源和利益相关者对企业开放的资源进行有机的配置,从而转化为企业拥有的内部资源和新的能力。在将外部资源内化吸收转化为企业的内部资源后,需要对企业众多身份进行评估,通过与企业战略的匹配,将身份进行对焦,最后投入资源来塑造身份。

在资源杠杆逻辑的指导下,企业通过与利益相关者对多方资源的构建(利他、获取、积累)、捆绑(创造、激活、转化)、利用(评估、对焦、投入)三个环节来扩大企业资源基础,优化企业资源配置,从而调和企业多元身份张力。

(三)资源管理视角下多元企业身份张力调和研究的管理启示

中小企业在实际经营过程中,所处环境复杂多变,面临众多利益相关者,且各利益相关者需要各不相同,甚至会发生冲突,企业拥有多个身份能够有效应对这些挑战,企业多元身份在给企业带来竞争优势的同时,也给企业带来了冲突与混乱,这主要是由于企业的资源有限,这在中小企业中更加明显,企业通过利用资源杠杆逻辑,利用外部利益相关者的资源,扩大企业自身资源基础,使企业能够为每一身份配置足够资源,从而使每一身份对于利益相关者都是有意义和有吸引力的。

首先,启示企业应掌握"借力使力"的能力,构建杠杆资源。其核心逻辑是:利他、获取和积累。如根据企业自身的基因条件,自发地与当地政府结合,与政府一道开展行业领域内的宣传推广工作。在双方共同利益诉求及目标的基础上,尽可能地积极投入政府活动,借助政府的公信力,推广企业,从而使本企业的公信力增强,扩大行业内的知名度与影响力。其次,在构建杠杆资源的基础上,进一步捆绑杠杆资源。其核心逻辑是:创造、激活和转化。企业需明确捆绑杠杆资源的目的是转化资源并构建良好的合作关系。企业可主动创造契机,激活企业内外部资源与潜在杠杆资源建立联系,如主动帮助解决问题。最后,资源真正的转化还需要有效地利用。其核心逻辑是:评估、对焦和投入。企业需重视对自身众多身份的评估工作,即时舍弃非必要和非重要身份,确立清晰明确且重要的身份,避免因身份的模糊性而带来的利益相关者认知模糊。一方面,通过投入对核心身份的构建,增强企业身份的吸引力;另一方面,通过身份间的协同效应,互相促进,从而更好地发挥身份在建立良好合作关系、创造更好经营绩效表现中的积极作用。

（四）资源管理视角下多元企业身份张力调和研究的局限与展望

研究虽然得到了一些重要的理论成果，但是仍然存在一些不足之处。选择 H 企业作为研究对象，样本数量少且没有进行不同行业之间的对照比较，这样会导致一些比较具体的研究结论缺乏普适性。其次，研究基于旅游行业企业，具有一定的特殊性，所得的结果能否推广到其他行业有待研究。未来的研究可以适当加入不同行业的多家企业进行多案例研究，从而进一步验证资源杠杆逻辑调和多元企业身份张力的有效性。

第二节　基于身份管理视角的多元企业身份张力调和机理研究

一、身份管理视角下多元企业身份张力调和的研究现状

在当前的时代背景下，信息技术飞速发展，信息透明度不断提升，随之而来的新商业模式也层出不穷，各种商业生态蓬勃发展，而高速变化的环境塑造出更为复杂的关系网络，也不断地为企业带来以此为基础的全新挑战。在生存发展过程中，企业需要同与自身产生关联的多方合作伙伴构建良好的关系。这些合作伙伴包括消费者、中间商、供应商等，涵盖了上下游的方方面面。在这样复杂的关系网络中，企业与合作伙伴们相互作用、共生共赢。在这样的模式下，企业不仅能从价值链中获益，还可以从范围更广的价值网络中获取价值，共同进行价值创造。因此，要想获得良好的发展，企业已经不能仅考虑简单的利益相关者关系构建。如何与外部利益相关者保持深厚的、承诺的和有意义的关系进而使其投入到企业的经营活动中共创消费者体验和价值？越来越受到学术界和实践界的关注。

企业身份作为企业最核心、独有的特征（Alberts，1985），历来在与外部利益相关者的合作过程中起着至关重要的作用。在多元企业认同背景下，企业在处理与多个外部利益相关者之间的关系时并不总是顺利的，而

与多方利益相关者实现认同过程更是会面临诸多困难与问题,其中最为突出的是企业在已有身份与因外部利益相关者需求而产生的新身份之间存在冲突与矛盾的问题。

在以往的研究中可以发现,身份相关问题在人类个体上长期存在并已经得到了广泛的关注,其中对于身份多元性问题和身份张力问题的研究尤其值得注意。一直以来,人们都有过在同一时期拥有多个身份的情况,例如,心理学家和社会学家长期以来一直主张在同一个人中存在多种身份(Burke,1937),且当身份数量过多时,人们会出现身份过载现象,例如比德尔(Biddle,1986)认为,多个角色或角色身份可能导致角色冲突和重载,而这种冲突和重载会导致个体行动上的困难。同时,类比到组织中,有研究认为,组织存在多元身份并应当得到管理(Pratt,2000)。在企业发展实践中,由身份冲突问题所引发的各种困境,时刻都在考验着管理者的智慧与战略眼光。而如何调和合作过程中多元身份之间所产生的张力,对管理科学及企业管理实践都是非常具有价值的课题。

现有的研究中,对于与身份问题紧密相关的认同理论的研究也不在少数。此类研究除了围绕个体展开以外,还尝试去构建一个能被不同外部利益相关者认同的企业身份,并试图调和因各方利益相关者不同的自我定义需要而产生的张力,进而使企业与外部利益相关者保持长期、和谐、多赢的关系。而在如何调和多元企业身份张力这一具体问题上,李纯情、吕俊峰等基于资源编排视角对相关问题展开了研究,运用理论驱动案例的研究方法,展开了 H 企业的多元企业身份张力调和过程,认为通过合理的资源编排可以实现企业与利益相关者之间资源的构建、绑定和利用,从而扩大企业资源基础,优化企业资源配置,调和多元企业身份张力(李纯青和吕俊峰,2019)。然而,从身份视角出发,基于身份理论本身的张力调和机理研究仍然是空白的。

综上所述,我们不难发现,基于多元企业认同理论和身份管理理论开展的身份张力调和的研究是具有理论价值与实践意义的。因此,当前首先需要梳理的是其背后的理论脉络,以清晰地展示出基于该理论的企业身份张力调和机理和其关键机制是什么? 企业在具体实践中应当如何调和身份张力？本书希望能够在多元企业认同理论及与之相关的身份理论的基础上，全面剖析企业面对外部利益相关者时存在的身份张力问题。希望通过对以上问题的探究和解决，提炼出能够帮助企业实现有效身份张力调和的具有广泛意义的具体方法，进一步实现多元企业认同，促进企业在当前的市场环境和技术背景下的长远发展。本书将通过梳理已有的身份张力调和相关理论，重点探讨企业身份张力调和的关键机制是什么，并尝试完善多元企业认同研究体系，同时为企业在解决身份张力问题及最终实现身份认同提供方案。

二、身份管理视角下多元企业身份张力调和的相关概念

（一）多元企业认同及身份张力

多元企业身份张力的产生是基于多元企业认同之上的，也就是说，只有当企业与自身的外部利益相关者存在了实现认同的愿望并为之努力时，企业才会为了满足外部利益相关者自我定义需要而形成新的身份并与自身已有身份产生冲突，多元企业身份张力产生的过程和多元企业认同的过程如同硬币的正反面。因此，要研究多元企业身份张力问题就必须先梳理清楚多元企业身份认同问题。多元企业身份认同的重要基础理论之一是社会认同理论。社会认同理论假设人们通过与社会团体、组织的联系来定义他们的自我概念，其核心思想是，个人各自所属的社会分类定义了他们是谁。社会身份理论是微观社会学理论，用于解释个人的角色相关行为。身份表示角色的主观成分，身份是分层组织的，等级越高的身份就越突出（这一特点又被称为身份显著性）（Bhattacharya 和 Sen，2003）。总的来说，认同是个体对某个对象的先区分后与自我关联的内化现象，既是过程也是结果。同时，它既体现于个体也体现于社会。而认同的本质是对身份的认同。身份认同除了体现为对自身独有特质的个体认同外，更主要的是表现为个体对群体的社会认同（李纯青，2018）。此外，企业具有多元身份也是实现多元企业认同的重要前提之一。兰（2012）认为多元身份可以被理解为认同的目标主体可以拥有多个身份，而这一主体可以是个人、团体、品牌或企业等市场主体。同时，多元认同

可以被理解为内外部利益相关者对市场主体的认同,认同的目标可以有多元身份,并且人们可以认同不同的目标。在当前的研究中至少有两个原因支持多元认同:一是人们的自我可以拥有不同方面(Sirgy,1982);二是个人可以被一个以上的身份吸引,且这些身份不一定是相互排斥的。当个体存在多元身份的时候,它们可以按照等级排列,最显著的身份将突出成为行为的预示(Stryker,1968)。多元企业认同是内部和外部利益相关者对企业认同的一种状态或过程。其中内部利益相关者是组织内部的成员(如员工、股东和管理者),外部利益相关者包括企业业务流程涉及的外部组织和人员(如消费者、供应商、中间商等),认同的市场主体是企业。多元企业认同理论作为企业身份张力相关研究的基础理论,为整个研究提供了稳固而丰富的理论框架。其中对于企业身份构建模式的研究也为身份张力相关研究提供了具有价值的理论支撑。那么,在多元企业认同过程中产生的多元企业身份张力又是什么呢?组织双元理论(March,1991)和品牌双元理论(Beverland 等,2015)为研究提供了关于组织中所存在的张力的相关理论基础。组织双元理论认为:企业为了生存或获得成功,必须能够兼顾开发和探索两种创新能力并以此超越对手(Tushman 和 OReilly,1996),而张力的来源正是这两种相互冲突的力量(March 1991),组织双元是企业管理这种张力(tension)的能力(Andriopoulos 和 Lewis,2009),这是关于组织中存在的张力问题的较早研究。

在此基础上,贝弗兰登等(2015)提出品牌双元的概念,研究认为品牌双元指同时兼顾保持现有品牌身份的"一致性"和通过创新及改变来保持"相关性"的能力,一致性与相关性之间的碰撞诞生了张力。研究认为,设计思维(即与设计者们相关的实践与逻辑)是调和这一张力的关键机制。这两个研究为梳理身份张力问题,逐步解决多元企业身份张力调和问题提供了理论基础与多样的研究方法。此外,在组织行为学领域中对悖论式领导的研究也为身份张力的研究提供了一定的理论基础。在管理学领域,"悖论"被界定为"长久相互依存又相互矛盾的要素"(Lewis,2016)。其概念中的相互矛盾性,往往体现在对立元素中,带来组织中对立冲突的需求,这些需求单独出现时合乎逻辑,同时出现时却是不合理的(Lewis,2000),也因此为组织成员带来了张力(tension)。同时,悖论的相互依存性还强调了对立元素之间不可分割的联系。因为张力与悖论的同源性及相似性,该研究中所讨论的"相互依存"和"相互矛盾"的性质,可能会成为后续研究中多元企业身份张力概念的边界,值得进一步发掘和思考。在此背景下,已有的多元企业认同基础上产生的多元企业身份张力研究已经在其来源、测量及调和上展开了初步的讨论。李纯青等认为,企业基于自身的使命、价值观等形成的企业身份与为满足利益相关自我定义需要而对企业身份的修正之间存在张力,即企业同时面临着保持其初始企业身份的需要和满利益相关者自我定义需要而对企业身份做修正的需要,这两个需要对企业经营者来说是要平衡的,即企业既不能过分迁就利益相关者的需要,又不能保持自身身份的一成不变(李纯青,2018)。其中,自我定义需要可以理解为一种聚焦在建立或保持一个自我意识、自我呈现或自我评价的特殊地位的倾向(Leary,2007),其内容包含了自我连续、自我区分和自我提升(Bhattacharya,2003)。然而,在这一部分的研究中,对于多元企业身份张力来源的讨论仍然局限在身份与身份之间(兼容度)的特点上,而并未讨论除此之外的其他来源。

同时,对于身份张力的测量也仅仅考虑到采用贝尔加米和巴戈齐(2011)的研究中视觉量表评估受试者对公司的认同度的方式,并未真正展开后续研究,亟须进一步深入讨论。而在如何调和多元企业身份张力这一问题上,李纯青等认为,资源不足或配置不合理会导致多元企业身份的实现存在竞争性(李纯青,2020)。因此,通过构建杠杆资源、捆绑杠杆资源、利用杠杆资源,企业可以从资源管理的角度对企业身份张力问题展开调和。但该研究重点探索了由于资源限制导致的多元企业身份张力问题,并从资源管理的角度展开了身份张力调和,而基于身份本身特质导致的身份张力调和则没有涉及,且其调和路径也仅仅考虑到企业内部,较为单一粗糙。本书希望能够结合多元企业身份张力的内涵,从身份角度入手,微观展开身份张力的调和过程。除此之外,在调和多元企业身份张力的关键机制研究中,李纯青等认为,价值关系机制(反映了在特定的企业间关系安排中成员企业经由何种途径获取关系这种价值并将其移入企业运行中）（Lavie，2006）或许可以用于解释这一问题，但在其研究中并未继续讨论价值关系机制将如何调和身份张力，而这也可能成为本书的重要思路。

（二）身份协同理论及身份管理理论

丰拜勒（Fombelle）在其 2011 年关于身份协同对组织认同的中介作用研究中关于身份协同情境的研究对本书也具有十分重要的意义。研究认为，人们同时持有多种社会身份，如果一个人将参与组织视为促进追求多种突出的社会身份的一种方式，他就会更强烈地认同焦点组织。也有研究认为，组织认同是由组织环境对个人多元其他身份的支持而"自下而上"建立的，并植根于符号互动的角色聚焦理论（Stryker，2000）。从市场营销和管理的角度来看，当个人参与一个组织，帮助他们追求其他重要的社会身份，我们称之为"身份协同"。对于一个组织的成员、消费者或粉丝来说，身份协同作用发生在为参与组织成员、消费者、粉丝提供了机会并使他们扩充为一个或多个其他重要社会身份这一过程中。当成员感到与某个组织的互动可以帮助他们与另一个身份协同工作时，他们很可能会感觉到该组织积极地影响了该身份的制定，使他们有机会在该身份中成长，并促进了某一身份的形成。此外，随着公司促进同时追求更多的社会身份，消费者将在组织成员身份中感受到更大的价值，从而加强了与公司的关系。在面对此类问题时，为了减少这种角色张力以及由此产生的负面心理和生理影响，人们可以寻求整合他们的身份。通常，身份会融合为一个整体，从而使多个身份的制定同时发生并重叠。而对于如何管理组织内部的身份，普拉特（Pratt，2000）在对多种组织身份的管理响应进行分类的研究中认为，一个人的身份由其所扮演的角色组成，因此个体可能有多个角色身份。且多元身份可能会相互冲突，因此需要得到管理。普拉特认为，组织身份包括组织成员认为是重要的、独特的和持久的那些特征。这一部分对于组织身份的定义在后续的其他研究中被扩展为企业身份，用于企业身份的研究当中（但对"持久的"这一特点持怀疑态度）。

普拉特在 2000 年的这篇研究中同时总结出了在组织中影响身份多元性的因素,即:(1)是否有强有力的利益相关者。(2)该身份在强有力利益相关者看来是否是合法的、正当的。(3)组织的未来战略发展是否需要多元身份。(4)组织的资源是否足够充足以管理多种身份,以及影响身份协同水平的因素,即:(1)身份的兼容程度;(2)身份之间的相互依存程度;(3)身份扩散模式(可达到的协同作用的水平可能受多个身份在组织的各个单位之内和之间的分布程度和分布情况的影响)。同时在身份管理方法上,普拉特认为,对于多种组织身份,至少有四种主要的管理方式:分隔、删除、集成和聚合。同样值得注意的是,在具体操作层面,先前的研究为我们提供了两种清晰且具有借鉴意义的方法来有效地进行身份管理:(1)建立一套身份层级,根据所涉及身份的使用概率进身份排序。(2)建立一个新的信念(社会心理学领域有研究认为,个体会创造一种说法以合理地解释内部矛盾,即组织可以通过创造和传播一种信念以调和意识形态上的矛盾)(Aronson,1992)。但是,此类研究并没有提供通过一定程度的身份管理展开身份张力调和的方法,也并未涉及企业能否通过某种机制调和身份张力。

三、身份管理视角下多元企业身份张力调和机理研究设计

(一)样本选择

研究所选择的案例应当与所涉及的理论高度相关,即首先企业需要拥有清晰明确的多个层面上的外部利益相关者,并与之维持长期且有价值的合作,并形成了多元企业认同这一重要研究前提。其次,面对不同的外部利益相关者,企业形成了明确的相关身份,并因此具备了多元企业身份。同时,在与外部利益相关者的合作中,该企业曾在与之认同关系的构建过程中多次处于核心身份与为满足外部利益相关者自我定义需要而试图发展出的新身份之间不相容、难共存的情况,并对企业的发展构成了一定的现实问题。通过对以往身份张力研究的分析,我们认为,该企业的经营实践过程中,身份张力曾屡次出现,其中的部分张力问题得到过各种程

度上的解决。最后,该企业能够支持被访谈,并将所得数据用于问题研究。

基于以上条件,我们选择了 H 企业作为探索多元企业身份张力调和机制的研究案例。H 企业自 2009 年成立以来,其业务内容聚焦于意大利 H 企业单团地接,并逐渐形成了清晰明确的企业身份。在 H 企业的经营过程中,所涉及的外部利益相关者包括了消费者、中间商、影响者和供应商,类型多样,且与企业构建了稳定良好的合作关系。在业务过程中,H 企业需要依赖意大利政府等影响者的密切支持及政策制定,从酒店、车行等供应商处获取高质量的旅游服务资源,并通过国旅、中旅、青旅等组团社获得顾客,同时兼顾来自平台或其他途径的 C 端消费者。在不断的合作往来中,H 企业在面对不同的外部利益相关者时,也形成了为满足外部利益相关者自我定义需要而存在的多元企业身份,具有鲜明的多元企业身份特征。这一过程中,在内外部因素的影响下,企业所持有的多元身份为 H 企业的企业身份管理带来了各种各样的问题。最终 H 企业的管理者们敏锐地发现了企业所存在的多元企业身份张力问题,并展开调和,一定程度上有效地解决了张力问题并实现了多元企业认同。在这样的经营发展与不断变革中,H 企业也成功发展为意大利单团地接领域的领导者。选择 H 企业作为研究对象,不仅符合了本节研究的现实需求,同时也与理论紧密相关,并符合抽样原则。

(二)数据收集及分析

1. 数据收集

研究主要采取了深度访谈的数据收集方式,通过对企业内部人员(包括创始人、管理者、员工等)、政府人员、供应商、中间商及消费者的多次深度访谈,加上对 H 企业内部会议及所参与活动的录音整理,获得了 95 万多字的一手数据。笔者所处的团队对 H 企业相关案例自 2011 年起进行了长达 9 年的跟踪研究,其中所涉及的被访谈对象覆盖面广,访谈内容多样且深入。同时,数据来源还包括案例企业在"马蜂窝"等平台所展示的信息、H 企业所参与相关活动现场录音、H 企业内部会议录音等。数据中所体现的每一事实或现象至少有三个不同来源的数据进行支持,以实现"三角验证"。

研究所涉及的数据资料主要来自深度访谈。团队进行追踪的 9 年间,先后对 H 企业内外部相关人员展开了 57 次不同主题的大小访谈,其中企业身份张力紧密相关的 4 次。各次访谈均按照访谈提纲展开,在访谈过程中尽量做到不打断被访者思路,还原所需了解的现象的真实样貌。访谈过程均全程录音,并通过在后期进行补充记录。同时,企业管理者也会不时地反馈或提供企业近期活动的相关资料或战略文件。数据来源见表 4-5、表 4-6。

表 4-5　案例企业访谈数据来源

序号	被访人	访谈内容	访谈总字数	频次
1	H 企业创始人	品牌竞争力、市场定位、管理模式、员工管理、领导者特质、品牌势能、基于顾客心智资源的品牌定位、杠杆理论的品牌生命力构建、H 企业借力使力问题、杠杆理论、境外的服务与管理、品牌传播中的媒体选择自主权、数字化赋能、面向消费者多元企业认同结构、品牌初心、H 企业在"马蜂窝"上的数据分析问题、多元企业认同、利益相关者理论、多元企业身份张力	621344	38
2	高层管理人员 1	数字化赋能、H 企业发展概况、多元企业身份张力	36318	3
3	高层管理人员 2	基于顾客心智资源的品牌定位、杠杆理论的品牌生命力构建、H 企业借力使力问题、多元企业身份张力	32513	3
4	高层管理人员 3	信息化建设	3460	1
5	员工(6)	H 企业工作经历及感受	34491	6
6	B 端顾客(3)	多元企业认同	36031	3
7	C 端顾客(3)	多元企业认同	19803	3
8	政府相关人员 1	多元企业认同	10611	1

表4-6 案例企业会议、活动及资料数据来源

序号	会议、活动及资料名称	会议、活动及资料内容	发言总字数	频次
1	会奖单团部会议	近期业务内容与问题	33310	3
2	旅游单团部会议	近期业务内容与问题	7526	1
3	H企业CCTV13报道	意大利定制旅游	464	1
4	西安工业大学经济管理学院座谈	H企业的发展历程及创始人心得	37913	1
5	意大利大使馆活动：去意大利旅行，邂逅艺术	意大利文化旅游、品牌传播中的媒体选择自主权、商业活动公益化	20818	1
6	案例沙龙	H企业发展历程	9616	1
7	意大利时尚古国之旅分享活动	品牌价值、品牌目标市场、品牌营销定位	32308	1
8	讲座"美本身可以解决问题"	企业家感悟及心得	8467	1
9	企业战略资料	B2C市场战略规划	7743	6

2. 数据分析

研究在搜集的大量一手数据的基础上，对访谈内容及会议、活动、资料内容进行开放式编码。文章从广泛的数据入手，按照开放式数据编码的基本范式，对数据进行实证概括，总结提炼出理论。同时，本书的数据采集尽可能多地来自不同来源以保证所体现的现象的准确性和普遍性，实现"三角验证"。在第一阶段，笔者首先尝试构建数据文献筐，按照企业身份张力发现（可能涉及身份张力的具体内容和身份评估）、企业身份张力相关问题的解决情况（可能涉及企业身份张力调和具体内容和结果）这两个大部分进行初步整理。其次，在第二阶段，笔者对数据筐中的数据进行编码，并在此基础上展开进一步的数据分类及内容抽象，其中企业创始人及管理者被编号为M（1、2、3）、员工被编号为E（1、2、3、4、5、6、7）、B端消费者被编号为B（1、2、3、4）、C端消费者被编号为C（1、2、3、4）、政府相关人员编号为G（1）。最后，在第三阶段，形成匹配数据文献筐。笔者将数据依照理论推演所得到的理论范畴罗列进空白Excel表中，不同理论范畴下所属的数据在不同的表中呈现。其中，横排为数据来

源编号,纵列为根据编码得出的构念。为方便记录频次,不同的构念用编号标记。同时,为了确保数据分析的客观性及准确性,研究邀请相关研究者在相同数据基础上进行"背对背"编码,并将两组编码结果进行比对,结合"三角验证",有效保证数据分析效度,且当前所收集的全部数据(包括后期追加访谈等)已实现理论饱和,不需要进行额外补充。

四、H企业身份管理视角下的多元企业身份张力调和

(一)敏锐的问题发现者

多元企业身份张力问题自H企业创立初期就开始出现在企业的日常运营中,作为H企业负责人在这一时期已经敏感地意识到了一场关于身份的变革迫在眉睫。2009年,H企业从米斯特拉独立出来,作为一个人数少、资源少的小微企业,身处日渐蓬勃的中国境外旅游市场,H企业所面临的挑战是无比艰巨的。那时的H企业,并没有十分可靠的酒店、车行资源,也缺少稳定并值得信赖的中间商合作者,面对广阔的市场但屈指可数的业务机会,H企业决定什么都尝试,什么都做。意大利、法国、西班牙、日本,但凡能接到手的单子,H企业都会抢着去做。H企业负责人形容那一个时期的H企业做业务就像"吃包子"一样,"感觉到好像对方给你一个业务,有的时候甚至就像把一个包子扔在地上,我们就会去把包子捡起来,就类似有一点这样的被动的局面"。资源的紧缺、经验的不足以及企业身份的模糊,导致H企业很难在众多同行中被顾客发现并选择,也很难被信任、被肯定。H企业想要发展,想要在旅游市场上站稳脚跟,就必须要有所调整、有所改变。正是在这一时期,H企业的管理者对H企业的外部环境,对H企业自身的具体情况及时感知,展开评估,并由此将H企业带上全新的发展道路。

当然,这样的评估并不仅仅停留在H企业创立之初。在日后持续的经营与发展中,H企业的管理者们也在不断通过这种方式,对合作对象、企业自身情况及合作中所遇到的种种问题进行考量和判断,并以此找寻解决的方案。当像"马蜂窝"这类旅游平台希望旅行社入驻平台时,H企业会认识到与之合作的战略意义并主动满足其要求,同时对自身进行调整;在面对与H企业服务标准不匹配的酒店时,H企业会进行细致的考

察。而对于标准要求差异过大的酒店,H 企业通常会选择直接放弃合作;在面对如意大利国家旅游局这样强势的行业领导者时,H 企业则会尽可能地对自身作出调整以实现合作。而在面对消费者时,基于长期的业务经验,H 企业会熟练地对有服务购买意愿的顾客进行判断,以评估对方的消费需求与 H 企业核心业务距离或重合程度。

对于外部环境的敏锐判断和对自身境况的及时审视帮助 H 企业准确地完成了"答卷前的审题工作",在这样的评估过程中,H 企业清楚地了解了在合作中利益双方所存在的问题是什么? 差异在哪里? 是否应当继续合作?

(二)主动的问题解决者

出现问题就应当解决问题,H 企业管理者们正是在问题的不断解决中,收获了值得信赖的合作伙伴并构建了无数稳定的合作关系。评估是对企业发展合作中所遇到的问题进行了解和分析,帮助管理者们认识问题并着手解决问题。

既然在与外部利益相关者的合作和自身发展中不断出现摩擦与不顺利,那么了解行业发展大环境,依据所发现的问题对企业自身进行调整是 H 企业的创始人及管理者们的第一思路。面对境外旅游行业竞争激烈而 H 企业自身资源有限的现状,创始人及管理者们意识到必须展开一场关于企业战略的重新规划和企业身份的修正重塑,才能为 H 企业带来更加广阔的发展道路。"资源有限无法兼顾较多地区的旅行业务,就选择删减为只专注欧洲地区直到只专注于意大利。"同时只专注于高品质的单团地接服务。H 企业在这一过程中不断地对核心身份进行管理和修整,逐渐走出了适合自身的独特道路。并且在与利益相关者的长期往来与合作中,不断通过具体业务内容、企业名称、产品特点等信息,向外明确自己的身份主张,也因此收获了更多能够建立良好合作关系并相互成就的伙伴。

除对内的审视与改变,H 企业也能够把握外部机遇,积极地促进合作。2013 年,H 企业邀请意大利国家旅游局、意大利世通投资集团、中国意大利商会等与意大利旅游行业相关的知名机构一起共享 108 平方米展位资源,一同宣传意大利旅游。在展会中 H 企业赢得了意大利政府的信任,并在这样的信任关系以及 H 企业对企业身份的调整中,H 企业与意大利旅游局实现了身份共创。

2020年,受新冠疫情的影响,整个旅游行业都遭受着空前的冲击,作为大型旅游平台的"马蜂窝"自然也不例外。平台方希望在此期间,入驻平台的企业能够为疫情后行业的复苏提供助力,如进行旅行相关的直播等。显然,同样作为疫情的受害者,多数旅行社在这样的艰难时期并不愿意花费人力、物力满足平台需求。然而,H企业创始人认识到,越是在这样的阶段,旅游行业越是应当相互帮助、共渡难关,同时,只有满足了平台的需求,才能进一步合作,实现双赢。因此,在这样的特殊时期,H企业依然在平台直播上下了功夫,花了精力。可以预见,在意大利旅游方面,"马蜂窝"大量的资源都会流向H企业。在这一问题上,H企业以相当主动的利他行为回应了"马蜂窝"要求企业进行直播的需要,并同时成立新媒体运营部门,以适应新业态,发展新业务。在这一过程中,H企业与"马蜂窝"平台在信任关系中共同促进了双方意大利旅游业务的复苏,各自获得了新的发展提升目标,并互助实现,带来了双赢。

在长期的经营实践中,H企业的业务逐渐成熟,获得了一批稳定且紧密的合作伙伴,同时拥有了源源不断的消费者。通过身份共创,H企业最终与各个外部利益相关者构建了良好的关系,并因此为自身带来了良性的发展。在与政府的关系中,基于意大利旅游业繁荣发展这一共同追求,二者都构建并满足了成为意大利文化传播使者这一自我提升的需要,实现了身份共创。政府宣传了意大利文化,H企业增加了旅游业务,同时也因为政府的信任获得了在签证办理等业务上的支持;在与消费者的关系中,在提供优质服务实现顾客满意这一共同的追求之上,C端消费者成为优质旅行服务的享受者的自我提升需要以及H企业成为优质服务提供者的自我提升需要得到了充分满足,C端游客获得了满意的服务体验,H企业在服务水平提升的同时也收获了消费者及行业的认可;在与供应商的关系中,在提供优质服务实现顾客满意这一共同追求的基础之上,酒店、车行等资源提供方获得了使顾客满意的服务标准信息及源源不断的高质量中国游客,而H企业则保证了顾客的旅游体验和服务满意度,都满足了各自成为优质服务提供者的自我提升需要;在与中间商的关系中,在提供优质服务实现顾客满意这一共同追求的基础之上,H 企业为中间商主动制定的服务产品帮助中间商更好地吸引顾客,而 H 企业也因此收获了中间商认可,被认为是质量可控的单团地接社,拥有了一批高效且优质的合作伙伴,在这一过程中企业和中间商都完成了基于共同目标且相似的自我提升需要满足。

(三)案例发现

综合理论分析及案例事实我们可以发现,多元企业身份张力客观存在于企业广泛的经营实践当中。不同类型的企业在不同的合作中所面对的身份张力情况各有不同。H 企业作为一家小微企业,其身份内容相对较为简单,利益相关者类别相对较少,因此,对 H 企业所面对的身份张力问题进行提取和分类也比较清晰。H 企业的核心企业身份是意大利单团地接旅行社,其外部利益相关者主要包括了以意大利旅游局为代表的影响者、以酒店为代表的供应商、以中旅等组团社为代表的中间商以及 C 端消费者。在此基础上,文章通过对访谈数据的分析,以影响者、供应商、中间商及消费者对 H 企业所遇到的身份张力问题进行分类汇总(见表4-7)。

表 4-7　相关构念及典型证据援引

编码逻辑	三级编码	二级编码	一级编码	数据引证	频次
企业感知到身份张力并进行判断	身份张力调和实施前综合情况评估	身份兼容度	顾客的自我定义需要所产生的身份与企业身份不相容	我有这样的一个消费者,他有这样的一个需求,稍微和您的旅行有一点点不一样的时候,他就没办法做了	26
		外部利益相关者重要性	企业对外部利益相关者的重要性进行判断	我们一直锁定意大利旅游局作为我们的行业领导	8
		身份合法性	不合法的业务内容	就是您在经营的层面上还在使用非法的车,这已经说不过去了	3
		身份战略价值	形成有助于未来战略发展的新身份	以后 H 企业会发展成为一个大部分人讲意大利语的企业,那才是一个真正的意大利单团地接社	5
		企业资源状况	企业资源限制程度高	您不厉害的地方您千万别撑着	10

续表

编码逻辑	三级编码	二级编码	一级编码	数据引证	频次
企业解决身份张力问题	身份张力调和	企业利他行为	对于意大利政府的利他行为	我们也是意大利的一家旅行社嘛，我们也要为意大利国家作一些贡献，来帮他们一起呐喊助威	44
		外部利益相关者信任	供应商信任	有的时候我们自己真的是觉得有些东西不是我们去争来的，是别人对您的信任和依赖，奔着我们来的	17
		身份管理	身份删除	人家会来选我们，这个就叫聚焦，H企业把法国、德国其他那些产品全部砍掉，只留意大利，所以在认知上强化	34
		身份主张	树立身份旗帜	就您摇旗呐喊，说我是意大利的单团地接社的时候，大家都知道您是谁，您在做什么	33
		外部利益相关者过滤	筛选出适合的合作者	所以他们知道中国有这么样一个团队，那么兢兢业业地在做意大利的产业的时候，他们非常愿意跟我们靠近	25
		与影响者之间的身份共创	企业与政府之间发现或创造出了成为意大利文化传播使者这一自我提升需要	无论设置的大使馆，或者是旅游局，其实他们都是希望越来越多的中国游客前往意大利	16

续表

编码逻辑	三级编码	二级编码	一级编码	数据引证	频次
		与供应商之间的身份共创	企业和酒店等供应商之间通过不断磨合创造出了成为优质意大利旅行服务提供者这一自我提升需要	他们愿意和我们保持良好的合作关系，愿意我们能提出一些条件要求他们愿意去满足，因为他们这样才能真正地把握住中国游客的服务标准和细节要求	5
		与中间商之间的身份共创	企业和中间商之间通过产品升级、共同服务顾客等创造出了成为优质意大利旅行服务提供者这一自我提升需要	C会出现什么样的问题，您怎么来对付这个C，把它照顾好，我的任务就是跟B一起照顾好C	11
		与消费者之间的身份共创	企业和顾客通过意见的提出与实现等共同创造出了成为优质意大利旅行服务提供者这一自我提升需要	然后我就特别提出就是对特斯喀纳这个地方，可以留得时间久一点，然后呢，这个行程上也安排得要舒适一些。然后这样的话，给我们就是安排的那个司机导游，就是全程都非常地照顾我们	5

（1）身份张力调和实施前综合情况评估

从案例中不难发现，面对与可能存在身份张力问题的利益相关者合作，展开身份评估是H企业首先采取的问题处理方法。系统性地了解经营合作中所要面对的问题是企业正确展开身份张力调和的前提性步骤。事实上，身份评估过程并非固定成为企业展开一列经营合作必走的规范化流程。面对不同的利益相关者和不同的合作情景，案例企业H企业的身份评估是隐藏在合作前和合作中不断地体会、实践、与沟通之中的。身份评估可能来自管理者敏锐的判断力和丰富的经验，也来自被动的认知或主动的考评。在这一过程中，案例企业H企业的经营管理者乃至员工，都会不同程度地对企业当下的企业内部情况、外部利益相关者情况等因素进行考量，以判断出此时企业应当作出的最优解。在本案例中，企业展开身份评估的过程可以分为五个主要部分,包括身份兼容度、外部利益相关者重要性、身份合法性、身份战略价值和企业资源状况,这五个部分综合影响了身份评估的结果。

身份兼容度。从数据中可以看出,在身份评估部分,关于身份兼容度评估的数据量最大,并广泛体现在企业经营实践的方方面面。身份兼容度是企业发现企业身份张力并作出判断的最相关指标,充分表达着身份与身份之间固有的特征,并能够帮助企业衡量出身份之间存在张力的程度。在案例企业 H 企业的发展过程中,出现过非常明显的身份兼容度评估。在访谈过程中,受访人将 H 企业的业务比喻为一个以意大利单团地接为核心的圆,H 企业会考虑和与意大利及部分欧洲地区国家相关的外部利益相关者展开合作,当外部利益相关者(诸如顾客)所涉及的合作内容距离圆心较远或不在范围内时(诸如去澳大利亚旅行),管理者会考虑放弃此次合作。在这一过程中,H 企业的管理者将意大利旅行地接服务提供者这一企业身份与为满足外部利益相关者自我定义需要而形成的澳大利亚旅行地接服务提供者这一身份进行兼容度评估,判断出此二身份兼容度较低,并采取了适当的处理方式。身份兼容度的评估涉及多种外部利益相关者和多种合作关系,是 H 企业使用最普遍的身份评估维度。

外部利益相关者重要性。案例企业 H 企业作为小微企业,所涉及的外部利益相关者类型虽然相对较少,但不同类型的外部利益相关者其特征也非常突出。了解外部利益相关者的具体情况,判断其是否对企业的经营发展具有价值,是进行外部利益相关者重要性评估的意义。意大利政府、旅游局作为意大利旅游的行业领导,是 H 企业必然产生合作且建立良好关系的外部利益相关者,是高水平的外部利益相关者。因此,即便存在较大的企业身份张力,企业也不能选择放弃合作而应对自身作出调整。而面对酒店等供应商,H 企业选择较多,即便不构建合作关系也不会造成太大影响。因此,在面对存在较大身份张力的合作时,H 企业会选择放弃。不同的外部利益相关者的重要性决定着 H 企业的身份张力调和策略。

身份合法性。身份合法性虽然在数据中所出现的次数较少,但仍然是展开身份评估的基础维度。当合作所涉及的身份在该行业甚至更大的领域内是否能够得到广泛认同,是企业需要考虑的重要问题。案例企业 H 企业所处的意大利旅游行业内,关于接待游客用车的问题存在比较严格的规定。当然,出于经济等因素的考量,部分旅行社依然在使用非法用车。然而,这势必从长远发展的角度来看不会在行业内得到广泛认同。H 企业正确认识到,一个使用非法车辆的旅行社所表达的身份,其合法性必然是欠缺的。而涉及非法车辆的供应商,H 企业也并不会与之产生合作。对于身份合法性的评估往往是企业身份评估中最基础的部分,与企业的发展战略、核心身份紧密相关。通常情况下,明显表现出低合法性的身份与一个谋求健康长远发展的企业是相矛盾的,也是首先被企业排除在考虑范围之外的,因此对于这一维度的评估并未十分明显地在数据中展现出来。

身份战略价值。对于案例企业 H 企业来说,为满足顾客等外部利益相关者的自我定义需要,"大部分人讲意大利语"这一企业身份对于希望做专业意大利单团地接,并发展成为行业领导者的 H 企业来说,是极具战略价值的。同时,身份战略价值这一评估维度与外部利益相关者重要性紧密关联却有所区别,它是对于某一企业身份本身所具有的特征进行评估的维度。通常当外部利益相关者重要性较高时,由其自我定义需要所衍生出身份也更具战略价值。为满足意大利政府意大利文化宣传的自我定义需要而衍生出的意大利文化传播使者这一身份,对于 H 企业成为意大利单团地接龙头企业这一战略发展规划就具有极大价值。

企业资源状况。企业资源状况是企业判断自身与企业身份相关的资源状况的身份评估指标。案例企业 H 企业在不断明确自身核心身份、构建品牌的过程中,是以自身资源状况为考量基础的。作为一家小微企业,H 企业需要将有限的资源聚焦到意大利单团这一业务上进行发力。过于丰富而广泛的业务范围,无疑会使企业资源分散,从而无法在某一领域做优做精。H 企业对于企业资源状况的评估,与企业身份工作紧密相关,帮助 H 企业及时删除掉了无法兼顾的身份内容,"轻装上阵"。

通常情况下,企业在进行身份评估时,面对不同外部利益相关者会有不同的侧重维度,但同时又能做到综合考量。例如,意大利政府作为 H

企业经营发展道路上的重要伙伴也是优势资源,在 H 企业由被动发展转为主动发展的过程中起到了至关重要的作用。对于专注于意大利单团地接的 H 企业来说,意大利政府是无法回避更应建立良好合作关系的强势外部利益相关者。同时,H 企业发现在合作中,政府要被满足的自我定义需要是传播意大利文化,这与 H 企业发展意大利单团旅游的自我定义需要之间存在张力但兼容度较高,并非背道而驰。这些对于身份及身份相关信息的有侧重的综合评估,极大程度地帮助 H 企业了解了自身与意大利政府产生合作的必要性及合作后可能面临的身份张力问题,并决定了 H 企业在解决问题、调和企业身份张力时将采取的策略,见表 4-8。

表 4-8　身份张力调和实施前综合评估案例引证

构念	案例引证
身份兼容度	"他们会觉得您德国可不可以做,西班牙可不可以做,在这个时候如果在我们的品牌能力,或者运营能力不达的地方,我们就会拒绝客人。"
外部利益相关者重要性	"这个就是我们把它说成是一个政府这样的一个概念吧,这里面 H 企业和它们不是甲乙方的关系,行业相当于是行业领导。"
身份合法性	"现在很多旅行社用的车子还是非法的,我们率先把这个非法的车子给砍掉了。"
身份战略价值	"以后 H 企业会发展成为一个大部分人都讲意大利语,那才是一个真正的意大利单团地接社。因为它,一个品牌树立起来,他要有方方面面的数据来支撑它。否则它就是一个抽象的东西。"
企业资源状况	"对,而且我还说我只做意大利,我就做意大利,他们也不敢说我只做意大利。因为 B2B 就是 The business to business 这种消费心态,其实他最希望的是您跟他说实话,他最希望知道您真正的核心竞争力在哪里?在哪里最厉害。您不厉害的地方您千万别撑着。"

（2）多元企业身份张力调和

通过数据分析我们可以看出,案例企业 H 企业在经营实践中所展开的身份张力调和即体现在企业内部的身份管理中,也体现与外部利益相关者进行合作、提供服务时的利他行为中。内外两种调和身份张力的方式,在身份评估的基础上展开、相辅相成,有效地帮助企业与外部利益相关者之间发现或创造共同价值,最终带来身份协同。

　　身份张力调和外部路径。通过数据分析不难发现，案例企业 H 企业在与外部利益相关者的合作中，其所实施利他行为为诸多问题的解决、企业的良性发展带来了积极正向影响。对于 H 企业来讲，"成为一个对别人有用的人"已经贯彻在企业的价值观中并深刻影响着每一位 H 企业人的工作态度及处事方式。在面对意大利政府这一高水平外部利益相关者时，H 企业考虑到由其意大利文化宣传这一自我定义需要衍生出的身份的战略价值和兼容度，主动在多种场合承担起了宣传意大利文化及旅游的工作。这一利他行为的实施，引发了意大利国家旅游局和意大利驻华大使馆对 H 企业的关注和兴趣。随后，在后续的合作中，H 企业不断表现出对意大利政府的利他行为，使其展现出了对 H 企业这一"政府助手"的高度信任。在面对供应商时，H 企业在为其做竞标的过程中，为其尽可能地提供非常全面、完整的信息，使他们尽快能中标，"能拿到这个团"。同时，H 企业通过房间预留（不退房而留到以后使用）承担顾客临时退房给酒店所带来的损失，维护了酒店的利益。通过诸如此类的利他行为，H 企业赢得了其充分的信任，并带来了稳定的后续合作。在面对 B 端客户时，H 企业帮助其设计出更易于吸引到顾客、使顾客满意的产品，"我们作为一个地接社，按道理来讲，这些都是中旅该想的事（定制服务产品）"。而在 B 端客户反馈的数据中，发现在这样的利他行为下，信任关系在合作中不断构建。

　　案例企业进行身份张力调和的外部路径是在身份评估结果的基础上对外部利益相关者实施的利他行为，并为 H 企业赢得了广泛的信任，为后续发现或创造共同价值提供了良好的外部利益相关者基础。通过对所选择案例企业的了解发现，利他行为是促使案例企业实现有效身份张力调和的关键机制，这一行为与奉献型或互利型价值关系机制十分类似。利他行为广泛地存在于人类社会的发展过程中，早在达尔文的进化理论中就深刻地反映了利他行为在人类社会发展过程中的价值。库尔茨班（Kurzban，2015）认为，对人类中利他主义进化的兴趣不应该被理解为对进化历史进程的关注，而应该着眼于为他人带来益处的功能性特征。其对达尔文（Darwin）自然选择理论的现代理解是：增加个体适应性的基因会在种群中积累,导致生物体的行为好像是为了最大化其适应性而设计的。当前研究对适应性最普遍的定义是整体适应度,它是个体对自己的直接适应性和他们的亲属间接适应性(Hamilton,1964、1970)的影响的总和。同样,整体适应性的理论观点在经济社会中同样广泛存在,商业生态系统中的共同繁荣概念就是典型的证明。也有研究将利他主义分为三种形式,即生物利他主义、心理利他主义和助人利他主义(Ramsey,2016)。其中,生物利他主义与前文所述整体适应性类似,与进化论密切相关,而心理利他主义则被定义为当且仅当利他行为是被对其他一些有机体的福祉的终极愿望驱动的(Stich,2007)。而助人利他主义则有以下三种方式中的任何一种出现:(1)利他冲动。自发地、无私地帮助和关心,对乞讨或痛苦的信号或看到他人的痛苦或需要作出反应;(2)习得性利他主义。帮助作为一种条件反射,被行为者的积极结果所强化;(3)有意利他主义。基于行为效果预测的帮助(de Waals,2008)。其中,习得性利他主义和有意利他主义都在案例企业 H 企业的经营实践中广泛存在。企业的实施利他行为能够通过帮助利益相关者渡过难关、促进企业间合作等方式,为企业自身带来长足的发展。

然而,企业实施的利他行为需要被授予方较好地感知到才能产生效果。里姆(Rim)在 2016 年的研究中重点研究了感知利他主义。感知利他主义是指人们认为企业的企业社会责任动机是为了提高社会福利,即使是以牺牲企业自身利益为代价。尽管企业社会责任代表着企业致力于最大化其对社会的长期有益影响,但其动机并非完全利他。里姆认为,合作伙伴的感知利他行为可以刺激消费者的消费者—企业认同感知,从而加强对该公司的支持。引发企业社会责任背后的利他动机的感知,是消费者认同企业意愿的关键因素。与非营利组织的合作关系增加了公司支持企业社会责任的动机的感知利他性,这最终增强了消费者—企业认同的意图和支持企业社会责任的结果。企业应该注意到,良好的声誉并不能真正保证消费者对公司的认同。只有当消费者推断出一家公司支持某项事业的真诚动机时,他们才有可能认同这家公司。H 企业的利他行为虽然实施于商业活动之中,在具体实践中表现出了有目标的、非纯粹的利他行为,但从其实施利他行为的出发点来看,则更偏向于由心理利他主义衍生出的习得性利他主义和有意利他主义。这一观点在数据中也有清晰的展现,案例企业 H 企业作为小微企业,企业创始人及领导者的个人价值观对企业价值观的形成会产生巨大的影响。H 企业创始人在对企业身份的构建及日常管理中,不断地将包含了利他主义的个人价值观融入进企业价值观之中,并通过内部学习及经营实践,逐渐使不计目的的心理利他主义在企业中落实下来。同时,通过前期无目的的利他行为,H 企业开始获得大量外部利益相关者的信任(以与意大利政府的关系中最为凸显),并为企业发展带来了持续的正向影响,使 H 企业管理者认识到了利他行为在企业发展过程中所带来的价值。在此基础上,考虑到企业经营成本和盈利目的,H 企业的利他行为开始基于习得性利他主义与有意利他主义而产生。通过分析数据我们不难发现,H 企业各层的管理者以及员工根据不同外部利益相关者和企业当前现状的评估结果展开身份张力调和,实施恰当的利他行为,并以此获得了外部利益相关者信任。

那么,H 企业为什么能够通过利他行为获得与外部利益相关者之间的信任关系呢?在利他与信任的关系研究上,弗格森(Ferguson)认为在献血这一社会公益性行为背后,利他行为与信任、角色合并有着密不可分的关系。纯粹的利他行为背后是公平主义,并不会有意识有目的地去选择受惠对象(Ferguson,2012)。同时值得注意的是,信任是投资于那些被认为具有利他动机的人。利他主义的人即便有很强的影响力但也不会因此而控制他人,且很少让对方感受到其利己的目的。这更加有利于形成信任关系(Mayer,1995)。信任这一构念,长期以来被用于研究企业间的关系问题。有研究认为,信任可以作为认同的前因变量存在,企业与利益相关者之间需要耐心来了解彼此的身份关系,建立信任,从而促进认同,并最终推动了价值共创(Huemer,2014)。而有的研究则认为信任是作为认同的结果变量而存在,信任还可以来自对方增加的认同感(Gulati,2008),这表现在每个合作伙伴对其他伙伴的欲望和意图的认同感增强,以及这些合作伙伴价值观的内化。

除此之外,在已有的关于企业真实性的研究中,由企业领导的真诚、利他主义、独创性和价值取向共同构成的领导真实性,作为企业真实性的一部分,会增强企业与外部利益相关者之间的情感纽带。同时,企业真实性作为嵌入企业身份的一部分,会提升企业被利益相关者感知到的可信度(Tajdini,2019),并以此在一定程度上赢得了外部利益相关者的信任。当然,从整体数据来看,H 企业的利他行为仍主要以心理利他主义为基础,是在了解对方需求的基础上,真诚地提供帮助。正是因为 H 企业相对纯粹的利他行为,其表现出的真诚动机,使外部利益相关者(以政府为代表)与其之间的感知利他主义表现良好,从而进一步带动了其他外部利益相关者对 H 企业利他动机的认可。H 企业关注意大利旅游业生态环境的企业社会责任诉求和无私帮助意大利旅游业内同伴的不懈努力,使利他主义与包含它的领导真实性成功地推动了案例企业 H 企业与其外部利益相关者之间广泛的信任关系的产生,见表4-9。

表4-9　多元企业身份张力调和外部路径案例引证

构念	案例引证
企业利他行为	"基本上导游都会以您为重,您但凡出现一个什么样的问题,他会第一时间跑过来,看一下您到底出现了一个什么样的问题,这个问题该怎么样去解决。"
外部利益相关者信任	"之所以说为什么是这样的一个结果呢,就是我们也是给予了中间商很大的一个支持,就是他们要一些酒店的详细介绍,附近有没有超市,酒店上网怎么样,酒店早餐是什么样的一个情况,我们给供应商在做竞标的时候,给他们的信息非常地全面、完整,让他们尽快能中标,能拿到这个团。有的时候我们自己真的是觉得有些东西不是我们去争来的,是别人对您的信任和依赖,奔着我们来的。"

身份张力调和内部路径。案例企业 H 企业在面对身份张力时,除了通过利他行为在企业外部展开张力调和,同时也会在企业内部对身份展开管理、明确身份主张等一系列措施。案例企业 H 企业对于企业内部的身份管理是随着企业经营发展持续存在的,管理者们根据身份评估结果作出判断,对企业内涉及身份的各方面进行管理。在这一过程中,企业需要关注外部环境,也要关注企业自身战略发展目标。

在成立初期,案例企业 H 企业经历过由于定位不清晰、自身资源及能力不足而导致的经营困境,也因此进行了针对企业核心业务、企业战略等一系列内容的重新梳理及构建,进而明确了其核心身份。自此以后,H企业意大利单团地接社这一身份成为在后期发展中最为主要且不曾动摇的企业身份组成部分。在这一身份管理过程中,H企业主要采取了身份删除的管理方式,去掉了企业资源无法兼顾的意大利以外其他地区的旅游服务业务。被管理后的企业身份体现在H企业经营活动的各个方面,如品牌、业务内容、企业价值观等。这一过程是身份张力调和实施前综合情况所带来的企业身份发展。

在此基础上,H企业不断地通过在各种媒体活动、展会及日常经营等情境中进行核心身份及主要身份内容的展示,树立鲜明的"身份旗帜",而这一做法,与身份工作中的身份主张这一概念密切相关。身份主张表示一个组织自决的(和自我定义的)独特的社会空间,并反映在其独特的约束承诺模式中。反过来讲,当企业在现实经营活动中面对可能触及身份问题的选择时,身份主张很可能被表示为明确的要求,即组织必须做什么才能避免失去其本身的性格特征(Whetten,2006)。也有研究认为,身份主张会作为一种组织身份的表达而存在。一个乐团在对外自我表述时存在两种说法,一个是由团内音乐家支持的("世界级城市中的世界级管弦乐队"),而另一个则是被管理层支持的("我们能负担得起的最好的管弦乐队"),这些身份主张所隐含的是前者的专业能力以及后者的财务能力。而类似这样的对于组织或个人的身份核心特征的表述,就是身份主张,可能会通过口号、具体行为、解释说明等传递出来,身份主张是组织或个人向外界传递身份信息的重要工具,以便于利益相关者之间更好地感知到对方准确的身份内容。

在本节所选择的案例中,核心企业这种为相关身份"树立旗帜"的做法,正是其不断明确身份主张的具体表现,为H企业在业界树立了鲜明的身份认知,成功帮助企业在合作伙伴选择阶段进一步过滤掉了一批可能为其带来巨大身份张力的外部利益相关者。此外,在明确身份主张的具体做法上,相关研究认为,如果追求知名度是一种战略目标,管理者可以通过披露有关组织身份的显著的、社会意义重大的信息来影响媒体,从而为企业的发展带来一些影响（Anastasiy，2017）。H 企业营销总监在访谈中说道："就是因为这样不断地进行宣传、推广、采访、报道，很多人就更多地去了解 H 企业。所以很多的同业旅行社就奔着我们来的。"而在日常的业务往来中，面对试图购买意大利以外地区的旅游服务时，相关业务人员会表示出在该领域的不专业性以及意大利单团地接的专业性，以此明确身份主张。数据表明，这种多渠道的身份信息披露，是一种明确身份主张的有效途径，在吸引可能产生较小身份张力的外部利益相关者的同时，过滤掉可能带来较大身份张力的外部利益相关者。H 企业的外部利益相关者过滤工作，为其带来了志同道合的 B 端合作者、追求品质的供应商和与 H 企业业务内容高度匹配的 C 端消费者。这些外部利益相关者在自我定义需要的基础上形成的身份与 H 企业的身份重合度较高，拥有更多相似的内容。自此，案例企业 H 企业走完了多元企业身份张力调和的内部路径，为进一步实现与外部利益相关者之间的身份共创提供了基础。

案例企业 H 企业所进行的内部身份张力调和，在身份张力调和实施前综合情况评估结果基础上即着眼于企业自身身份的管理和明确，也作用于帮助企业主动避开可能带来较大身份张力的外部利益相关者，是一个不断进行战略完善、不断适应外部环境变化的动态良性发展过程，见表4-10。

表 4-10　多元企业身份张力调和内部路径案例引证

构念	案例引证
身份管理	"当我们定好了启动新品牌的时候，实际上我们当时就已经想好了，要对这个品牌做全面的构建。这个品牌出来的那一刹那，就已经是想好了对它做全面的构建。"
明确身份主张	"我不断搞这样的活动，不断地用这种方式来感染终端的游客，去意大利欣赏艺术要走 H 企业意大利艺术之旅，才是正宗的。"
外部利益相关者过滤	"我只做意大利，别的地方我不专业，别的地方有更专业的地接社，我只做给您定制的团，比较高端一点，复杂的、麻烦的您来找我，简单的我不做。"

（3）身份共创

在进行了外部利益相关者筛选且获得了外部利益相关者信任的基础上，案例企业 H 企业通过与政府、中间商、消费者、供应商不断地互动（项目合作、提供服务等），在这一过程中发现并创造了共同的自我提升需要，使各方外部利益相关者与案例企业 H 企业之间的自我定义需要的重合部分增多。对于小微企业 H 企业而言，其核心的企业身份与其主要业务、品牌等所表达的内容通常是一致的。H 企业自身主要业务的不断发展、品牌的不断革新都是其企业身份发展变化的表现。从访谈资料中我们可以看出，H 企业所经历的身份变化即主要受到创始人个人变化（个人的学习发展和经历）的影响，同时也很大程度上是由外部利益相关者和行业环境塑造的。在长久以来的合作和摩擦中，不断产生的种种问题都促使双方为了自身的继续发展而作出改变。当然，并非所有张力都迎来了被解决的命运。在部分情况下，这些张力会随着合作的破裂而消失在企业的发展过程中，而在其余情况下，企业会选择用积极的方式为张力最终被调和铺平道路。如前文所言，筛选出本身与企业身份张力较小的外部利益相关者且同时获得外部利益相关者信任，是企业与外部利益相关者谋求共同的良性身份发展、进一步展开有效的身份张力调和的重要前提。

在这一过程中，身份张力本身的存在就作为一种最基本、最主要的驱动因素，推动着核心企业及外部利益相关者身份的发展，这点与评估因素中的身份兼容度存在的必要性保持一致。在以往的研究中，学者发现，身份与身份之间的失调本身就能够刺激递归自反性并带来诸如模仿、想象、和解、改进这样的自反结果，而这一过程也带来了身份的发展。也就是说，身份与身份之间存在张力这一事实本身就会促进存在关联的身份持有者之间开展一系列身份对齐活动，并最终带来一系列身份结果（Akaka，2019），在这一过程中，身份被共同发展或创建。与之类似的已有研究是与身份共创紧密相关的企业品牌身份共创。企业品牌的主要构成元素是它的身份。与竞争对手相比，企业品牌身份是使企业品牌独特并与其利益相关者相关的因素。从本质上讲，企业品牌身份是创造差异化并使 B2B 组织增强其竞争优势(Beverland 等,2007)。而对于品牌单一的小微企业来说,品牌身份与其企业身份通常情况下是画等号的。同时,社交媒体和在线品牌社区的快速增长为利益相关者的互动和参与创造了机会(Muniz 和 O'Guinn,2001)。这就形成了一种新的视角,即认为企业品牌身份是一组流动的、动态的、多义的含义,由多个内部和外部利益相关者共同创造(Csaba 和 Bengtsson,2006)。值得注意的是,共同创造被理解为一个过程,它通过多个内部和外部利益相关者之间的一系列互动展开,这与企业身份发展的动态性不谋而合。从这个角度来看,企业品牌身份并不是由管理者们单方面决定的,而是指多个利益相关者本能地构成、协商并最终竞争而形成的,具有多元意义。同时,研究认为,管理者(扮演品牌托管人的角色,希望维护企业品牌身份及其基本核心价值观)和利益相关者(通过重新解释和制定企业品牌身份,会产生多义的含义)之间存在持续的张力关系。因此,管理者有责任根据利益相关者在持续的适应性共同创造过程中的影响来调整企业品牌身份。也就是说,企业品牌身份是一个共同创造过程的暂时结果,这个过程需要四个利益相关者的表现(即沟通、内化、竞争和阐释)。此外,在关于政治品牌身份的共同创造中,研究者认为,身份能够通过信号的创造与流通不断发展。政治品牌的消费者与不同地区的政治组织共同开展活动,依照本地区的身份特征或个人身份特征,不断丰富信号池中与身份相关联的内容,从而实现了政治品牌身份共创(Black,2017)。

　　总的来说,不论何种形式的共创,其本质上都可以体现为在某一过程中不同的参与者聚集在一起,以一种为所有人都增加价值的方式来解决共享问题(Elkjr,2021),具有动态性与持续性。同时,身份的持续发展体现出身份持有企业或个人不断变化的自我定义需要,其中所包含的各利益相关方近似的自我提升需要可能成为推动身份共创的主要动力。区别于自我不确定性、自我区分、自我连续等需要,自我提升(或增强)所展现的是保持或增加自我概念的积极性(或减少消极性)的愿望(Leary,2007)。企业与外部利益相关者各自的核心身份,往往跟随着企业主要战略的发展而转变。在合作过程中,各外部利益相关者的核心身份作为其最独特的、最主要的内容,通常不会因为阶段性的接触而发生大幅度地改变。而区别于其他被研究较多的自我需要,自我提升对于企业来说所展现出来的是企业对于自身发展的正向诉求,也是企业在合作过程中因为受到多元影响(行业发展趋势、合作伙伴战略目标等)而开展的非颠覆式的自我身份修正。在这样的过程中,企业与各外部利益相关者之间以自身的正向发展为目标,在核心战略的指导下不断互动,解决共享问题,为所有参与者创造价值。而正是这一过程,形成了企业与各利益相关者之间较为一致的自我提升需要,同时通过合作,该需要得到满足。在这种情况下,各利益相关者之间的自我定义需要重合度得到提升,身份张力进一步缩小。

就案例企业而言,在与供应商与中间商的合作往来中,为消费者提供更加优质的服务是一个得到认同的共识。多方都将其作为自身战略发展的目标,也由此带来了同一方向上高度相近的自我提升需要。为了满足这一自我定义需要,H企业与外部利益相关者们相辅相成,合作共赢,使各方都能在互动中实现身份的成长。H企业满足了成为更加优质专业的意大利单团地接社这一自我提升需要,诸如酒店等供应商,都在这一过程中在自身的战略道路上更进一步。而面对C端顾客,产生优质服务这一共同诉求则带来了一体两面的自我提升需要,即于顾客而言发展成为更优质服务的享受者,而之于H企业而言成为更优质服务的提供者。但这两者自我提升需要是共同产生紧密关联的,在实现路径上也是统一的。对于以政府为代表的影响者来说,案例企业H企业则选择主动成为这场共创的被引导者。企业尝试将政府的自我提升需要与自身的战略相结合,并由此内化出了与企业身份相符的自我提升需要,并在合作中为了需要的满足而共同努力。

可以说,这种自我提升需要的被满足是互动中各方利益相关者之间相互摩擦、相互引领和相互提升所带来的。从访谈资料中可以看出,在试图构建合作关系的前提下,企业与外部利益相关者之间存在张力是无法避免的事实,不论大小,它都促使着身份持有者产生身份评估和身份对齐的意愿。你为什么与我不同?我们不同在哪里?我是否应该作出改变?你是否应该作出让步?H企业处理此类问题的巧妙之处就在于,它通过内外两种路径,用利他行为把握了身份共创的主动权,引导着外部利益相关者们走上符合 H 企业发展需要的共赢的身份共创之路。诚然,主动与被动是辩证统一的,H 企业也在被外部利益相关者启发影响(如意大利政府关于文化传播方面的诉求就引导的 H 企业产生这一方面的自我提升需要),通过沟通、内化、竞争和阐释形成了较为一致的自我提升需要,并作为自我定义需要的一部分实现了最终的身份共创,见表 4-11。

表 4-11　企业与四个外部利益相关者之间身份共创案例引证

构念	案例引证
企业与影响者之间的身份共创	"其实我们的思想是一致的,目标都是把意大利推荐给大家,我们的方向是一致的,那我们就合起来一起工作,一起做这个事情。"
企业与供应商之间的身份共创	"只有他们按照我们的要求来做,客人满意了,我们不断地在这个酒店继续加持它,继续在这个酒店预订! 预订! 预订!"
企业与中间商之间的身份共创	"C 会出现什么样的问题,您怎么来对付这个 C,把它照顾好,我的任务就是跟 B 一起照顾好 C。但是我们的消费者 B,它没有这么专业。我们的专业代替它工作了,让它省了很多的时间、精力、体力,让它的 C 对他产生回头客,从而实现我们的价值。"
企业与消费者之间的身份共创	"然后我就特别提出就是对特斯喀纳这个地方,可以留的时间久一点,然后呢,这个行程上也安排得要舒适一些。这样的话,给我们安排的那个司机导游,就全程非常地照顾我们。"

五、身份管理视角下多元企业身份张力调和的研究发现

(一)多元企业身份张力调和实施前综合情况评估

在本节中,企业与外部利益相关者的身份张力来源于企业为满足各方外部利益相关者自我定义需要与保持企业身份而带来的冲突,但是具体来说,张力源于企业自身的自我定义需要与利益相关者不同的自我定义需要之间的冲突(李纯青,2018)。我们通常认为,不同的企业其身份不可能完全相同,同时也不会完全相悖(Pratt,2000)。面对即将展开合作或者已经构建合作关系的外部利益相关者,由于各方的自我定义需要是客观存在的,进而企业身份张力不论大小也是无法避免且客观存在的。因此,企业在合作经营中持续性地开展身份工作以解决企业身份张力所带来的一系列问

题,是能够促进企业实现多元企业认同并可持续发展的重要方法之一。

通过对案例数据的分析发现,H 企业作为小微企业其身份内容较为简单,但面对不同外部利益相关者时所展现的身份也是有所差异的。同时,由于不同外部利益相关者自我定义需要不同,H 企业与各外部利益相关者之间所产生的具体身份张力也是不同的,例如,与意大利政府为代表的影响者之间,身份张力主要体现为 H 企业既需要满足政府宣传意大利文化这一公益性的自我定义需要,又要兼顾自身意大利旅行社这一营利性的自我定义需要而导致的冲突。面对与不同外部利益相关者之间存在的多样且复杂的身份张力,案例企业 H 企业在与不同外部利益相关者合作前或合作中,都会开展不同程度的身份评估工作。该过程的身份评估对象既包含了外部利益相关者又包含了企业自身,是对所存在或可能存在的身份张力的详细解读。

在这一身份工作过程中,企业需要在外部利益相关者情况、企业自身情况、具体相关身份情况这三个维度中对企业身份张力展开评估。其中,外部利益相关者情况维度下又包含了两个子维度,分别是用于评估外部利益相关者是否至关重要或必不可少的"外部利益相关者重要性"和用于评估其身份是否合法能被外部利益相关者广泛接受的"身份合法性"。这一维度帮助企业清晰地判断是否有必要与外部利益相关者构建合作关系。身份合法性作为产生合作的基础而存在,如果与外部利益相关者的接触可能会涉及不合法的身份,那么这样的合作发生可能性较低或这一身份会被强制去除。而外部利益相关者重要性同样影响了这段合作产生的可能性以及企业对于由此产生的身份张力的处理态度。面对强势且十分具有合作价值的关键外部利益相关者时,企业不得不与之产生合作关系。那么即便存在较大的张力,企业也会选择尝试解决而非放弃合作。企业自身情况维度下又包含了两个子维度,分别是用于评估该身份是否对企业战略发展具有价值或与企业未来规划相匹配的"身份战略价值"和用于评估当前企业资源状况能否兼顾多个身份的"企业资源状况"。这一维度主要帮助企业经营者以企业自身状况为基础判断在可能发生或已经发生的合作中所面对的问题,以及应当采取何种解决策略。当外部利益相关者所涉及的身份与企业发展战略不符或没有价值,则考虑放弃合作或仍坚持自身身份不作调整。身份兼容度这一维度对身份之间相互的兼容情况进行衡量,正如前文所述,不同身份之间几乎不存在完全不兼容的情况(Pratt,2000)。兼容度是判断身份之间张力大小的最主要维度。当身份之间的兼容度过低时,企业通常会考虑放弃与外部利益相关者的合作以减少带来不必要的损失。当身份兼容度相对较低时,企业则考虑与之构建合作关系,并展开进一步的身份张力调和工作。身份兼容度对于决定企业是否展开身份张力调和工作起着决定性作用。通过数据分析可以看出,案例企业 H 企业在开展合作前及进行合作的过程中,都会不断地通过多种具体方式开展身份评估,以明确多元企业身份张力的具体内容并更好地进行下一步的身份张力调和。

身份张力调和实施前综合情况评估过程的意义在于帮助企业全面地对身份张力进行识别,同时明确与身份张力相关联的企业自身状况及企业外部环境,并为下一步身份张力调和策略的选择提供依据。案例企业 H 企业在面对与供应商的合作时会通过大量前期考察,如酒店体验等方式进行身份评估,并基于身份兼容度、身份战略价值等维度判断合作后为满足酒店的自我定义需求而衍生出的企业身份与 H 企业的相关企业身份之间的张力情况。同时,案例数据也展示出企业身份评估与身份张力调和部分的紧密连接。案例企业 H 企业对于外部利益相关者的每一个身份评估结果,都直接影响了其在身份张力调和阶段的具体做法。例如,在面对以意大利旅游局为代表的影响者时,H 企业通过身份评估认为意大利旅游局作为强势的行业领导者(外部利益相关者重要性),其"传播意大利文化"这一自我定义需求是 H 企业必须满足的。同时,由该自我定义需求所衍生出的相关身份,对于 H 企业长期的战略发展来说,也是具有价值的(身份战略价值)。同时,如果评估结果说明该外部利益相关者的自我定义需求会使 H 企业面临过大的、难以调和的身份张力,那么 H 企业也可能会选择终止合作,例如,在面对外部利益相关者重要性供应商时,考察后放弃合作也是常见之举。在这样的评估基础上,企业进入到多元企业身份张力调和阶段,通过内外两种路径,对存在的多个企业身份张力展开调和。

（二）多元企业身份张力调和

1. 内部调和路径

心理学家长期以来一直主张个人存在多元身份（Burke，1937）。而在管理学研究中，多元身份的特征也被延伸到组织内，并认为这些身份应当得到管理（Pratt，2000）。采取恰当的组织身份管理，是组织管理者应当进行的重要工作。在面对企业身份张力问题时，及时采取有效的身份管理，是调和身份张力的内部主要路径。有研究认为，企业在进行身份管理时所采取的主要方法包括整合、隔离、聚合、删除等（Pratt，2000）。也有研究为身份管理提供了构建"原身份"（Reger 等，1998），尝试抽象出一种核心的身份使其与其他零散的身份产生关联。而将身份进行分级管理，也是企业进行身份管理的常用方式。身份管理的过程伴随着企业身份构建与修整。案例中 H 企业作为一家小微企业，其企业身份数量较少且紧紧围绕意大利单团地接社这一核心身份。因此，在这样的情况下，H 企业所进行的内部身份管理往往涉及了重大的战略调整与身份构建。例如，面对相关者在面对自身资源有限不足以发展多国旅游业务（造成为满足中间商及顾客自我定义需要所引发的身份张力问题，见图 4-4）这一评估结果时，H 企业可以通过身份删除这一身份管理方式将企业身份重新构建为意大利单团地接社，将有限的企业资源集中到一个国家的业务上，并在这一过程中明确了企业相关身份。脱离案例来看，在身份评估后从企业内部出发对身份进行管理，是对企业核心身份的加固与保护，以便于在后续的调和过程中不被侵蚀或干扰，是企业后续能够稳定发展的基础。在身份管理的基础上，通过案例研究可以发现，企业在实际的经营活动中不断明确身份主张，使其身份的主要内容能够得到有效而准确的信息传递和进一步强化巩固。有研究认为，管理者可以通过披露有关组织身份的突出的、重要的信息来影响媒体，从而达到身份宣传的作用（Anastasiy，2017）。

在现实的企业活动中，外部利益相关者如何能够准确地感知到企业身份是至关重要的，这在很大程度上影响了利益相关者对企业身份情况的评估，进而影响后续的张力调和。明确身份主张有效地帮助了企业传递自身的核心身份信息,让外部利益相关者更加准确地认识企业身份的同时不断地强化自身核心身份。在这样的前提下,随之而来的就是对外部利益相关者的精准过滤。贝图安(Berthoin,2017)在其相关研究中也提到,当相关方被邀请加入组织时,即使只是很短的一段时间,他们也不可避免地运用其文化形成的身份过滤器(identity filters)来观察和接触个人,并理解组织的做法。案例企业明确身份主张的做法,如同给自己贴上醒目的标签且帮助外部利益相关者使用他们的身份过滤器,使相互之间身份差异过大的利益相关者自动远离。这种形式的过滤或筛选更像是将主动选择权交到了对方手中,对于企业来说是一种以逸待劳的有效做法。在多元企业身份张力调和的内部路径中,案例企业 H 企业成功地实现了以身份评估结果为基础的自身身份的构建与修正,同时还实现了对低身份张力外部利益相关者的再次选择,进一步为身份共创的发生提供了前提条件(见图4-4)。

2. 外部调和路径

同时,由访谈数据可知,在外部路径上(见图4-4),H 企业对于外部利益相关者广泛的利他行为成功地在二者之间构建了信任关系。例如,在面对意大利政府时,H 企业能够在旅游展会上放弃宣传企业自身的机会而选择主动宣传意大利文化,并在之后的各类活动中努力成为意大利政府的左膀右臂,这样的利他行为使意大利政府与 H 企业之间构建了强大的信任关系。而在面对"马蜂窝"平台时,H 企业在无业务可做的疫情防控期间,依然满足了平台对旅游直播的要求,这样的利他行为使 H 企业与中间商之间也构建了稳固的信任关系。作为一个以营利为目的的企业,H 企业的利他行为依然建立在纯粹利他的理念之上,通过贯彻于企业文化中的利他主义影响其运营发展中的各个方面。在此基础上形成的与外部利益相关者之间广泛的信任关系,与 H 企业自身的内部身份管理,共同促成了与外部利益相关者之间的身份共创。

值得注意的是,企业对内的身份管理是为了保持自身核心身份不动摇而服务的,而对外的利他行为则是为了满足外部利益相关者自我定义需要而服务的,内外两部分的调和路径充分展现了互利的关系价值机制,而在这种关系价值机制的基础上,惠及双方的身份共创才得以顺利展开。

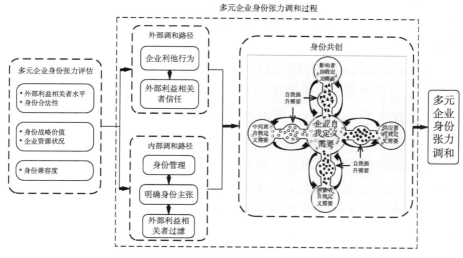

图4-4 多元企业身份张力调和机理

3. 身份共创所带来的身份张力调和

H企业与外部利益相关者在利他带来的信任和身份过滤的基础上展开身份共创,充分展现了互利的关系价值机制所带的良性成果。基于前文研究我们认为,企业与外部利益相关者之间通过不断互动,发现或创造出了相近的自我提升需要。这种自我提升需要是基于各利益相关者已有的核心身份且符合其发展诉求的。同时,即便是同一发展诉求所引发的自我提升需要,其具体的展现方式也可能有所不同,但其中所体现的价值观和用以实现它的具体方式,往往在利益相关方之间是统一的。也就是说,企业与外部利益相关者通过某项或多项共同参与的互动,互利共赢,满足了双方各自的自我提升需要,且这些自我提升需要是十分相近的。当然,值得注意的是,企业与不同外部利益相关者之间发现或创造出的自我提升需要是不同的,这一特征具体到每一个不同的利益相关者,但在同一类利益相关方中具有相似性(本书将其分为影响者、供应商、中间商和消费者四类),因此在如图4-4所示模型中选择了同一种内容进行展示。

在这一过程中,企业既兼顾了自身的核心身份不被侵蚀,又兼顾了与外部利益相关者多方自我提升需要被满足的需求,在现实经营活动中具体表现在企业由此产生的新的价值追求、品牌内涵、战略规划、业务内容等。自此,新的自我提升需要被各方原有的自我定义需要所吸纳,而包含了相近自我提升需要的企业与外部利益相关者自我定义需要重合度提升,也就是说在此基础上衍生出的身份之间的张力已经减少了(见图4-5)。通过访谈数据不难发现,案例企业H企业几乎与每一个外部利益相关者都发生了身份共创。例如,与意大利政府之间,H企业了解到了其试图宣传意大利文化的发展诉求,通过主动宣传意大利文化这一点获得了政府的信任,并将"成为意大利文化传播使者"也作为企业的自我提升需要,且在与政府的后续活动中不断践行,使两者的自我提升需要都得到了充分的满足。在此基础上,H企业衍生出的携带公益性的企业身份,减小了与政府之间的身份张力。

图4-5 身份共创如何调和身份张力

整体来看,企业从综合情况评估出发,经过多元企业身份张力调和的内外两条路径,再到身份共创及多元企业身份张力调和的实现,是一个与多元企业认同相伴而行的动态过程。在这一过程中,案例企业H企业不断地展开评估,明确自身身份主张,在保持核心身份的基础上,逐个与外部利益相关者发现或创造相近的自我提升需要(自我定义需要的一种)(这一过程被称为身份共创),使多方的身份都得到了进一步发展,且发展后的各身份之间张力较之前减小。

(三)身份管理视角下多元企业身份张力调和研究的管理启示与展望

开展案例研究的重要意义在于从现实案例出发,总结出具有广泛价值的理论模型并将其再次应用于实践。正如前文所说,多元企业认同是当今社会技术背景下企业发展的主要趋势,而在此基础上出现的多元企业身份张力问题也必然是企业需要面对和解决的问题。当前,中小企业已经成为中国经济发展的重要组成部分。本节以国内中小企业作为案例,希望能够将研究所得的理论模型应用于解决广大中小企业的经营实践问题上。其中所涉及的身份张力调和实施前综合情况评估和身份管理,也普遍存在于企业的合作业务中,易于学习并根据企业自身实际情况进行调整,可应用于处理与各种外部利益相关者之间存在的张力问题,能够保护和完善企业自身身份,为企业良性发展提供基础。同时,模型中所涉及的利他行为,在优化商业生态环境,提升企业内部绩效上也具有积极意义。

　　本节中的模型脱胎于对小微企业的案例研究,其内容必然受到小微企业特征的限制,如身份内容单一、企业外部利益相关者数量较少等。因此,后续的研究内容可以讨论不同条件下(组织体量、组织类型、所处环境等)的身份张力调和应当如何开展? 同时,研究中所涉及身份张力调和实施前综合情况评估也需要进一步展开讨论,如各维度之于不同类型组织的重要性应当如何排序? 各维度之间是否会相互影响? 该影响是怎样的? 等等。

第三节　基于品牌联盟视角的多元企业身份张力调和机理研究

一、品牌联盟视角下多元企业身份张力调和的研究现状

　　当今社会经济的快速发展、市场的迅速整合,加剧了企业间的竞争。产品同质化使品牌策略成为企业维持生存发展的关键,在不稳定的市场环境中,品牌可以获得消费者的关注和认同并可作为整合营销组合的基础(张杰,2012)。美国学者迈克尔·波特认为,品牌是企业发展到一定高度时决定其发展命脉的重要因素。如何在激烈的品牌市场中获取核心品牌竞争力及消费者的青睐,将是影响企业快速发展的重要因素。

　　品牌联盟是两个或多个不同企业品牌的一种合作方式,它不仅能够扩

大品牌影响力,提升品牌资产,也有利于实现资源共享,降低企业开拓新市场的成本。品牌联盟是能够促使品牌资产提升的一种有效途径,因此逐渐受到企业的重视。随着品牌联盟战略在商业实践中的广泛运用,国内外学者从产品匹配性、品牌匹配性、品牌权益、溢出效应等方面对品牌联合进行了大量的研究(如路娟和边雅静,2010;Desai 和 Keller,2002),但很少从多元身份视角来研究品牌联盟中多元企业认同的身份构建问题。

尤其是企业与其他多家企业进行品牌联盟时,企业要获得品牌联盟的成功,不仅需要获得一家联盟企业的认同,还要获得其他联盟企业的认同,不同联盟伙伴对企业的利益诉求可能相互冲突,这对企业在品牌联盟中的身份提出了新的要求,企业需要将其面向不同联盟伙伴的身份进行管理,增加吸引力,并使其对各联盟伙伴而言是有意义的。李纯青等(2018)指出,企业在保持与利益相关者的关系时,一个利益相关者认同的身份在其关系维护中无疑是举足轻重的角色。

我们发现,尽管学者对消费者身份、对品牌联盟的影响这个问题做了大量的实证研究,如萨缪尔森(Samuelsen,2015)和韦罗奇(Verrochi,2009)。但很少有学者基于认同理论,对品牌联盟中企业之间身份进行探讨,我们希望本书的研究能弥补这个缺口。在品牌联盟中企业与企业之间的身份又是怎样的?当企业与其他多家企业进行品牌联盟时,如何调和不同身份的矛盾?换言之,在品牌联盟中,如何建立企业身份以获取不同联盟伙伴的认同,并调和各联盟伙伴的不同利益诉求,使企业与多个品牌联盟伙伴建立长久、稳定、共赢的合作关系,是本书的研究问题。

二、品牌联盟视角下多元企业身份张力调和的相关概念

(一)品牌联盟

品牌联盟是两个或两个以上消费者高度认可的品牌进行商业合作的一种方式,其中所有参与合作的品牌名字都被保留下来(王海忠,2014)。

萨缪尔森(2015)认为,消费者对品牌联盟伙伴之间的契合度的感知在态度形成中扮演着不同的角色,这取决于对一个品牌联盟的有说服力信息的阐述程度。韦罗奇(2009)认为,许多品牌联盟包含与消费者身份

相关的元素,无论进行品牌联盟的品牌之间的契合度如何,如果一个品牌与消费者身份的契合度较低,那么品牌联盟的认可度就很低。萨缪尔森和韦罗奇已经探讨了消费者身份对品牌联盟的影响,但是联盟企业与联盟企业之间的身份构建问题尚未明确,已有现实告诉我们,一家中心企业往往同时与多个不同类型的企业进行品牌联盟,在不同的品牌联盟中身份也将不同。中心企业如何构建一个多元企业认同的身份,有待进一步探讨其身份张力调和在其中的作用机制。

(二)多元身份及多元认同

认同理论认为,"多角色身份"是个体的多个方面,一个被认同的个体、品牌或企业等主体的身份不绝对是单一的,其可以具有多个身份,即多元身份(Lam,2012)。相应地,我们把市场主体(可以是个人、团体、品牌或企业)被不同利益相关者认同的现象称为多元认同。李纯青等(2018)在此基础上提出多元企业身份和多元企业认同的概念,多元企业身份包含企业自身利益(使命、价值观等)表述以及利益相关者(中间商、供应商、消费者、影响者等)对企业的利益诉求;多元企业认同则指那些外部利益相关者对企业的认同。本节在此基础上,进一步研究品牌联盟下多元企业认同的身份构建及其张力等问题。

(三)适应能力

适应能力是在外部环境变化下,企业为保持市场地位而主动作出适时改变以适应其变化的能力。在当今高度不确定的市场环境下,企业需要提高其适应能力,以主动地去适应快速变化的环境,保持其竞争优势。张青山等(2004)认为,企业的运营系统具有适应环境变化的自我调节机制,能够自发地去调整以应对环境变化,它应具备两个功能:一是调序功能(或成长功能);二是保序功能(或维护功能)。调序功能主要通过对内部组合和秩序的调整以促进企业变动,使企业运营与环境变化之间达到动态平衡的状态;保序功能主要通过维护当前的内部关系和秩序以使其保持相对的平衡状态。

戴(Day,2011)提出,为了弥补营销能力的差异,组织应具备三种适应能力:(1)要有机警的市场学习能力,以更加深入地理解市场,应具备预警系统,预测市场变化和未满足的需求;(2)开展适应性市场实验,从实验中不断学习;(3)开展开放式营销,与处于新媒体和社交网络技术前沿的组织建立关系,并动用现有合作伙伴的技能。

三、品牌联盟视角下多元企业身份张力调和机理研究设计

(一)研究框架

采用案例研究方法,探讨品牌联盟中多元企业认同的身份张力调和过程的"黑箱"。分析框架见图4-6。

图4-6　分析框架

首先,分析案例企业在不同品牌联盟中的身份,以及多元身份所带来的张力来源;其次,探索多元身份张力的调和机制和过程,为企业实施品牌联盟提供相应的支持。

(二)研究方法

1. 案例选择

根据提出的研究问题,本节旨在探索品牌联盟的多元企业认同的身份张力及其调和机理。采用案例研究方法的主要原因:首先,研究旨在于情境丰富、难以量化的环境中解决"如何"的问题(Pan,2011)。其次,品牌联盟的过程是根植于各个品牌商之间不同情境的复杂现象。鉴于研究现象的动态性,案例研究方法可以有效地揭示主要发现的意义及对其的批判性反思,其他方法均不适用(Guo,2018)。虽然仅对单个案例进行研究可能缺乏概括性,但确实具有特定的优势,因为"许多情境变量保持不变,排除了以其他方式解释数据的可能"(Tan,2010)。

选择京东的原因如下:品牌联盟在零售行业中运用广泛,京东通过与价值链上其他品牌建立战略性联盟,借助其他品牌的力量,实现资源优势互补、互利共赢。与其他企业的品牌联盟相比,其他企业的品牌联盟对象

仅仅局限于一到两个品牌,具有单一性,无法进行多元企业身份相关分析,而京东作为互联网时代下新兴的网络零售平台,在近几年内,与腾讯、百度、央视、好莱坞电影公司和各大电商等纷纷建立品牌联盟,联盟对象的多元化及其典型性为研究提供了可靠的案例现象。

2. 数据收集

研究于 2018 年 4 月至 8 月收集了主要数据。数据收集及分析主要为公开数据和访谈数据。公开数据来源多样,主要来自 CMCC 案例库、新闻报道、杂志、公司官方网站和社交媒体等。访谈主要起到激发研究者灵感、验证并核实关键数据的功能。

研究利用案例研究方法灵活性的同时还进行了定性分析和数据收集。利用叙事方法将大量数据压缩为便于编辑的形式(即表格和图表),从而为提取品牌联盟发展过程中与权力和方向性相关的理论概念提供基础。案例数据分析是在案例资料、理论视角、相关文献以及过程模型之间解释、反演的过程(Eisenhardt,1989)。在对案例数据进行分析的过程中主要是通过归类、图示和叙事等方式(Langley,1999)。

(三)案例描述

京东于 1998 年在北京中关村创立,主要的经营业务是销售电子产品。2004 年,京东放弃了门店扩张计划,进入电商领域。2013 年开始,京东在智慧零售的核心战略指导下,相继以东联计划、京腾计划、京条计划以及超级品牌日等活动与各大企业开展品牌联盟。

京东利用品牌联盟杠杆打开了电商平台发展的新局面,实现了在众多电商平台中的快速成长。京东集团作为中国的第一个电商平台于 2014 年 5 月在美国纳斯达克证券交易所正式挂牌上市,并成为全球十大互联网公司中的一员。从 2015 年 10 月开始,京东制定了"京腾计划",该计划主要制定了与腾讯进行品牌联盟的具体合作事项。在"京腾计划"模式中,平台通过为品牌商家提供营销解决方案实现共赢,包括"精准画像""品质体验"以及"多维场景"等。这一年京东集团市场交易额达到 4627 亿元,与上一年相比增长了 78%,而且其增速在整个行业中达到平均水平的 2 倍。京东集团不断完善其业务体系,到 2016 年其业务领域涵盖了电商、金融和技术,其良好的发展赢得了全球 500 强企业的荣誉称号。京东在 2017 年年初的时候启动了一个名为"京东开普勒"的能力输出项目,以解决在"京条计划"中购物与阅读场景的对接问题。该项目主要是使购物与合作伙伴的应用场景形成无缝对接的模式。同时,为了进一步获得移动互联网上的流量入口,2017 年,京东可谓马力全开,相继与百度、奇虎 360、网易和搜狐展开了品牌联盟。京东通过与腾讯、百度、今日头条、奇虎 360、网易、搜狐等媒体形成品牌联盟,覆盖了中国互联网的近100% 用户和各种用户场景。为进一步深化与腾讯的品牌联盟,2018 年 4 月"京腾计划 2.0"升级到"京腾计划 3.0"。这一计划的提出主要是为了应对外界市场的改变,以及积极创新以保持为顾客提供优质产品服务与体验的初心。其中,"京腾魔方+"是"京腾计划 3.0"升级的关键产品。据介绍,该产品主要在私有品牌资产、智能定向策略、全面数据应用、定制数据分析(简称 PIAC)四大能力矩阵发挥效能。2019 年京东与抖音展开合作,打通内容营销的主流平台,并在 2020 年与快手就数据能力共建、品牌营销等方面进行深入合作。同时,京东联合新潮传媒推出"京潮计划",为品牌伙伴提供全新的营销解决方案。京东品牌联盟过程中的关键事件见图 4-7。

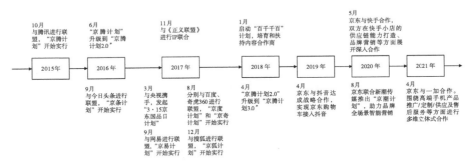

图 4-7 京东品牌联盟时间轴

四、京东品牌联盟视角下的多元企业身份构建及张力调和

这一部分描述了案例企业品牌联盟历程。通过呈现本书的实证观察以及案例企业的品牌联盟发展来展现研究的发现,并在此过程中进一步

找出对应的理论观察以构建理论。

（一）多元企业认同的身份构建

关于企业面向其他外部利益者的多元企业认同的形成过程：李纯青等（2016）研究表明，利益相关者的需求通过与企业的接触点传达给企业，企业由此将提供物通过接触点再传递给利益相关者，当这些利益者对企业提供物的感知与其当下的需求相匹配时，形成对企业的认同。并且指出：认同程度的高低取决于他们的自我定义需要与对企业通过提供物所传达的身份的感知之间的契合程度。该部分主要在前面研究的基础上，发现案例企业在不同品牌联盟中的联盟伙伴与案例企业的需求与供给，探讨案例企业在品牌联盟中的多元身份构建过程。

从发展的历史过程来看，在 2016 年以前，京东品牌联盟对象为各大互联网媒体和各大品牌商；为了提高品牌的整体声誉，给消费者传递品牌的信心和信任，2017 年京东在进一步扩大与各大互联网媒体的品牌联盟的同时，携手央视共同推出国品日的活动，并且与好莱坞电影合作，帮助其提高票房；为了布局内容生态，2018 年京东通过"百千千百计划"为品牌联盟纳入新的成员。

为此，本书将京东的品牌联盟历程分为初始化、深化和多样化三个阶段，并对其不同阶段多元企业认同的身份构建进行分析。具体分析如下：

（1）品牌联盟初始化阶段：合作者

2016 年，京东与腾讯的合作开启了京东品牌联盟的"京 X 计划"之旅。在"京腾计划"中，腾讯希望利用京东电商平台和物流的优势，拓展其在电商领域的影响力，发展其各项电子商务服务业务，而京东也希望通过腾讯扩大其规模。这一联盟合作中，对腾讯而言，使其广告平台、公众号等电子商务服务业务得到了更好的发展，创造了良好的生态系统，同时扩大了腾讯在实物电商领域的影响力；对于京东而言，有了更好的渠道来为顾客提供服务，提升顾客对京东的高品质、快乐网购理念的认知。同时获得更广泛顾客群体的认同，扩大了京东的业务规模。更重要的是双方通过合作，将京东与腾讯用户的购物数据和社交数据有机融合，刻画出精准的用户形象，为双方精准营销提供可靠的资源基础。此时，腾讯基于自身的自我定义需要,对京东企业身份的感知是一位电商领域的合作者,一方面腾讯希望京东能助力其在电商领域的业务拓展,另一方面也是能帮助京东引入站外流量。

在"京条计划"中两家品牌也是相互依存的合作伙伴。"京条计划"所制定的与今日头条品牌的联盟工作主要涵盖三个方面:①在今日头条的软件上设置一个便捷的购物入口;②通过算法为使用今日头条软件的顾客推送广告以实现个性化推荐,并提高购买率;③进行电商合作,基于兴趣导向阅读、佣金奖励等促使头条号的变现。在这一模式下,既提高了今日头条消费者获取服务的便捷性,也使京东有了更多的流量入口。此时,京东对今日头条而言同样只是合作者的身份,今日头条通过与京东的品牌联盟能实现内容变现,京东也能引入站外流量。同时,京东和今日头条开放各自的购物数据和阅读数据,再次精准地刻画用户形象。

(2)品牌联盟的深化阶段:合作者+传播者

2017年,京东进一步拓展与各大互联网媒体的联盟,与百度、奇虎360、网易和搜狐等分别开展品牌联盟,其合作内容与"京腾计划"和"京条计划"一致。京东与各大互联网媒体品牌联盟主要涵盖三个方面:其一是在各互联网媒体上开设一级购物连接入口;其二是双方联手打造大数据平台,以达到高效率的广告投放目的;其三是助推各方的内容变现水平提升。在"京X计划"中,各大互联网媒体对京东企业身份的感知(合作者)与自身自我定义需要(拓展电商业务、流量变现)相符。

同时,在京东与央视和《正义联盟》的合作过程中,京东在品牌联盟中有了新的身份——传播者。央视作为国家事业单位,为配合国家政策要求,推动供给结构和需求结构升级,需发挥媒体优势向观众传播品质意识。而京东作为电商平台,通过"3·15京东国品日"与央视合作,一方面促进央视在电商领域传播品质观念的力度,另一方面也提高了自身的质量形象,并在合作过程中提出"360度质量保障体系",向顾客传递其所提供的是经过精挑细选的一流品质产品。

在与《正义联盟》的合作中,华纳凭借京东强大的宣传能力和用户覆盖实现了进一步的推广,吸引流量并拉高《正义联盟》票房;京东则借势完成了一次品牌融合 IP(Intellectual Property)的探索,同时还宣传了正义联盟版 JOY。这些 JOY 还会通过角色的专属超能力来释放京东优惠券,对消费者实现进一步导流。

(3)品牌联盟多样化阶段:合作者+传播者+扶持者

2018 年京东在保持与各大互联网媒体和央视合作的基础上,通过"百千千百"计划,通过对内容电商多维度的资源加持,帮助其内容变现。具体而言,该计划决定分别选择一百个和一千个在平台上那些年均收入超过千万元的内容合作伙伴进行培育和扶持。从过去几年的发展中来看,给予内容创业的补贴模式依然是一种趋势。但相比之下,京东此次所推出的计划与以往市场中所熟知的补贴模式大有不同。京东推出的这一计划避免了功利性行为,将有限的资源给予更优质的内容创作者并帮助其创作者赢得更多的曝光和转化优质内容的机会。对于内容电商来说,可借力于京东,实现其增益。京东具有平台优势,并且凭借其与其他品牌的联盟为内容电商提供站外资源和数据支持。

在不同的品牌联盟中,基于联盟对象的不同利益需求,联盟伙伴对京东具有不同的身份认同:对于互联网各大媒体而言,京东主要是以合作者的身份被认同;对于央视和《正义联盟》电影而言,京东主要是以传播者的身份被认同;对于内容电商而言,京东主要是以扶持者的身份被认同(见图 4-8 单向箭头)。

(二)多元企业认同的身份张力来源

大卫(Davidg,2007)提出企业资源管理涵盖了建立资源组合等步骤以提升其能力,然后平衡这些能力为消费者和所有者创造并维护价值。其中,卡赞晋(Kazanjian,2002)等认为,平衡能力是为了通过外部指引,运用自身能力为当前消费者和潜在消费者提供解决所遇到问题的方法。平衡的过程中考虑其有效性非常关键,即使在同等条件下占有或掌控了资源,进而发展能力为创造价值提供了机会,企业也只有在市场中有效平衡或利用这些能力才能创造价值(Lichtenstein 和 Brush,2001)。我们认为,在品牌联盟中多元企业认同的身份张力来源于企业资源管理不平衡所带来的张力。表 4-12 为案例企业的多元企业身份张力来源的典型资料示例。

265

表 4-12　多元企业身份的张力来源

聚合编码	二阶编码	一阶编码	典型资料引用
张力来源	资源存量限制	资源承载/资源局限	"对于单个的公司来说,这种阶段性的营销会有价值,但对于像京东这样大体量的平台,每天有这么多的品牌消费者,有这么多的资源,有这么多的需求,如何最高效率地让营销价值最大化,突破主观经验,将整个营销的流程标准化、模块化以及产品化,使之成为一个个可以拆卸装载的模块,从而实现按需分配(是京东面临的挑战)。"(网络报道 1_2018) "我们在 2018 年的现在,已经把 2018 年的合作拟定,因为它需要很多的资源推进这个事情,希望品牌商和 IP 方的投入,我也承载不了那么多的大 IP,2018 年能排完。"(京东高管 X_2018)
	资源管理冲突	资源管理	"做这个项目之后,发现您需要积累很多的能力,比如说这些媒体过来了,可能出现的问题,所以我们也建立了我们的问题库。"(京东高管 X_2018) "通过这个项目之后,很多电影现在来找我们,是不是用这种模式来做。这种模式其实人气很大,调动很多的资源,开发系统,来支撑这个项目。为什么市场里边需要很多技术人员?很多都需要系统去做支撑,一个个项目的支撑,才能够真正地玩起来。"(京东高管 X_2018)
		人员管理	"'京腾计划'实施初期,还遇到了大量人员管理问题。腾讯是一家薪酬、福利很好的公司,腾讯股票价格也很高,员工愿意来京东吗?"(京东案例 1)
	资源需求差异	资源需求	"现在很多电影公司会跟我们谈,以前比如说京东跟商家谈说我们怎么合作,大家揉不到一块,现在找到了一个点,这也会反向地激发我们在这个领域里边有更多的投入,但是到底怎么做,也都在探索模式。"(京东高管 X_2018)
	协调问题	合作协调/数据共享	"随着'京 X 计划'的出台,多家合作的博弈问题也浮现出来,任何一个商业联盟,若非没有真切的利益关系在里面,最终也只会变成松散的利益结合体,而这种松散结合体,很有可能被其他平台给夺走。"(京东案例 1) "简单的一个数据打通,需要花费的精力非常之大,双方的技术团队投入的人力和精力都需要很长时间,因为不同的场景,标签完全不一样,对一个词的解读也完全不一样,双方的技术,采用的技术模式可能也不一样,说起来,数据打通这几个字,还要规避数据安全的问题。"(京东高管 X_2018)

　　基于对多元企业认同身份构建的分析,认为京东在品牌联盟中主要有三个身份:合作者、传播者和扶持者。因此,多元企业认同的身份张力主要来自三部分:合作者与传播者、合作者与扶持者、传播者与扶持者之间的张力。

　　京东在品牌联盟中具有多元身份,然而企业的资源是有限的,在不同的品牌联盟中,都需要京东付出一定的资源,当这些资源相冲突时,企业资源管理失衡,如图4-8虚线箭头所示,就会形成多元企业认同的身份张力,破坏多元企业认同身份的平衡性,导致品牌联盟的效果受损,甚至是品牌联盟的失败。

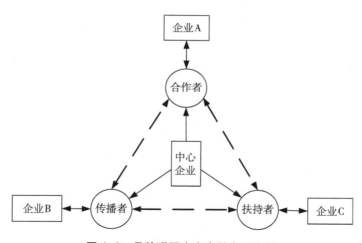

图4-8　品牌联盟中京东的多元身份

　　因此,在面对品牌联盟中出现的多元企业认同的身份张力问题时,需要采取相应措施以降低联盟失败的可能性,对其身份张力进行调和。表4-13为案例企业的多元企业身份张力调和的典型资料示例。

表 4-13　多元企业身份的张力调和

聚合编码	二阶编码	二阶编码	典型资料引用
张力调和	机警的市场学习能力	对潜在消费者持开放态度	"我们自己来讲，会秉承一个开放共赢的心态，就像刚才那个小片一样，京东希望建立共赢的心态，我们希望是一种联盟的心态，这其实也是一种营销的理念，在这里边我们也希望建立一个生态，一个品牌营销的生态，跟媒体和品牌商共建一个营销的生态，大家是一个共赢的生态，是一个相互协作的生态。"（京东高管 X_2018）
		获取消费者信息数据	"我们跟每一家都是平等的，跟每一家签约的时候都不会排他，我们的数据交换也一定是相互平等的，我不会把所有的数据都拿过来，如果我意图把所有的数据都拿过来，那么我估计这件事情推进就会非常难。"（京东高管 X_2018） "京东 S 计划是我们搭建的一个跟媒体数据打通的连接器，这个连接器更多的是偏通用型的，就是跟媒体搭建数据连接。"（京东高管 X_2018）
		能力常规化（能力制度化）	"做这个项目之后，发现您需要积累很多的能力，比如说这些媒体过来了，可能出现的问题，所以我们也建立了我们的问题库，现在来讲我们已经实现一个媒体排进来，我们会自动，不管您到底购买多少，因为每家的购买能力不一样，会有一个自动的布置系统。"（京东高管 X_2018） "我们每一次签约的开始，就是数据打通的开始，数据打通都需要一定的时间，但是基本的一些模式是相同的，先完成数据打通，然后和它的内容互相地结合，这是我们的一个基本模式。"（京东高管 X_2018）；
	适应性市场实验	（技术/服务）投资	"京东的开普勒一直是京东践行无界零售理论、对外开放赋能的重要平台：为入住京东的品牌商提供一整套营销、物流、运营等零售基础设施的组合型服务。"（京东案例 1） "京腾计划 3.0 提出了全新的'电商转化'+'品牌声量'的广告收益评估模式，打破广告曝光和电商转化的边界，让评估方式更符合当下市场情况。此外，还将搭建品牌用户周期培育模型，全方位洞察用户和品牌的关系，持续衡量品牌用户培育效果。"（网络报道 2_2018） "我们认为无界零售是京东对零售的终极判断，它有几个特点，第一是场景无限，包括时间和空间无限，比如说现在我们推出的一些智能终端设备，直接带有购物的功能。"（京东高管 X_2018） "我是从属于京东的 CMO 体系，在我们这个体系里边，偏市场，偏前端的有 70% 是技术人员，大概是这样的，这已经是 CMO 体系了。"（京东高管 X_2018） "在场景创建上，其实我们创建了各种不同的项目，都是希望有品牌商跟我们一起，大体来讲就是来了以后大家共赢，基本都是这个逻辑。"（京东高管 X_2018）
		技术进步	"我们对零售的一个判断，未来京东是一家零售基础设施的提供商，我们希望做的是一个零售基础设施的提供商，现在我们在技术人才的积累上，做了非常多，可以说公司在技术方面投入非常大。"（京东高管 X_2018） "所以对三方来讲是一个共赢的模式，对媒体来讲划算，在我这儿投放，投放之后效率更高，京东还能增加。这种运转模式从 2018 年年底开始推，到现在也有 53 家，这个模式的推出需要品牌商的试验，已经有 53 家加入这个计划了。"（京东高管 X_2018） "以寻源系统为基础，打造集商品数字化、供应链数字化和平台数字化为一体的数字化工业品，实现数据在产业链上下游和企业间无障碍流通，真正助力工业互联网落地。"（京东工业品战略网络报道_2019）
	开展开放式营销	创新焦点转移	推出无界营销（网络报道 2_2018）； "认知场景和交易场景相互重叠，比如说我们在媒体上看到一篇文章，或者看到一个广告，您会发现它有点击率和连接就可以直接完成购买，直接连接到京东，通过（英）技术，这些都可以对接，您可以感受到是在京东购买，您也可以不用感受到是在京东购买，都可以，这个是我们一个点的连接间的关系，看这个场景的需要。"（京东高管 X_2018）

续表

聚合编码	二阶编码	二阶编码	典型资料引用
张力调和	开展开放式营销	开放系统	"在'京腾计划'中,双方将首次全面整合线上购物、线下购物、媒体社交大数据;同时,由腾讯、京东和第三方软件开发商共同组成服务生态,为品牌方实现线上线下一站式营销推广服务。"(京东副总裁Y) "京东自身业务的标准化、组件化,我们将电商、物流、客服、交易、数据、选品等业务环节API(应用编程接口)化后组装起来,提供给流量端。流量端可以根据自己的不同情况选择部分或全部组件,通过导购、入驻、买断等方式接入京东的电商服务,实现流量的变现。"(京东案例1) "京X计划表面上看是流量入口的结盟,更深层的则是消费数据与社交、搜索、阅读等数据的融合,通过监测、获取用户在不同场景下的消费行为大数据,为营销提供精准的用户画像。大数据技术的价值在于一方面进一步消除了京东与用户之间的界限,让用户看到的商品信息正是其所想要看到的。另一方面,对平台商家而言,基于大数据的精准营销则能够直接带动销售额。"(京东案例9)

(三)多元企业认同的身份张力调和

基于多元企业认同的身份构建,本部分将对品牌联盟下的多元企业认同身份张力调和机理进行分析,从理论角度打开这个身份张力调和过程的"黑箱"。

1. 多元企业认同的身份张力调和机制

我们认为可以从适应能力视角打开多元企业认同的身份张力调和机制。通过培养机警的市场学习能力、开展适应性的市场实验和开放式的市场营销这三种适应能力(Day,2011),以缓和品牌联盟中因资源不足而带来的矛盾。

具体而言,中心企业拓展新的联盟前,在适应能力的作用下通过警惕市场学习能力观察目标对象如何处理数据以及对社交网络和社交媒体空间作出反应,感知周围与联盟需求相关的微弱信号并采取行动。中心企业在拓展新的联盟过程中,在适应能力的作用下通过适应性市场实验机制以及联盟前对市场的观察与感知结果,投资于能够产生新见解的实验,并在整个组织中整理和分享见解和成功的实践,有针对性的实验可以帮助企业应对日益复杂的市场进行分割,同时技术进步也是帮助实验进行的关键因素。例如,京东在投资并实施"京腾计划"的过程中,大多数的广告预算来源于品牌广告主的多次投资。这一计划经过近1年的测试和积淀后升级到了"京腾计划2.0",并在得到更好的投资效果后,腾讯与京东共同发布"京腾计划 3.0"营销解决方案及升级产品"京腾魔方+"。京东能够与腾讯成功联盟,主要得益于京东对计划项目的投资与其技术进步得到腾讯的认可,以及腾讯对京东合作者身份的认同。此外,中心企业在拓展与多个品牌的联盟过程中,考虑到资源存量的限制,其在适应能力的作用下调整创新焦点并实施开放系统。一方面,在与多个品牌商联盟合作时,中心企业对资源要进行有效管理,寻找配置资源的平衡点,而互联网时代信息迭代与传播的速度加快,外部信息的复杂多样,促使中心企业的创新焦点从企业外部转向合作伙伴网络,在获得合作伙伴资源的同时促进双赢的联盟效果。另一方面,中心企业通过开放系统利用网络与各个品牌联盟合作,其开放网络能够提供更深入的资源集和专门技能集的访问,扩充了中心企业资源边界,帮助其更高效地配置资源。可见,中心企业利用适应能力发挥其促进企业成长并维护企业现状的功能,开展适应性的市场实验和开放式的市场营销,警惕多元身份张力出现,使企业在新品牌联盟中的身份与已有的品牌联盟的身份张力得到缓和。

2. 多元企业认同的身份张力调和过程

(1)合作者与传播者之间的张力调和

京东深入与各大互联网媒体的合作中,双方的用户数据在刻画精准用户形象中发挥着决定性的作用。一方面,各方数据关系到用户隐私安全问题,品牌联盟过程中需要注重数据安全问题;另一方面,如何利用数据精准刻画出顾客形象,提高数据的转化率和实现内容变现关系到与各大媒体的品牌联盟的效果。

同时,当京东进一步探索新的联盟形式时,与央视和《正义联盟》进行联盟。首先,在人员配置上,将分散于京东与各大互联网媒体的人员进行配置;其次,与京东联盟的各大媒体,可能无法全满足央视对品质的高要求;并且,如何利用各大媒体的用户数据,在保证用户数据安全的前提下,帮助《正义联盟》实现其票房增加?

京东在调和合作者与传播者身份张力的过程中,一方面开放系统,将其数据提供给各联盟伙伴使用,成立安全小组以应对数据安全问题,并通过技术进步,借助大数据和智能算法获取用户信息,提高不同类型用户数据的融合和转化,通过数据分析,感知用户偏好变化信号。另一方面,为了满足央视对品质的要求,通过技术进步建立"360度质量保障体系"以保证高质量。另外,通过创新,将《正义联盟》中的英雄形象与京东JOY相结合,并通过联盟的各大媒体向消费者宣传电影以提高其票房。如图4-9所示,双向虚线箭头为多元身份张力,由中心企业发出的单向箭头即为张力调和过程。

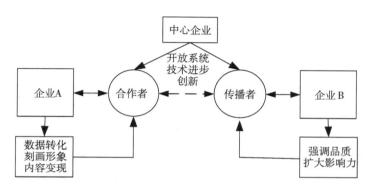

图4-9 合作者与传播者之间的张力调和

（2）合作者与扶持者之间的张力调和

京东与各大互联网媒体和内容电商的合作不仅会分散京东的人力资源,同时在内容变现上,各大媒体和内容电商可能出现资源的争夺。各大互联网媒体希望借助京东在电商领域有所拓展,京东能帮助各大互联网媒体解决其一大难题——内容流量的变现。而京东在"百千千百"计划中,需要扶持自己平台上的电商,那么京东该如何作出选择?是该帮助各媒体实现内容变现?还是帮助其平台上的内容电商?

为了更好地开发与各媒体品牌联盟的潜力,保持品牌联盟的一致性,在开放系统的同时,京东通过技术手段,开发"京东开普勒"能力输出项目,将自身的电商能力进行产品化、菜单化,促使购买商品行为和合作者之间的应用场景能够实现无缝对接,挖掘潜在消费者。同时,为了探索京东平台上合作的新可能,京东对其平台上的优秀内容电商进行投资,将平台上的内容创新由各内容电商完成,并通过多维度的资源加持实现其发展。如图4-10所示,双向虚线箭头为多元身份张力,由中心企业发出的单向箭头即为张力调和过程。

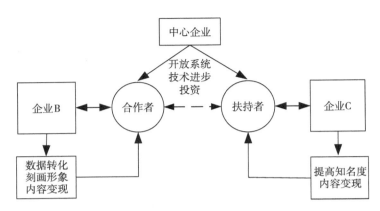

图 4-10　合作者与扶持者之间的张力调和

（3）传播者与扶持者之间的张力调和

京东作为传播者与扶持者之间的张力主要来自内容电商因其规模和实力很难达到央视对质量的高要求，也无法为《正义联盟》提高票房作出显著贡献，于是京东选择投资内容创业。京东在召开的"2018年无界营销峰会"上宣布将开展并实施"百千千百"计划，这一计划避免了功利性行为，将有限的资源给予更优质的内容创作者，并帮助其创作者赢得更多的曝光和转化优质内容的机会。

可见，在面对传播者与扶持者身份之间的张力时，京东积极创新并进行实验性投资，寻求让营销价值最大化的创新模式，利用其开放的系统对内容电商进行重点扶持，同时也为央视和《正义联盟》找到了更好的传播途径。如图 4-11 所示，双向虚线箭头为多元身份张力，由中心企业发出的单向箭头即为张力调和过程。

五、品牌联盟视角下多元企业身份张力调和的研究发现

（一）品牌联盟视角下多元企业身份张力调和的研究结论

案例分析的结果表明，京东已具有很好的适应能力，通过自身的努力克服了在品牌联盟下多元企业认同的身份张力问题，实现了与多个品牌联盟伙伴保持长期、和谐和共生的关系。其品牌联盟的多元企业认同的身份构建及其张力调和机理见图 4-12。

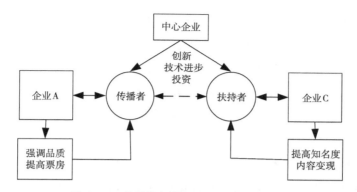

图 4-11 传播者与扶持者之间的张力调和

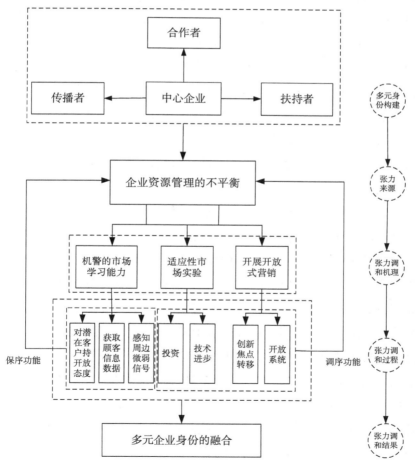

图 4-12 基于品牌联盟的多元企业认同的身份构建及其张力调和机理

中心企业在与多个品牌的联盟过程中扮演着合作者、传播者以及扶持者的身份，这要求中心企业能够找到资源管理的平衡点，实现资源利用效益最大化以促进与品牌联盟伙伴达到共赢的目标，并获得多个品牌联盟伙伴对其身份的认同。就整个联盟合作的过程而言，中心企业的适应能力作用主要表现在三个方面：其一，通过警惕市场学习能力观察目标对象、感知周围与联盟需求相关的微弱信号并采取行动；其二，通过适应性市场实验机制有针对性地投资于能够产生新见解的实验，以期对日益复杂的市场进行有效分割并分享独特见解和成功的实践，同时技术进步也是帮助实验进行的关键因素；其三，通过调整创新焦点并实施开放系统，将创新焦点转向合作伙伴网络，对资源进行有效管理，寻找配置资源的平衡点，促进双赢的联盟效果。这三方面能力主要发挥了调序和保序的功能，即对内部组合和秩序的调整及当前的内部关系和秩序维护，以促使中心企业在持续成长进程中与环境变化之间达到动态平衡的状态。同时，在适应能力的帮助下，中心企业在品牌联盟中产生的新身份与已有身份之间的张力得以调和，在合作者、传播者以及扶持者三种身份之间保持相对的动态平衡状态，实现多元企业身份的融合，进而得到各个品牌联盟伙伴的认同。

（二）品牌联盟视角下多元企业身份张力调和的研究意义

本书的理论贡献与实践意义如下：

首先，基于多元企业认同的企业身份构建模式（李纯青等，2018），本书提出中心企业与多家企业品牌联盟时，中心企业具有多元身份。在品牌联盟中，各联盟企业基于自我定义需要的不同，对中心企业的需求也各不相同，中心企业在不同的品牌联盟中的身份有所区别。其次，本书发现在品牌联盟的视角下，中心企业的多元企业认同的身份张力源于各联盟企业对中心企业不同的需求与中心企业有限资源的矛盾。不同的联盟企业对中心企业的需求具有不一致性，有时这些需求甚至是矛盾的，而中心企业的资源是有限的，这就会打破中心企业的多元认同平衡性，造成多元企业认同的身份张力。最后，本书探索了品牌联盟视角下的多元企业认同的身份张力调和过程，并揭示其背后深层作用机理。中心企业可以通过提高企业的适应能力来建立品牌联盟的互补性整合机制,以调和多元企业认同的身份张力:(1)机警的市场学习能力;(2)开展适应性市场实验;(3)开展开放式营销,实现中心企业多元企业身份的有机融合。

与其他论文一样,本书采用了案例研究方法,提出了具体企业品牌联盟下的多元企业认同的身份构建及其张力调和机理,其归纳可能有限。但是,这项研究打开了品牌联盟视角下多元企业认同的身份张力调和过程,并揭示其背后的作用机理,为企业在品牌联盟中提高适应能力提供了指导。

第五章　多元企业认同的应用与实践

　　本章主要探讨了多元企业认同的应用与实践。首先,针对企业如何实施多元企业认同战略,指出了多元企业认同战略方案实施的三个阶段:多元企业认同诊断、多元企业认同战略动员和实施、多元企业认同实施的效果分析。其次,提出了企业实施多元企业认同战略的要求及适用条件。最后,多元企业认同的形成是已有企业身份与面向利益相关者构建的满足其自我定义需要的新身份主张动态融合的过程,且企业每面向一个利益相关者进行企业身份构建,就形成一个新的企业身份主张,而不同的身份主张相互之间又存在张力。因此,在本章的最后部分,对于企业多元身份的构建和张力调和提出了相关建议。

第一节　企业实施多元企业认同
战略的方案建议

　　多元企业认同战略方案的实施至少包含三个阶段:多元企业认同诊断、多元企业认同战略动员和实施、多元企业认同实施的效果分析。

一、多元企业认同战略诊断

　　运用多元企业认同战略的第一步是诊断企业多元企业认同的程度,尤其是解决不认同或者低认同程度的利益相关者的诉求。企业在日常活动中是否将利益相关者营销的思维贯穿于其中,利益相关者对企业身份的理解与企业自身的理解之间有差距,企业的利益相关者之间有利益冲突或者身份冲突,都需要诊断,帮助找到企业利益相关者管理的薄弱点。

企业应运用利益相关者营销的思想,采用系统思维、悖论思维和民主思维分析企业的能力差距,并采取对应的措施。

通过多元企业认同的测量,管理者(营销人员)可以诊断与利益相关者之间的关系,并有针对性地制定营销策略。运用多元企业认同量表,管理者人员可以诊断与利益相关者的关系究竟如何,识别出不同利益相关者对企业认同的程度,找到薄弱点和需要重点关注的领域。多元企业认同的诊断,可以应用于企业的日常经营活动,也可以运用于企业兼并收购、战略转型不同情形。企业的变革会使企业的身份发生变化,运用多元企业认同量表可以动态追踪变革前后利益相关者认同强度的变化,以便及时调整策略,满足利益相关者的诉求。

二、多元企业认同战略动员和实施

多元企业认同要顺利实施,企业内部要统一思想、统一指挥。多元企业认同的实施是一项系统工程,需要对内动员、对外传播,贯穿着一系列的活动。

第一,多元企业认同战略的实施需要企业对所需能力的优先级进行排序,提高最关键的能力,即营销能力差距的大小和缩小差距的紧迫性。倘若利益相关者网络的特点是复杂的交换,而不是明显的张力和控制共享,企业就应先提高系统思维能力。如果对价值创造至关重要的利益相关者要退出,那么应努力提高民主思维能力。由于利益相关者网络和已开发的利益相关者营销能力是动态的,因此需要定期进行评估。

第二,在组织结构方面提升系统思维、悖论思维和民主思维。跨职能团队帮助企业培养系统思维,定期召开跨职能团队会议,以更新利益相关者系统中的参与者及其利益和关系。把利益相关者放在组织的中心位置,来确保利益相关者的张力问题能提到议程上,培养企业的悖论思维。在公司内部设置所有利益相关者代表的营销决策委员会,有助于培养民主思维能力。

第三,在企业招聘和奖励方面,为了掌握系统思维,雇佣具备整体观、全局观的员工,根据为整个利益相关者系统产生的价值对员工进行奖励。为了掌握悖论思维,雇佣对分歧足够宽容的人,奖励持质疑假设和提出相反观点的员工。在民主思维方面,雇佣不怕放弃控制权的人,奖励在利益相关者网络中增加公平感的员工。

第四,在营销人员的角色转变方面,营销专业人员应调整消费者为中心的观点。系统思维意味着持续映射利益相关者网络。悖论思维要求营销人员分析利益相关者网络中的张力,在利益相关者之间进行协商。民主思维要求营销人员在利益相关者网络中建立促进和激励价值共创的安排,在特定的决策领域中包括哪些利益相关者,提供哪些信息,如何在利益相关者网络中共建身份,实现一个共同的目标。

第五,在管理工具方面,通过利益相关者网络分析、价值蓝图和基于代理的建模等工具的使用增强系统思维。通过创意竞赛、在线社区授权、投票系统培养民主思维。通过利益相关者检查表以提高对利益相关者影响的认识,组织利益相关者对话,培养悖论思维。利益相关者营销能力的提升是一个持续学习和反复试验的过程,通过不断的培训和实践,实现利益相关者营销能力的提升,实现多元企业认同,从而提高企业的可持续竞争优势,实现企业的长期成功。

三、多元企业认同实施的效果分析

多元企业认同对公司利润、销售或者市场份额等业绩不会产生直接的短期影响,但会产生长期的绩效影响。利益相关者营销能力会导致强大的利益相关者关系,表现为利益相关者对公司的认同、良好的声誉及高度的公平性。系统思维从整体的角度理解利益相关者价值系统,有助于利益相关者对企业及网络的其他部分产生认同。悖论思维意味着公平对待所有利益相关者的问题,即使这些问题有冲突,也要让所有利益相关者受益,增加了利益相关者的公平感。民主思维允许多个利益相关者分享营销决策控制权,激发利益相关者对企业的认同。

第二节 企业实施多元企业认同
战略的要求及适用条件

多元企业认同的实施,最重要的原则是企业要具备利益相关者营销的思想,持有共同利益观和多元繁荣的价值主张。利益相关者营销需要企业具备三种能力:系统思维、悖论思维和民主思维。系统思维要求企业能够识别系统中所有的利益相关者,此外要求企业能够了解整个系统的结构构成,忽视了某一类利益相关者,都有可能导致企业的失败。悖论思维指能够接受利益相关者之间存在的张力(指利益相关者之间的对立利益),并从中不断学习的能力,而不是忽视或压制这种张力。民主思维指与众多利益相关者共享市场决策控制权的能力。多元繁荣的价值主张继承了利益相关者营销的思想,强调企业在维持自身健康经营的同时,与其他利益相关者共同参与价值创造和分配,最终达到共同繁荣。这既满足了企业自身发展的内部要求,又符合未来市场发展的方向,同时是共同利益观在市场导向上的具体体现。

多元企业认同要求企业从经营理念、愿景使命、企业文化、业务流程及资源配置各方面融入多元企业认同的思想。通过多元企业认同的战略实施,在其商业生态系统中,使利益相关者对企业身份形成共识。企业取得长期成功,需要保持利益相关者对企业的持续认同,而不是短暂的认同。得到所有利益相关者的认同不是一件容易的事情,需要投入巨大的精力。这就要求企业保持战略定力,在不确定性中寻求稳定依赖的价值观,以善良、真诚、为社会的繁荣稳定作出贡献。

多元企业认同战略可以灵活地运用于不同的行业,既可以推广到服务型企业,也可以推广到制造业。多元企业认同的观念源自对现实的观察,H企业作为一家服务型企业,通过多元企业认同战略的运用,实现了利益相关者对其身份的认同,并在其细分领域获得了长期的成功。华为已经成为蜚声中外的信息与通信基础设施和智能终端提供商,作为一家超大型企业,其面向消费者、员工及其他利益相关者有着鲜明的身份主张,得到利益相关者对其认同,取得了长期的成功。H 企业和华为作为一个缩影,我们看到了多元企业认同的魅力,多元企业认同属于企业的宝贵资源,具有价值、稀缺性、不可复制性和难以模仿的特征,形成多元企业认同状态的企业,便具备了可持续的竞争优势。

第三节　多元企业身份构建的建议

如何构建一个多方外部利益相关者认同的企业身份,是引发各外部利益相关者积极投入到企业经营过程中实现价值共创的前提条件,那么能引发各方外部利益相关者认同的企业身份又是如何构建的呢? 具体有什么规律可循呢? 这主要包括以下三个方面的内容:

(1)消费者认同的企业身份构建

消费者认同的企业身份构建过程是一个企业根据消费者的自我定义需要而进行的动态、互惠、反复的过程,是由一系列的过程、活动和事件所组成的。如何根据消费者的自我定义需要构建出对其有吸引力的动态的、交互的、发展的企业身份是研究的重要内容。整个企业身份构建由企业与消费者之间的互动而形成,企业方通过自我定义需要来构建基于该需求的初始身份,然后在内部形成自我身份感知,通过将此初始身份传播给消费者,在消费者方形成其对企业的身份感知并与基于消费者自我定义需要形成的消费者身份进行比较,通过评价两者之间的相符程度给企业进行反馈,在通过企业身份形成过程再次传播的基础上,经过消费者再次比较、评价、反馈、企业的修正来不断构建。

(2)其他外部利益相关者认同的企业身份构建

根据(1)中消费者认同的企业身份的构建过程来构建面向其他外部利益相关者(中间商、影响者和供应商)认同的企业身份,这里不同的是需要将面向消费者的自我定义需要调查、身份传播、评价、反馈等改成面向其他外部利益相关者。然后再一一构建面向不同外部利益相关者的企业身份。

（3）面向多方外部利益相关者认同的企业身份整合及模式提炼

根据（1）和（2）中面向不同外部利益相关者认同的企业身份的构建子过程，通过归纳、提炼企业身份要素库等方式来构建一个面向多方外部利益相关者认同的企业身份。

多元企业身份的形成是已有企业身份与面向利益相关者构建的满足其自我定义需要的新身份主张动态融合的过程。企业每面向一个利益相关者进行企业身份构建，就形成一个新的企业身份主张，新的身份主张与已有的企业身份相融合成为一个统一体。这个过程随着利益相关者的增加而不断重复，使多元企业身份呈增长的态势，包含不同利益相关者自我定义需要的多元企业身份也如同一个企业身份库，当面对一个新的利益相关者时，企业能够快速分析企业已有身份主张与新的利益相关者自我定义需要的契合点，灵活决定对新的利益相关者进行何种身份的意义构建，促进新利益相关者对企业的认同。

面对不同类型的利益相关者，企业应谨慎使用意义构建和意义赋予活动。企业与利益相关者之间的所有互动都可以为意义赋予和意义构建提供线索或渠道，如面对权力影响力高的利益相关者，企业往往没有意义赋予的机会，这种情况下需要根据对方身份的自我定义需要进行意义构建，即构建一个能够符合对方身份自我定义需要的企业身份；同样，面对平等的或实力相当的利益相关者，企业要主动把握意义赋予的机会，借此传递企业的价值观、经营原则等具有影响力的信息，深化利益相关者对企业的认知，进而丰富企业身份的意义构建。

企业应谨慎对待新的身份主张，并权衡新的身份主张与已有身份主张的重要性。新的企业身份是面向利益相关者构建的新身份主张与企业原有身份主张融合而成的统一体，当新的身份主张与原有主张难以融合时就会产生身份张力，即不同的身份主张相互冲突或难以调和成统一体。为避免多个新的身份主张与原有身份主张难以融合的困境，企业应避免同时面向几个不同类型的利益相关者进行身份构建。因为，如果不同身份主张产生冲突或难以调和，企业不仅需要作出取舍，还有可能损害企业原有的身份主张。

另外,对于身份构建方法方面,基于文化库的研究对我们将身份构建当作要素库来构建的启发很大(Rindova 等,2011)。该研究用纵向案例分析和扎根理论构建,通过深入分析新文化资源的载入,开发一个用新文库发展非常规战略和战略多样性的理论模型,并发现文化库丰富和组织身份再定义是促进该过程的两个核心机制,该模型很好地解释了企业用文化库这个工具在变化中形成非常规战略的现象,在展示"如何"和"为什么"形成该战略的基础上,构建了理论。

关于身份传播方面,先前的研究表明,企业身份是通过多种不同的传播途径传递给消费者的(Whetten 和 Paul,1998)。虽然身份通常是通过年报和新闻稿等官方文件传播的,但有时也会通过标志和符号(如企业总部的标志和外观等)进行传播(Albert 和 Whetten,1985)。与这种由公司控制的内部身份传播(如提供的产品、企业公关、企业社会举措及企业赞助的论坛等)相对立的是并非完全由企业所控制的、数量巨大且可能在不断增长的外部身份传播途径(如媒体、消费者、监管部门及渠道成员等)(Bhattacharya 和 Sen,2003)。

第四节　多元企业身份张力调和的建议

在多元企业认同的企业身份构建过程中企业又是如何调和为满足不同外部利益相关者自我定义需要与保持企业身份而带来的张力呢? 也就是说其调和机制与调和过程又是什么呢? 我们发现,多元企业身份张力调和本质上是对企业身份动态管理的过程,通过"确立企业身份→进行身份传播→形成身份吸引力",从而满足利益相关者身份的自我定义的需要,实现多元企业认同,具体见图5-1。

马奇(March,1991)认为,组织的张力来源于对两种相对立的能力的管理,对于多元认同的企业身份来说,需要满足不同外部利益相关者的自我定义需要,张力就来自为满足外部利益相关者自我定义需要与保持企业身份而带来的冲突。如何调和这种张力,使其达到较好的均衡状态,也是研究的重点内容(具体见图5-2中的双向箭头是调和,单向箭头是张

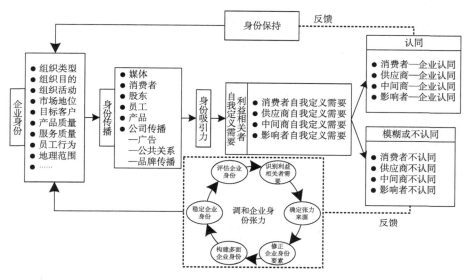

图 5-1　企业身份动态管理框架

力),关于多元企业身份张力调和主要包括以下两个方面的内容。

（1）多元企业认同身份张力的来源及测量

张力来自企业为满足各方外部利益相关者自我定义需要与保持企业身份而带来的冲突,除此之外还有什么因素会带来张力? 如何测量这种张力?

（2）多元企业认同身份张力的调和机理

多元企业认同身份张力的调和机理分为调和机制与调和过程两部分。

通过文献研究,已经发现价值创造机制和价值攫取机制可以用来解释多元企业身份的张力调和,通过实践观察,发现价值分享机制和价值损害机制也可以用来解释企业身份的张力调和,到底调和多元企业身份张力的机制是什么? 因此,首先需要通过理论—数据—模型之间的反复校对和调整,最终确定多元企业认同身份张力调和的机制。其次,在找出调和机制的基础上,探讨该机制对多元企业认同身份张力调和的过程。在其调和过程中会遵从什么样的规律和路径,该规律和路径的逻辑是什么? 驱动是什么? 从理论上如何解释呢? 为什么会是这样呢? 也是需要关注的重点。

身份张力调和机理部分的展开可借鉴贝弗兰登等(2015)的研究,采用改进的扎根理论研究设计,该研究设计对研究问题和浮现线索的探究受"理论抽样"与"文献—数据—新兴的理论"之间构念的比较而驱动(Fischer 和 Otnes,2006)。多元认同的企业身份构建模式及其张力调和机理部分的研究需要采用现场观察、深度访谈和焦点小组访谈、改进的扎根理论并结合组织理论、关系营销、消费者关系管理等领域的理论梳理和深入研究。

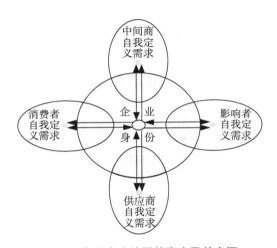

图 5-2   多元企业认同的张力及其来源

本书中的研究从资源管理和身份管理两个视角进行了身份张力的调和研究。基于资源管理视角,企业可以通过与利益相关者进行资源的构建(利他、获取、积累)、捆绑(创造、激活、转化)、利用(评估、对焦、投入)三个过程来扩大企业资源基础,优化企业资源配置,进行身份张力的调和。企业从自身拥有的关键资源出发,主动通过为利益相关者实现收益,从而获取利益相关者的资源,达到对外部资源的积累。在获得外部资源的准入后,企业要积极主动地去寻求机会和创造机会,激活现有资源(包括内部资源、外部资源),来提升企业的独特竞争优势。通过创造机会,将企业休眠的内部和外部资源重新激活,通过改变对资源的配置方式和配置结构,将企业占有的资源和利益相关者对企业开放的资源进行有机的配置,从而转化为企业拥有的内部资源和新的能力。在将外部资源内化吸收后,转化为企业的内部资源后,需要对企业众多身份进行评估,通过与企业战略的匹配,将身份进行对焦,最后投入资源来实现多元企业身份张力的调和。

　　基于身份管理视角,多元企业身份张力调和可通过内、外部调和两条路径展开。(1)内部调和路径。在身份评估后从企业内部出发对身份进行管理,是对企业核心身份的加固与保护,以便于在后续的调和过程中不被侵蚀或干扰,是企业后续能够稳定发展的基础。明确身份主张有效地帮助企业传递了自身的核心身份信息,让外部利益相关者更加准确地认识企业身份的同时不断地强化自身核心身份。在这样的前提下,随之而来的就是对外部利益相关者的精准过滤。(2)外部调和路径。企业利他行为依然建立在纯粹利他的理念之上,通过贯彻企业文化中的利他主义影响其运营发展中的各个方面。在此基础上形成与外部利益相关者之间广泛的信任关系,与企业自身的内部身份管理,共同促成了与外部利益相关者之间的身份共创。值得注意的是,企业对内的身份管理是为保持自身核心身份不动摇而服务的,而对外的利他行为则是为满足外部利益相关者自我定义需要而服务的,内外两部分的调和路径充分展现了互利的关系价值机制,而在这种关系价值机制的基础上,惠及双方的身份共创才得以顺利展开。

主要参考文献

1. 包曾婷:《国内外旅游供应链研究进展及启示》,《安徽工业大学学报(社会科学版)》2017 年第 2 期。

2. 曹光明、江若尘、陈启杰:《企业联想、消费者—企业认同与消费者公民行为》,《经济管理》2012 年第 7 期。

3. 陈才、卢昌崇:《认同:旅游体验研究的新视角》,《旅游学刊》2011 年第 3 期。

4. 程志辉、费显政:《同属顾客的企业认同对其公民行为的影响研究——在其他顾客的不当行为情境下》,《华东经济管理》2015 年第 11 期。

5. 代葆屏:《旅行社供应链管理模式初探》,《北京第二外国语学院学报》2002 年第 1 期。

6. 杜荣、艾时钟、Brugha C M:《思维法则学框架下东西方管理理论的比较——探索管理科学中国学派走向世界的道路》,《管理学报》2010 年第 10 期。

7. 冯珍、王程:《智慧旅游服务供应链中竞争企业的进化博弈》,《贵州社会科学》2014 年第 3 期。

8. 何佳梅、张善芹:《我国出境旅游供应链建设研究》,《人文地理》2007 年第 2 期。

9. 胡凤乔、叶杰:《新时代的政商关系研究:进展与前瞻》,《浙江工商大学学报》2018 年第 3 期。

10. 季靖:《身份动机对品牌认同的影响》,浙江大学 2014 年博士学位论文。

11. 康俊、江林、郭益:《顾客—企业认同研究现状与展望》,《外国经济与管理》2014 年第 2 期。

12. 李宝库、王以华:《基于渠道管理的消费者信息、中间商与企业经济关系分析》,《南开管理评论》2008 年第 3 期。

13. 李纯青、吕俊峰、马宝龙等:《多元企业认同的身份构建及其张力调和机理》,《心理科学进展》2018 年第 8 期。

14. 李纯青、赵平、马军平:《零售业回报计划感知价值对客户忠诚的影响》,《管理科学学报》2007 年第 4 期。

15. 李纯青、吕俊峰:《多元企业身份张力调和机理研究》,《管理学报》2020 年第 2 期。

16. 李高勇、毛基业:《案例选择与研究策略——中国企业管理案例与质性研究论坛(2014)综述》,《管理世界》2015 年第 2 期。

17. 李惠璠、李鹏、张金成:《顾客企业认同的驱动因素研究》,《科学学与科学技术管理》2009 年第 12 期。

18. 李惠璠、张运来:《服务情境下的顾客自发行为及其影响因素研究——基于顾客—企业认同的中介作用》,《北京工商大学学报(社会科学版)》2016 年第 5 期。

19. 李万立、李平、张萍萍:《欧洲旅行社供应链管理实践与启示》,《桂林旅游高等专科学校学报》2006 年第 1 期。

20. 李自杰、高璟峻:《双元并进战略选择:行为逻辑与路径分析——基于北京重工并购日本长野和意大利 TGF 的案例》,《中国工业经济》2016 年第 7 期。

21. 陆娟、边雅静:《多元企业认同的身份构建及其张力调和机理》,《管理世界》2010 年第 11 期。

22. 毛基业:《运用结构化的数据分析方法做严谨的质性研究——中国企业管理案例与质性研究论坛(2019)综述》,《管理世界》2020 年第 3 期。

23. 潘翰增:《旅游业供应链新模式初探》,《中国市场》2007 年第 2 期。

24. 谭乐、宋合义、杨晓:《基于认知视角探讨环境不确定性对领导有效性的影响机制》,《心理科学进展》2016 年第 9 期。

25. 王海忠:《高级品牌管理》,清华大学出版社 2014 年版。

26. 王迎军:《战略杠杆》,天津人民出版社 1997 年版。

27. 韦俊峰、明庆忠:《打工度假旅游者的流动性实践及身份认同建构——厦门马克客栈案例》,《旅游学刊》2019 年第 10 期。

28. 杨秀芝、李柏洲:《企业适应能力的内涵及其提升对策研究》,《管理世界》2007 年第 4 期。

29. 姚立新、蔡斌:《电子商务下的新中间商经济模式研究》,《厦门大学学报(哲学社会科学版)》2000 年第 3 期。

30. 姚琦、乐国安:《组织社会化研究的整合:交互作用视角》,《心理科学进展》2008 年第 4 期。

31. 张海:《企业供应商关系管理研究:供应商选择、治理及信息分享》,华中科技大学 2018 年博士学位论文。

32. 张杰:《跨国品牌联合评价中的来源国和民族中心主义》,《华东经济管理》2012 年第 8 期。

33. 张青山等:《企业系统:柔性·敏感性·自适应》,中国经济出版社 2004 年版。

34. 赵道致、张靓:《资源杠杆——基于企业网络的竞争优势获取模式》,《科学学与科学技术管理》2006 年第 9 期。

35. 赵海峰、万迪昉、罗慧:《核心能力与战略杠杆综合分析的实证研究》,《系统工程》2003 年第 1 期。

36. Ahearne M., Bhattacharya C.B., Gruen T.W., " Antecedents and Consequences of Customer – Company Identification: Expanding the Role of Relationship Marketing ", *Journal of Applied Psychology*, Vol.90, No.3, 2005.

37. Akaka M.A., Schau H.J., " Value Creation in Consumption Journeys: Recursive Reflexivity and Practice Continuity ", *Journal of the Academy of Marketing Science*, Vol.47, No.3, 2019.

38. Albert S., Whetten D.A., " Organizational Identity ", *Administration & Society*, Vol.42, No.20, 1985.

39. Algesheimer, R., Dholakia, U.M., Herrmann, A., " The Social Influence of Brand Community: Evidence from European Car Clubs ", *Journal of Marketing*, Vol.69, No.3, 2005.

40. Allen, V.L., Wilder, D.A., Atkinson, M.L., " Multiple Group Membership and Social Identity ", In T.R.Sarbin, K.E.Scheibe(Eds.), Studies in Social Identity, *New York*: *Praeger*, 1983.

41. Anand, V., Joshi, M., O'Leary-Kelly, A.M., " An Organizational Identity Approach to Strategic Groups ", *Organization Science*, Vol.24, No.2, 2013.

42. Anastasiya Z., Michael D. P, Rhonda K. R., " Celebrity and Infamy? The Consequences of Media Narratives About Organizational Identity ", *Academy of Management Review*.Vol.42, No.3, 2017.

43. Andriopoulos, C., Lewis, M. W., " Exploitation-Exploration Tensions and Organizational Ambidexterity: Managing Paradoxes of Innovation ", *Organization Science*, Vol.20, No.4, 2009.

44. Ansoff I., " Corporate Strategy ", *McGraw-Hill*: *New York*, 1965.

45. Ashforth B. E., Johnson S. A., " Which Hat to Wear? The Relative Salience of Multiple Identities in Organizational Contexts ", *Social Identity Processes in Organizational Contexts*, 2001.

46. Ashforth B.E., Harrison S.H., Corley K.G., et al., " Identification in Organizations: An Examination of Four Fundamental Questions ", *Journal of Management*, Vol. 34, No.3, 2008.

47. Ashforth B.E., Mael F., " Social Identity Theory and the Organization ", *Academy of management review*, Vol.14, No.1, 1989.

48. Ashforth, B.E., Schinoff, B.S., Rogers, K.M., " ' I Identify With Her ', ' I Identify

With Him': Unpacking the Dynamics of Personal Identification in Organizations", *Academy of Management Review*, Vol.41, No.1, 2016.

49. Ashforth, B.E., Schinoff, B.S., "Identity Under Construction: How Individuals Come to Define Themselves in Organizations", *Organizational Psychology & Organizational Behavior*, Vol.3, No.1, 2016.

50. Ashforth, B.E., Mael, F.A., "Organizational Identity and Strategy as a Context for the Individual", *Advances in Strategic Management*, No.13, 1996.

51. Ashforth, B.E., Harrison, S.H., Corley, K.G., "Identification in Organizations: an Examination of Four Fundamental Questions", *Journal of Management*, Vol.34, No.3, 2008.

52. Ashforth, B.E., Mael, F., "Social Identity Theory and the Organization", *Academy of Management Review*, Vol.14, No.1, 1989.

53. Avcı, B., Loutfi, Z., Mihm, J., Belavina, E., Keck, S., "Comparison as Incentive: Newsvendor Decisions in A Social Context", *Production and Operations Management*, Vol.23, No.2, 2014.

54. Bagozzi R.P., Bergami M., Marzocchi G.L., et al., "Customer-Organization Relationships: Development and Test of a Theory of Extended Identities", *Journal of Applied Psychology*, Vol.97, No.1, 2012.

55. Bagozzi, R.P., & Yi, Y., "Specification, Evaluation, and Interpretation of Structural Equation Models", *Journal of the Academy of Marketing Science*, Vol.40, No.1, 2012.

56. Balmer J.M.T., "The Corporate Identity, Total Corporate Communications, Stakeholders' Attributed Identities, Identifications and Behaviours Continuum", *European Journal of Marketing*, Vol.51, No.(9/10), 2017.

57. Balmer J.M.T., Elif Karaosmanoğlu, Ayşe Banu Elmadağ Baş, et al., "The Role of Other Customer Effect in Corporate Marketing", *European Journal of Marketing*, Vol.45, No.(9/10), 2011.

58. Balmer J.M.T., Greyser S.A., "Managing the Multiple Identities of the Corporation", *California management review*, Vol.44, No.3, 2002.

59. Balmer J., Soenen G., "A New Approach to Corporate Identity Management", *International Centre for Corporate Identity Studies*, No.5, 1998.

60. Baloglu S., "Dimensions of Customer Loyalty: Separating Friends from Well Wishers", *The Cornell Hotel and Restaurant Administration Quarterly*, Vol.43, No.1, 2002.

61. Barney J., "Firm Resources and Sustained Competitive Advantage", *Journal of management*, Vol.17, No.1, 1991.

62. Bednar, J.S., Galvin, B.M., Ashforth, B.E., Hafermalz, E., "PuttingIdentification in Motion: A Dynamic View of Organizational Identification", *Organization Science*, Vol.31,

No.1,2020.

63. Bergami M., Bagozzi R.P., "Self-categorization, Affective Commitment and Group Self-esteem as Distinct Aspects of Social Identity in the Organization", *British Journal of Social Psychology*, Vol.39, No.4, 2000.

64. Berthoin A., Debucquet G., Fremeaux S., "Addressing Identity Tensions Through Paradoxical Thinking: Lessons from Artistic Interventions in Organizations", *Management international*, Vol.21, No.1, 2017.

65. Beverland M.B., Wilner S.J.S., Micheli P., "Reconciling the Tension Between Consistency and Relevance: Design Thinking as a Mechanism for Brand Ambidexterity", *Journal of the Academy of Marketing Science*, Vol.43, No.5, 2015.

66. Beverland, M., Napoli, J., Lindgreen, A., "Industrial Global Brand Leadership: A Capabilities View", *Industrial Marketing Management*, Vol.36, No.8, 2007.

67. Bhattacharya C.B., Sen S., "Consumer-Company Identification: A Framework for Understanding Consumers' Relationships with Companies", *Journal of Marketing*, Vol.67, No.2, 2003.

68. Black I., Veloutsou C., "Working Consumers: Co-Creation of Brand Identity, Consumer Identity and Brand Community Identity", *Journal of Business Research*, No.70, 2017.

69. Bleeke J., Ernst D., "The Way to Win in Cross-Border Alliances", *Harvard Business Review*, Vol.69, No.6, 1990.

70. Brashear-Alejandro, T., Kang, J., Groza, M.D., "Leveraging Loyalty Programs to Build Customer-Company Identification", *Journal of Business Research*, Vol.69, No.3, 2016.

71. Brickson, S. L., "Organizational Identity Orientation: Forging a Linkbetween Organizational Identity and Organizations' Relations with Stakeholders", *Administrative Science Quarterly*, Vol.50, No.4, 2005.

72. Brodie, R. J., Hollebeek, L. D., Jurić, B., Ilić, A., "Customer Engagement: Conceptual Domain, Fundamental Propositions, and Implications for Research", *Journal of Service Research*, Vol.14, No.3, 2011.

73. Cayla, J., Peñaloza, L., "Mapping the Play of Organizational Identity in Foreign Market Adaptation", *Journal of Marketing*, Vol.76, No.6, 2012.

74. Chaplin, L.N., Roedder John, D., "The Development of Self-Brand Connections in Children and Adolescents", *Journal of Consumer Research*, Vol.32, No.1, 2005.

75. Claro D. P, Claro P. B., "Collaborative Buyer-Supplier Relationships and Downstream Information in Marketing Channels", *Industrial Marketing Management*, Vol.39, No.2, 2010.

76. Coff R. W. , Coff D. C. , Eastvold R. , "The Knowledge-Leveraging Paradox: How to Achieve Scale Without Making Knowledge Imitable", *Academy of Management Review*, Vol.31, No.2, 2006.

77. Collins, J. C. , Porras, J. I. , "Building Your Company's Vision", *Harvard Business Review*, Vol.74, No.5, 1996.

78. Collins, R. , "Interaction Ritual Chains", *New York: Princeton University Press*, 2014.

79. Corley, K. G. , Gioia, D. , "A Identity Ambiguity and Change in the Wake of a Corporate Spin-Off", *Administrative Science Quarterly*, Vol.49, No.2, 2004.

80. Csaba, F. F. , Bengtsson, A. , "Rethinking Identity in Brand Management", Brand culture, 2006.

81. Currás-Pérez, R. , "Effects of Perceived Identity Based on Corporate Social Responsibility: The Role of Consumer Identification with the Company", Corporate Reputation Review, Vol.12, No.2, 2009.

82. Currás-Pérez, R. , Bigné-Alcañiz, E. , Alvarado-Herrera, A. , "The Role of Self-Definitional Principles in Consumer Identification with a Socially Responsible Company", Journal of Business Ethics, Vol.89, No.4, 2009.

83. D.Centeno, Wang J.J. , "Celebrities as Human Brands: An Inquiry on Stakeholder-Actor Co-Creation of Brand Identities", Journal of Business Research, No.74, 2016.

84. Daniel C. , Thomas G. , Marion P. , "The Effects of Supplier-to-Buyer Identification on Operational Performance—An Empirical Investigation of Inter-Organizational Identification in Automotive Relationships", Journal of Operations Management, Vol.29, No. 6, 2011.

85. Das J. , Dirienzo C. E. , "Tourism Competitiveness and the Role of Fractionalization", International Journal of Tourism Research, Vol.14, No.3, 2012.

86. Das, T. K. , "Strategic Alliance Temporalities and Partner Opportunism", British Journal of Management, Vol.17, No.1, 2006.

87. Day G.S. , "Closing the Marketing Capabilities Gap", Journal of marketing, Vol.75, No.4, 2011.

88. De Bettignies, H. C, Bai X. , Roberts W. , "Taoism and Its Model of Traits of Successful Leaders", *The Journal of Management Development*, Vol.30, No.(7-8), 2011.

89. Desai K.K. , Keller K. L. , "The Effects of Ingredient Branding Strategies on Host Brand Extendibility", *Journal of Marketing*, Vol.66, No.1, 2002.

90. Dhalla, R. , "The Construction of Organizational Identity: Key Contributing External and Intra-Organizational Factors", *Corporate Reputation Review*, Vol.10, No.4, 2007.

91. Dick R.V., Hogg M.A., Terry D.J., "Social Identity Processes in Organizational Contexts", *Journal of Natural Products*, Vol.46, No.2, 2001.

92. Dodgson, M., Gann, D. M., Phillips, N., "Organizational Learning and the Technology of Foolishness: The Case of Virtual Worlds at IBM", *Organization Science*, Vol.24, No.5, 2013.

93. Drori I., Wrzesniewski A., Ellis S., et al., "One Out of Many? Boundary Negotiation and Identity Formation in Postmerger Integration", *Organization Science*, Vol.24, No.6, 2013.

94. Duncan R. B., "The Ambidextrous Organization: Designing Dual Structures for Innovation", *The management of organization*, Vol.1, No.1, 1976.

95. Dutton J.E., Dukerich J.M., Harquail D.C.V., "Organizational Images and Member Identification", *Administrative Science Quarterly*, Vol.39, No.2, 1994.

96. Dutton W., Guerra G. A., Zizzo D. J., et al., "The Cyber Trust Tension in E-Government: Balancing Identity, Privacy, Security", *Information Polity*, Vol. 10, No.(1,2), 2005.

97. Dyer J.H., Singh H., "The Relational View: Cooperative Strategy and Sources of Interorganizational Competitive Advantage", *Academy of Management Review*, Vol.23, No.4, 1998.

98. Einwiller, S. A., Fedorikhin, A., Johnson, A. R., & Kamins, M. A., "Enough is Enough! When Identification no Longer Prevents Negative Corporate Associations", *Journal of the Academy of Marketing Science*, Vol.34, No.2, 2006.

99. Eisenberg, N., Miller, P. A., "The Relation of Empathy to Prosocial and Related Behaviors", *Psychological Bulletin*, Vol.101, No.1, 1987.

100. Eisenhardt K.M., "Building Theories from Case Study Research", *Academy of Management Review*, Vol.14, No.4, 1989.

101. Eisenhardt, K. M., Graebner, M. E., "Theory Building FromCases: Opportunities and Challenges", *Academy of Management Journal*, Vol.50, No.1, 2007.

102. Elfring T., Hulsink W., "Networks in Entrepreneurship: The Case of High-Technology Firms", *Small business Economics*, Vol.21, No.4, 2003.

103. Elkjr L. G., Horst M., Nyborg S., "Identities, Innovation, and Governance: A Systematic Review of Co-Creation in Wind Energy Transitions", *Energy Research & Social Science*, No.71, 2021.

104. Elsbach, K.D., Kramer, R.M., "Members' Responses to Organizational Identity Threats: Encountering and Countering the Business Week rankings", *Administrative Science Quarterly*, Vol.14, 1996.

105. Fiol C. M., "Capitalizing on Paradox: The Role of Language in Transforming Organizational Identities", *Organization Science*, Vol.13, No.6, 2002.

106. Fischer, E., Otnes, C.C., "Breaking New Ground: Developing Grounded Theories in Marketing and Consumer Behavior", In W. Russell (Ed.), "Handbook of Qualitative Research Methods in Marketing", *Belk Northampton, MA: Edward Elgar*, 2006.

107. Fombelle, P. W., Jarvis, C. B., Ward, J., Ostrom, L., "Leveraging Customers' Multiple Identities: Identity Synergy as a Driver of Organizational Identification", *Journal of the Academy of Marketing Science*, Vol.40, No.4, 2012.

108. Freeman R. E., "Strategic Management: A Stakeholder Approach", *Pitman: Boston*, 1984.

109. Fritz M.M., Rauter R., Baumgartner R.J., et al., "A Supply Chain Perspective of Stakeholder Identification as a Tool for Responsible Policy and Decision-Making", *Environmental Science & Policy*, No.81, 2018.

110. Gioia, D. A., Corley, K. G., Hamilton, A. L., "Seeking Qualitative Rigor in Inductive Research: Notes on the Gioia Methodology", *Organizational Research Methods*, Vol.16, No.1, 2013.

111. Gioia, D. A., Patvardhan, S. D., Hamilton, A. L., Corley, K. G., "Organizational Identity Formation and Change", *Academy of Management Annals*, Vol.7, No.1, 2013.

112. Gioia, D.A., Price, K.N., Hamilton, A.L., et al., "Forging an Identity: An Insider-Outsider Study of Processes Involved in the Formation of Organizational Identity", *Administrative Science Quarterly*, Vol.55, No.1, 2010.

113. Glynn M.A., "When Cymbals Become Symbols: Within a Conflict Symphony Over Organizational Identity Orchestra", *Organization Science*, No.11, 2000.

114. Goffman, E., "Behavior in Public Places: Notes on the Social Organization ofGatherings", *New York: Free Press*, 1963.

115. González-Benito, Javier, González-Benito, óscar., "The Role of Stakeholder Pressure and Managerial Values in the Implementation of Environmental Logistics Practices", *International Journal of Production Research*, Vol.44, No.7, 2006.

116. Grant, A.M., Dutton, J.E., Rosso, B.D., "Giving Commitment: Employee Support Programs and The Prosocial Sensemaking Process", *Academy of Management Journal*, Vol.51, No.5, 2008.

117. Gulati, R.Sytch, M., "Does Familiarity Breed Trust? Revisiting the Antecedents of Trust", *Managerial and Decision Economics*, Vol.29, No.(2-3), 2008.

118. Gulati, R., Olivia Wang, L., "Size of the Pie and Share of the Pie: Implications of Network Embeddedness and Business Relatedness for Value Creation and Value

Appropriation in Joint Ventures", In V.Buskens, W.Raub, C.Snijders (Eds.) , "Research in the Sociology of Organizations: Vol. 20: The Governance of Relations in Markets and Organizations", *Emerald Group Publishing Limited*, 2003.

119. Hamel, G., " Competition for Competence and Inter-Partner Learning within International Strategic Alliances", *Strategic management journal*, No.12, 1991.

120. Hamilton W.D., "The Genetical Evolution of Social Behaviour II", *Journal of Theoretical Biology*, Vol.7, No.1, 1964.

121. Hamilton, W.D., "Selfish and Spiteful Behaviour in an Evolutionary Model", *Nature*, Vol.228, No.5277, 1970.

122. Hansen M.H., Perry L.T., Reese C.S., "A Bayesian Operationalization of the Resource-Based View", *Strategic Management Journal*, Vol.25, No.13, 2004.

123. Haumann, T., Quaiser, B., Wieseke, J., et al., "Footprints in the Sands of Time: A Comparative Analysis of the Effectiveness of Customer Satisfaction and Customer – Company Identification Over Time", *Journal of Marketing*, Vol.78, No.6, 2014.

124. Hill C., Jones T.M., "Stakeholder-Agency Theory", *Journal of Management Studies*, Vol.29, No.2, 1992.

125. Hillebrand, B., Driessen, P.H., Koll, O., "Stakeholder Marketing: Theoretical Foundations and Required Capabilities", *Journal of the Academy of Marketing Science*, Vol.43, No.4, 2015.

126. Hoelter J.W., "A Structural Theory of Personal Consistency", *Social Psychology Quarterly*, 1985.

127. Hoelter, J.W., " The Effects of Role Evaluation and Commitment on IdentitySalience", *Social Psychology Quarterly*, Vol.46, No.2, 1983.

128. Hogg M.A., Terry D.J., White K.M., "A Tale of Two Theories: A Critical Comparison of Identity Theory with Social Identity Theory", *Social Psychology Quarterly*, Vol.58, No.4, 1995.

129. Holt, D., Cameron, D., "Cultural Strategy: Using Innovative Ideologies to Build Breakthrough Brands", *Oxford: Oxford University Press*, 2010.

130. Homburg C., Stierl M., Bornemann T., " Corporate Social Responsibility in Business-to-Business Markets: How Organizational Customers Account for Supplier Corporate Social Responsibility Engagement", *Journal of Marketing*, Vol.77, No.6, 2013.

131. Homburg, C., Wieseke, J., Hoyer, W.D., "Social Identity and the Service-Profit Chain", *Journal of Marketing*, Vol.73, No.2, 2009.

132. Hong, S.Y., Yang, S.U., " Effects of Reputation, Relational Satisfaction, and Customer-Company Identification on Positive Word-of-Mouth Intentions", *Journal of Public*

Relations Research, Vol.21, No.4, 2009.

133. Hornsey M.J., "Social Identity Theory and Self-categorization Theory: A Historical Review", *Social and Personality Psychology Compass*, Vol.2, No.1, 2008.

134. Huber T., Kude T., Dibbern J., et al., "Governance Practices in Platform Ecosystems: Navigating Tensions Between Cocreated Value and Governance Costs", *Information Systems Research*, Vol.28, No.3, 2017.

135. Huemer L., "Creating Cooperative Advantage: The Roles of Identification, Trust, and Time", *Industrial Marketing Management*, Vol.43, No.4, 2014.

136. Ibarra H., Barbulescu R., "Identity as Narrative: Prevalence, Effectiveness, and Consequences of Narrative Identity Work in Macro Work Role Transitions", *Academy of Management Review*, Vol.35, No.1, 2010.

137. Iglesias O., Landgraf P., Ind N., et al., "Corporate Brand Identity Co-Creation in Business-to-Business Contexts", *Industrial Marketing Management*, No.85, 2019.

138. Jarillo J. C., "Entrepreneurship and Growth: The Strategic Use of External Resources", *Journal of Business Venturing*, Vol.4, No.2, 1989.

139. Jenkins, R., "Social identity", *London: Routledge*, 1996.

140. Jo Hatch M., Schultz M., "Relations Between Organizational Culture, Identity and Image", *European Journal of marketing*, Vol.31, No.(5/6), 1997.

141. Johnson J.L., Sohi R.S., "The Development of Interfirm Partnering Competence: Platforms for Learning, Learning Activities, and Consequences of Learning", *Journal of Business Research*, Vol.56, No.9, 2003.

142. Johnson, M. D., Morgeson, F. P., Hekman, D. R., "Cognitive and Affective Identification: Exploring the Linksbetween Different Forms of Social Identification and Personality with Work Attitudes and Behavior", *Journal of Organizational Behavior*, Vol.33, No.8, 2012.

143. Kang J., Alejandro T.B., Groza M.D., "Customer-Company Identification and The Effectiveness of Loyalty Programs", *Journal of Business Research*, Vol.68, No.2, 2015.

144. Karaosmanoğlu, E., Baş, A.B.E., Zhang, J., "The Role of Other Customer Effect in Corporate Marketing: Its Impact on Corporate Image and Consumer-Company Identification", *European Journal of Marketing*, Vol.45, No.(9/10), 2011.

145. Karthikeyan S. I., Jonsson S., Wezel F. C., et al., "The Travails of Identity Change: Competitor Claims and Distinctiveness of British Political Parties, 1970−1992", *Organization Science*, Vol.27, No.1, 2015.

146. Khanna, T., Gulati, R., Nohria, N., "The Dynamics of Learning Alliances: Competition, Cooperation, and Relative Scope", *Strategic Management Journal*, Vol. 19,

No.3,1998.

147. Kim, K. H., Tsai, W., "Social Comparison among Competing Firms", *Strategic Management Journal*, Vol.33, No.2, 2012.

148. Kumar, V., Pansari, A., "Competitive Advantage through Engagement", *Journal of Marketing Research*, Vol.53, No.4, 2016.

149. Kurzban R., Burton-Chellew M. N., West S. A.., "The Evolution of Altruism in Humans", *Annual Review of Psychology*, Vol.66, No.1, 2015.

150. Lam S. K., Ahearne M., Schillewaert N., "A Multinational Examination of the Symbolic – Instrumental Framework of Consumer-Brand Identification", *Journal of International Business Studies*, Vol.43, No.3, 2012.

151. Lam S. K., "Identity-Motivated Marketing Relationships: Research Synthesis, Controversies, and Research Agenda", *AMS review*, Vol.2, No.(2-4), 2012.

152. Lam, S.K., Ahearne, M., Mullins, R., Hayati, B., Schillewaert, N., "Exploring the Dynamics of Antecedents to Consumer-Brand Identification with a New Brand", *Journal of the Academy of Marketing Science*, Vol.41, No.2, 2013.

153. Lamberton, C., Stephen, A.T., "A Thematic Exploration of Digital, Social Media, and Mobile Marketing: Research Evolution from 2000 to 2015 and anAgenda for Future Inquiry", *Journal of Marketing*, Vol.80, No.6, 2016.

154. Lange, D., Boivie, S., Westphal, J.D., "Predicting Organizational Identification at the CEO Level", *Strategic Management Journal*, Vol.36, No.8, 2015.

155. Langley A., "Strategies for Theorizing from Process Data", *Academy of Management Review*, Vol.24, No.4, 1999.

156. Lavie D., "The Competitive Advantage of Interconnected Firms: An Extension of the Resource-Based View", *Academy of Management Review*, Vol.31, No.3, 2006.

157. Lavie, D., "Alliance Portfolios and Firm Performance: A Study of Value Creation and Appropriation in the US Software Industry", *Strategic Management Journal*, Vol.28, No.12, 2007.

158. Leary, M.R., "Motivational and Emotional Aspects of the Self", *Annual Review of Psychology*, Vol.58, No.1, 2007.

159. Lee, E.M., Park, S.Y., Rapert, M.I., Newman, C.L., "Does Perceived Consumer Fit Matter in Corporate Social Responsibility Issues?", *Journal of Business Research*, Vol.65, No.11, 2012.

160. Lele M. M., "Creating Strategic Leverage: Matching Company Strengths with Market Opportunities", *John Wiley & Sons*, 1992.

161. Lemon, K.N., Verhoef, P.C., "Understanding Customer Experience throughout the

Customer Journey", *Journal of Marketing*, Vol.80, No.6, 2016.

162. Lewicki, R. J., Bunker, B. B., "Developing and Maintaining Trust in Work Relationships", In R.M.Kramer & T.M.Tyler(Eds.), "Trust in Organizations: Frontiers of Theory and Research", *Thousand Oaks, CA: Sage*, 1996.

163. Li C., Guo S., Cao L., et al., "Digital Enablement and Its Role in Internal Branding: A Case Study of Huanyi Travel Agency", *Industrial Marketing Management*, Vol.72, 2018.

164. Li Chunqing, LV Junfeng, Ma Baolong, et al., "Constructing Multi-Company Identity and Reconciling the Tensions Among Them", *Progress in Psychological Science*, Vol.26, No.8, 2018.

165. Li Chunqing, Zhao Ping, Ma Junping, "Impact of the Value Perception of the Reward Programs on Customer Loyalty", *Journal of Management Science*, No.4, 2007.

166. Li, C., Guo, S., Wang, C., Zhang, J., "Veni, Vidi, Vici: The Impact of Social Media on Virtual Acculturation in Tourism Context", *Technological Forecasting and Social Change*, Vol.145, 2019.

167. Lichtenstein, B.M.B., Brush, C.G., "How Do 'Resource Bundles' Develop and Change in New Ventures? A Dynamic Model and Longitudinal Exploration", *Entrepreneurship Theory and Practice*, Vol.25, 2001.

168. Lichtenstein, D.R., Drumwright, M.E., Braig, B.M., "The Effect of Corporate Social Responsibility on Customer Donations to Corporate-Supported Nonprofits", *Journal of Marketing*, Vol.68, No.4, 2004.

169. Lichtenstein, D.R., Netemeyer, R.G., Maxham, J.G., III., "The Relationships Among Manager-, Employee-, and Customer-Company Identification: Implications for Retail Store Financial Performance", *Journal of Retailing*, Vol.86, No.1, 2010.

170. Liden, R.C., Antonakis, J., "Considering Context in Psychological Leadership Research", *Human Relations*, Vol.62, No.11, 2009.

171. Lii, Y.S., Lee, M., "Doing Right Leads to Doing Well: When the Type of CSR and Reputation Interact to Affect Consumer Evaluations of the Firm", *Journal of Business Ethics*, Vol.105, No.1, 2012.

172. Luhtanen R., Crocker J., "A Collective Self-Esteem Scale: Self-Evaluation of One's Social Identity", *Personality & Social Psychology Bulletin*, Vol.18, No.3, 1992.

173. Mackenzie S.B., Podsakoff P.M., Fetter R., et al., "Organizational Citizenship Behavior and Objective Productivity as Determinants of Managerial Evaluations of Salespersons' Performance", *Organizational Behavior And Human Decision Processes*, Vol.50, No.1, 1991.

174. Mael F., Ashforth B.E., "Alumni and Their Alma Mater: A Partial Test of the Reformulated Model of Organizational Identification", *Journal of Organizational Behavior*, Vol.13, No.2, 1992.

175. Mael F.A., Tetrick L.E., "Identifying Organizational Identification", *Educational and Psychological Measurement*, Vol.52, No.4, 1992.

176. Maitlis, S., "The Social Processes of Organizational Sensemaking", *Academy of Management Journal*, Vol.48, No.1, 2005.

177. Maitlis, S., Christianson, M., "Sensemaking in Organizations: Taking Stock and Moving Forward", *The Academy of Management Annals*, Vol.8, No.1, 2014.

178. Majdenic D., Mumford J.V., Milla Wirén, et al., "Stakeholder Identification, Salience, and Strategic Mindset Analysis", *Practices for Network Management Springer International Publishing*, 2017.

179. Makadok R., "Toward a Synthesis of the Resource-Based and Dynamic—Capability Views of Rent Creation", *Strategic Management Journal*, Vol.22, No.5, 2001.

180. Mangus, S.M., Jones, E., Folse, J.A.G., Sridhar, S., "The Interplay Between Business and Personal Trust on Relationship Performance in Conditions of Market Turbulence", *Journal of the Academy of Marketing Science*, Vol.48, No.6, 2020.

181. March, J.G., "Exploration and Exploitation in Organizational Learning. Organization" *Science*, Vol.2, No.1, 1991.

182. Marín, L., Maya, S.R.D., "The Role of Affiliation, Attractiveness and Personal Connection in Consumer-Company Identification", *European Journal of Marketing*, Vol.47, No.(3/4), 2013.

183. Mathias, B.D., Huyghe, A., Frid, C.J., et al., "An Identity Perspective on Coopetition in the Craft Beer Industry", *Strategic Management Journal*, Vol.29, No.12, 2018.

184. Mayer, R.C., Davis, J.H., Schoorman, F.D., "An Integrative Model of Organizational Trust", *Academy of Management Review*, Vol.20, No.3, 1995.

185. McAlexander J.H., Schouten J.W., Koenig H.F., "Building Brand Community", *Journal of Marketing*, Vol.66, No.1, 2002.

186. McCall, G.J., Simmons, J.L., "Identities and Interactions: An Examination of Human Associations in Everyday Life(Revised ed.)", *New York: Free Press*, 1978.

187. MD Reilly., "Working Wives and Convenience Consumption", *Journal of Consumer Research*, No.4, 1982.

188. Meixell M.J., Luoma P., "Stakeholder Pressure in Sustainable Supply Chain Management", *International Journal of Physical Distribution & Logistics Management*,

Vol.45,No.(1/2),2015.

189. Melewar T.C.,Jenkins E.,"Defining the Corporate Identity Construct",*Corporate Reputation Review*,Vol.5,No.1,2002.

190. Michael G. Pratt; Peter O., " Foreman. Classifying Managerial Responses to Multiple Organizational Identities", *The Academy of Management Review*, Vol. 25, No.1, 2000.

191. Morgan, R. M., Hunt, S, D., " The Commitment-Trust Theory of Relationship Marketing",*Journal of marketing*,Vol.58,No.3,1994.

192. Muniz, A. M., O ' Guinn, T. C., " Brand community", *Journal of Consumer Research*,Vol.27,No.4,2001.

193. Nason,R.S.,Bacq,S.,Gras,D.,"A Behavioral Theory of Social Performance: Social Identity and Stakeholder Expectations", *Academy of Management Review*, Vol. 43, No.2,2018.

194. Netemeyer R.G.,Heilman C.M.,Maxham III.J.G.,"Identification with the Tetail Organization and Customer-Perceived Employee Similarity: Effects onCustomer Spending", *Journal of Applied Psychology*,Vol.97,No.5,2012.

195. Öberseder,M., Schlegelmilch, B. B., Murphy, P. E., Gruber, V., " Consumers ' Perceptions of Corporate Social Responsibility: Scale Development and Validation", *Journal of Business Ethics*,Vol.124,No.1,2014.

196. Oliver,D.,Vough,H.C.,"Practicing Identity in Emergent Firms: How Practices Shape Founders ' Organizational Identity Claims", *Strategic Organization*, Vol. 18, No.1, 2020.

197. Ortqvist D., " Performance Outcomes From Reciprocal Altruism: A Multilevel Model",*Journal of small business and entrepreneurship*,2019.

198. Pan S. L., Tan B., " Demystifying Case Research: A Structured-Pragmatic-Situational(SPS) Approach to Conducting Case Studies", *Information and Organization*, Vol.21,No.3,2011.

199. Paul W.Fombelle,Cheryl Burke Jarvis,James Ward,Lonnie Ostrom, "Leveraging Customers' Multiple Identities: Identity Synergy as a Driver of Organizational Identification",*Academy of Marketing Science*,No.40,2011.

200. Pérez,A., Rodríguez del Bosque, I., " Measuring CSR Image: Three Studies to Develop and to Validate a Reliable Measurement Tool", *Journal of Business Ethics*, Vol.118,No.2,2013.

201. Pierce J. L., Gardner D. G., Cummings L. L., et al, " Organization-Based Self-Esteem: Construct Definition, Measurement, and Validation", *Academy of Management*

Journal, Vol.32, No.3, 1989.

202. Poppo, L., Zhou, K.Z., Ryu, S., "Alternative Origins to Interorganizational Trust: An Interdependence Perspective on the Shadow of the Past and the Shadow of the Future" *Organization Science*, Vol.19, No.1, 2008.

203. Porter T. B., Zivanovic A., "Identities and Axes of Tension in the Renewable Energy Industry: A Case Study of Emergence at the Edge of Chaos", *E:CO*, Vol.16, No.3, 2014.

204. Pratt M.G., Rafaeli A., "Organizational Dress as a Symbol of Multilayered Social Identities", *The Academy of Management Journal*, Vol.40, No.4, 2004.

205. Pratt M. G., "To Be or Not to Be: Central Questions in Organizational Identification", *Sage Publications Inc.*, Vol.15, No.6, 1998.

206. Pratt M. G., Foreman P. O., "Classifying Managerial Responses to Multiple Organizational Identities", *Academy of Management Review*, Vol.25, No.1, 2000.

207. Press, M., Arnould, E. J., "How does Organizational Identification Form? A Consumer Behavior Perspective", *Journal of Consumer Research*, Vol.38, No.4, 2011.

208. Ramarjan R., Reid E., "Relational Reconciliation: Socializing Others Across Demographic Differences", *Academy of Management Journal*, Vol.63, No.2, 2020.

209. Ramsey G., "Can Altruism be Unified", *Studies in History and Philosophy of Science Part C: Studies in History and Philosophy of Biological and Biomedical Sciences*, 2016.

210. Ranjan K.R., Read S., "Value Co-Creation: Concept and Measurement", *Journal of the Academy of Marketing Science*, Vol.44, No.3, 2016.

211. Ravasi, D., Schultz, M., "Responding to Organizational Identity Threats: Exploring the Role of Organizational Culture", *Academy of Management Journal*, Vol.49, No.3, 2006.

212. Ravasi, D., Rindova, V., Stigliani, I., "The Stuff of Legend: History, Memory, and the Temporality of Organizational Identity Construction", *Academy of Management Journal*, Vol.62, No.5, 2019.

213. Ren, Z.J., Cohen, M.A., Ho, T.H., Terwiesch, C., "Information Sharing in A Long-Term Supply Chain Relationship: The Role of Customer Review Strategy", *Operations research*, Vol.58, No.1, 2010.

214. Rim H., Yang S., Lee J., et al., "Strategic Partnerships with Nonprofits in Corporate Social Responsibility (CSR): The Mediating Role of Perceived Altruism and Organizational Identification", *Journal of Business Research*, Vol.69, No.9, 2016.

215. Rindova, V., Dalpiaz, E., Ravasi, D., "A cultural Quest: A Study of Organizational use of New Cultural Resources in Strategy Formation", *Organization Science*, Vol.22, No.2,

2011.

216. Romani,S.,Grappi,S.,"How Companies' Good Deeds Encourage Consumers to Adopt Pro-Social Behavior",*European Journal of Marketing*,Vol.48,No.(5-6),2014.

217. Romani, S., Grappi, S., Bagozzi, R. P., "Explaining Consumer Reactions to Corporate Social Responsibility: The Role of Gratitude and Altruistic Values",*Journal of Business Ethics*,Vol.114,No.2,2013.

218. Rothausen,Teresa J.,Kevin,E.,et al.,"Should I Stay or Should I Go? Identity and Well-Being in Sensemaking about Retention and Turnover",*Journal of Management*, Vol.43,2017.

219. Samuelsen B.M.,Olsen L.E.,Keller K.L.,"The Multiple Roles of Fit Between Brand Alliance Partners in Alliance Attitude Formation",*Marketing Letters*,Vol.26,No. 4,2015.

220. Schabram,K.,Maitlis,S.,"Negotiating The Challenges Of A Calling: Emotion And Enacted Sensemaking In Animal Shelter Work",*Academy of Management Journal*,Vol. 60,No.2,2017.

221. Schwartz K.,Tapper R.,Font X.A.,"Sustainable Supply Chain Management Framework for Tour Operators",*Journal of Sustainable Tourism*,Vol.16,No.3,2008.

222. Scott S.G.,Lane V.R.,"A Stakeholder Approach to Organizational Identity", *Academy of Management Review*,Vol.25,No.1,2000.

223. Sen S.,Bhattacharya C.B.,"Does Doing Good Always Lead to Doing Better? Consumer Reactions to Corporate Social Responsibility",*Journal of Marketing Research* (*JMR*),Vol.38,No.2,2001.

224. Sillince J. A. A., Golant B. D., "Making Connections: A Process Model of Organizational Identification",*Human Relations*,Vol.71,No.3,2018.

225. Sirgy, M. J. Johar, J. S. Samli, A. C. Claiborne, C. B., "Self-Congruity Versus Functional Congruity: Predictors of Consumer Behavior", *Journal of the Academy of Marketing Science*,Vol.19,No.4,1991.

226. Sirgy,M.J.,"Self-Concept in Consumer Behavior:A Critical Review",*Journal of Consumer Research*,Vol.9,No.3,1982.

227. Sirmon D.G.,Hitt M.A.,Ireland R.D.,"Managing Firm Resources in Dynamic Environments to Create Value: Looking Inside the Black Box",*Academy of Management Review*,Vol.32,No.1,2007.

228. Siu, N. Y. M., Zhang, T. J. F., Kwan, H. Y., "Effect of Corporate Social Responsibility,Customer Attribution and Prior Expectation on Post-Recovery Satisfaction", *International Journal of Hospitality Management*,No.43,2014.

229. Sluss, D. M., Ployhart, R. E., Cobb, M. G., Ashforth, B. E., "Generalizing Newcomers' Relational and Organizational Identifications: Processes and Prototypicality", *Academy of Management Journal*, Vol.55, No.4, 2012.

230. Smith, E.B., "Identities as Lenses: How Organizational Identity Affects Audiences' Evaluation of Organizational Performance", *Administrative Science Quarterly*, Vol.56, No.1, 2011.

231. Smith, J.B., Barclay, D.W., "The Effects of Organizational Differences and Trust on the Effectiveness of Selling Partner Relationships", *Journal of marketing*, Vol.61, No.1, 1997.

232. Sprott, D., Czellar, S., & Spangenberg, E., "The Importance of a General Measure of Brand Engagement on Market Behavior: Development and Validation of a Scale", *Journal of Marketing Research*, Vol.46, No.1, 2009.

233. Stich S., "Evolution, Altruism and Cognitive Architecture: A Critique of Sober and Wilson's Argument for Psychological Altruism", *Biology & Philosophy*, Vol.22, No.2, 2007.

234. Stimpson D. V., Maughan M. R. C., "Some Correlates of Trust", *Journal of Psychology*, Vol.99, No.1, 1978.

235. Stryker S., "Identity Salience and Role Performance: The Relevance of Symbolic Interaction Theory for Family Research", *Journal of Marriage and Family*, Vol.30, No.4, 1968.

236. Swimberghe, K. R., Wooldridge, B. R., "Drivers of Customer Relationships in Quick-Service Restaurants: The Role of Corporate Social Responsibility", *Cornell Hospitality Quarterly*, Vol.55, No.4, 2014.

237. Tajdini, S.Ramirez, E., "Firm Authenticity: The Construct, Research Propositions, and Managerial Implications", *AMS Rev*, No.9, 2019.

238. Tajfel H., "The Social Identity Theory of Intergroup Behavior", *Psychology of Intergroup Relations*, Vol.13, No.3, 1986.

239. Tajfel, H.Turner, J.C., "The Social Identity Theory of Intergroup Behavior", In S. Worchel & W.G. Austin (Eds.), *Psychology of Intergroup Relations Chicago: Nelson-Hall*, 1979.

240. Tan B. C. C., Pan S. L., Hackney R., "The Strategic Implications of Web Technologies: A Process Model of How Web Technologies Enhance Organizational Performance", *IEEE Transactions on Engineering Management*, Vol.57, No.2, 2010.

241. Tepelus C. M., "Aiming for Sustainability in the Tour Operating Business", *Journal of Cleaner Production*, Vol.13, No.2, 2005.

242. Terpend R., Krause D. R., "Competition or Cooperation? Promoting Supplier

Performance with Incentives under Varying Conditions of Dependence", *Journal of Supply Chain Management*, Vol.51, No.4, 2015.

243. Tsai, Y.H., Joe, S.W., Lin, C.P., Chiu, C.K., Shen, K.T., "Exploring Corporate Citizenship and Purchase Intention: Mediating Effects of Brand Trust and Corporate Identification", *Business Ethics: A European Review*, Vol.24, No.4, 2015.

244. Tung, W., Liang, A.R.D., Chen, S.C., "The Influence of Service Orientation and Interaction Orientation on Consumer Identification", *The Service Industries Journal*, Vol.34, No.5, 2014.

245. Tushman, M. L., O'Reilly, C. A., " Ambidextrous Organizations: Managing Evolutionary and Revolutionary Change", *California Management Review*, Vol. 38, No.4, 1996.

246. Van Riel C. B. M., Balmer J. M. T., "Corporate Identity: The Concept, Its Measurement and Management", *European journal of marketing*, Vol.31, No.(5/6), 1997.

247. Vandenberg, R. J., Self, R. M., Seo, J. H., " A Critical Examination of theInternalization, Identification, and Compliance Commitment Measures ", *Journal of Management*, Vol.20, No.1, 1994.

248. Vatanasombut B., "Factors Affecting Retention of Customers Who are Users of Computerizes Applications on the Internet: The Case of Online Banking", *California: California, Claremont*, 2001.

249. Verrochi N., Reed Ii A., "Self-Relevant Brand Alliances: When Do Consumers (Not) Fit?", *Advances in Consumer Research*, 2009.

250. Vough, H. C., Caza, B. B., " Exploring the Relationship between Identity and Sensemaking", *The Oxford Handbook of Identities in Organizations*, 2020.

251. Vough, H., " Not all Identifications are Created Equal: Exploring Employee Accounts for Workgroup, Organizational, and Professional Identification ", *Organization Science*, Vol.23, No.3, 2012.

252. Voyer B.G., Kastanakis M.N., Rhode A K., "Co-Creating Stakeholder and Brand Identities: A Cross-Cultural Consumer Perspective", *Journal of Business Research*, No.70, 2017.

253. Weick, K. E., " Managing the Unexpected: Complexity as Distributed Sensemaking, Uncertainty and Surprise in Complex Systems ", *Springer, Berlin, Heidelberg*, 2005.

254. Weiermair, Klaus., " Prospects for Innovation in Tourism", *Journal of Quality Assurance in Hospitality & Tourism*, Vol.6, No.(3-4), 2006.

255. Whetten, D. A., " Albert and Whetten Revisited: Strengthening the Concept of

Organizational Identity", *Journal of Management Inquiry*, Vol.15, No.3, 2006.

256. Whetten, D. A., Godfrey, P. C., "Identity in Organizations: Building Theory Through Conversations", *Sage*, 1998.

257. Whipple J.M., Wiedmer R., K Boyer K., "A Dyadic Investigation of Collaborative Competence, Social Capital, and Performance in Buyer – Supplier Relationships", *Journal of Supply Chain Management*, Vol.51, No.2, 2015.

258. Wolter, J.S., Cronin, J.J., "Re-Conceptualizing Cognitive and Affective Customer-Company Identification: The Role of Self-Motives and Different Customer-Based Outcomes", *Journal of the Academy of Marketing Science*, Vol.44, No.3, 2016.

259. Wry T., York J.G., "An Identity-Based Approach to Social Enterprise", *Academy of Management Review*, Vol.42, No.3, 2017.

260. Yin, R.K., "Case Study Research: Design and Methods(5nd ed.)", *London: Sage Publications, Beverly Hills, CA*, 2013.

策划编辑:郑海燕

封面设计:牛晨晨

责任校对:周晓东

图书在版编目(CIP)数据

多元企业认同研究/李纯青 著. —北京:人民出版社,2023.6

ISBN 978－7－01－025733－4

Ⅰ.①多… Ⅱ.①李… Ⅲ.①企业文化-研究 Ⅳ.①F272－05

中国国家版本馆 CIP 数据核字(2023)第 095923 号

多元企业认同研究

DUOYUAN QIYE RENTONG YANJIU

李纯青 著

人 民 出 版 社 出版发行

(100706 北京市东城区隆福寺街 99 号)

中煤(北京)印务有限公司印刷 新华书店经销

2023 年 6 月第 1 版 2023 年 6 月北京第 1 次印刷

开本:710 毫米×1000 毫米 1/16 印张:19.5

字数:300 千字

ISBN 978－7－01－025733－4 定价:98.00 元

邮购地址 100706 北京市东城区隆福寺街 99 号

人民东方图书销售中心 电话 (010)65250042 65289539